WISO: Die richtige Immobilie – suchen, finden, bewerten

Claudia Krafczyk ist WISO-Redakteurin und Tipp-Moderatorin für die Themenschwerpunkte Bank- und Immobilienwirtschaft sowie Verbraucherschutz. Außerdem ist sie Mitautorin zahlreicher WISO-Publikationen, unter anderem vom *WISO Organizer: Die eigenen vier Wände* und dem *WISO Bankberater*.

Claudia Krafczyk

ZDF WISO

Die richtige Immobilie – suchen, finden, bewerten

Campus Verlag
Frankfurt / New York

Alle Informationen wurden nach sorgfältigen Recherchen verfasst. Gesetzesänderungen seit Redaktionsschluss und Irrtümer vorbehalten. Weder der Autor noch der Verlag haften für Schäden, die aus der Befolgung der in diesem Buch gegebenen Ratschläge resultieren.

Bibliografische Information der Deutschen Nationalbibliothek:
Die Deutsche Nationalbibliothek verzeichnet diese Publikation in der
Deutschen Nationalbibliografie. Detaillierte bibliografische Daten
sind im Internet unter http://dnb.d-nb.de abrufbar.
ISBN 978-3-593-39448-0

3., überarbeitete Auflage 2011

Umschlaggestaltung: grimm.design, Düsseldorf
Umschlagmotiv: corbis, Düsseldorf
Satz: Publikations Atelier, Dreieich
Druck und Bindung: Beltz Druckpartner, Hemsbach
Gedruckt auf Papier aus zertifizierten Rohstoffen (FSC/PEFC).
Printed in Germany

Besuchen Sie uns im Internet: www.campus.de

Inhalt

Betongold – der Stoff, aus dem die Träume sind

Ob Geldanlage, Traumerfüllung oder die Schaffung eines eigenen Heims – die eigene Immobilie steht auf der Wunschliste der Bundesbürger immer noch ganz oben. Die meisten wollen in den eigenen vier Wänden, die sie sich nach ihren Vorstellungen gestaltet haben, wohnen und alt werden. Für knapp die Hälfte von ihnen erfüllt sich dieser Traum.

Durch die Krisen der vergangenen Jahre hat sich der Kreis der Immobilieninteressenten noch erweitert. Denn auch die Renditegierigen sind wieder auf den Boden der Tatsachen zurückgekehrt und suchen für ihr Geld eine solide und werthaltige Anlage. Deshalb wird die Geldanlage in Immobilien auch Betongold genannt. Sie steht für hohe Sicherheit.

Nicht erst seit der Staat für jede Immobilie einen Energieausweis verlangt, denkt man über Wärmedämmung und alternative Heizanlagen nach. Vieles wird bereits seit Jahren durch zinsgünstige Darlehen und Zuschüsse gefördert. Regenerative und nachwachsende Rohstoffe beeinflussen die Art des Bauens. Kellerräume und Dachflächen werden anders genutzt als früher. Das gilt für Neubauten genauso wie für gebrauchte Häuser und Wohnungen. Der Kostenfaktor Energie wird immer bedeutender. Deshalb müssen moderne Bauweisen und energetische Sanierungen zusammen betrachtet werden.

Wer einen Umbau oder den Anbau neuer Gebäudeteile plant, steht oft vor der Herausforderung, die Haustechnik der vergrößerten Wohnfläche anzupassen. In der Praxis bedeutet das: neue Heizung, neue Fenster, neue elektrische Anlagen, Dämmung von Dach und Wänden. Diese Investition muss sich sofort in niedrigeren Energiekosten widerspiegeln, auch wenn sie sich erst Jahre später amortisieren kann.

Wie werthaltig Ihr Betongold auf Dauer ist, wird sich künftig immer stärker am Energieverbrauch zeigen. Niedrige Energiekosten im Eigenheim können einen Teil der Altersvorsorge sichern. Bei Mietobjekten erhöhen sich der Wert der Immobilie und damit die Rentabilität.

Schließlich gehört zu einer guten Planung die Kostenkalkulation. Fast immer ist ein Darlehen zur Erfüllung des Wunschtraums nötig. Wie Sie sich im Dschungel der Finanzierungsangebote zurechtfinden und worauf Sie dabei achten müssen, erfahren Sie in diesem Buch.

Die Immobilie ist meist die teuerste Investition im Leben. Für die Suche, Auswahl und Planung wünsche ich Ihnen viel Erfolg!

Claudia Krafczyk

Wohnen nach Maß

Jeder zweite Deutsche wohnt in seinem Eigentum, und die andere Hälfte spart dafür. Der Wunsch nach den eigenen vier Wänden ist groß. Es gilt, Hürden zu nehmen, aber sie sind nicht unüberwindbar. Für jeden Geldbeutel gibt es etwas Passendes. Der Schneider macht den Anzug nach Maß, der Architekt die passgenaue Immobilie. Außerdem müssen Ausführung und Material stimmen, damit am Ende alles perfekt sitzt. Bestimmen Sie Ihren Typ und nehmen Sie Maß, dann steht das Ziel schon fest.

Eine Immobilie für alle Fälle

Wollen Sie Ihre Immobilie selbst bewohnen oder vermieten? Am besten ist, sie kann beides leisten. In einem Mehrfamilienhaus ist das problemlos möglich. Eine Wohneinheit kann der Geldanlage dienen, die andere bietet dem Eigentümer selbst ein Zuhause. Der größte Wunsch der Deutschen gilt dem eigenen Häuschen. Laut Statistik befinden sich 60 Prozent des Wohnbestands in vermietetem Eigentum, nur 40 Prozent der Eigentümer wohnen selbst darin. Ein Grund ist in unserer Gesetzgebung zu finden. Wer Wohnraum auch für andere schafft, wird belohnt, wer nur für sich selbst baut, nicht.

Vermietete Immobilien haben den Vorteil, dass der Mieter einen Teil der Zinslast abträgt, während man selbst flexibel und mobil bleiben kann. Erst wenn ein Teil der Kreditlast getilgt ist, kann man kostengünstig selbst darin wohnen. Oder Sie kaufen eine Immobilie als Kapitalanlage: Zum Beispiel ein Appartement in der Stadt, geeignet für Studenten oder berufstätige Singles. Später können vielleicht Ihre eigenen Kinder darin wohnen, gegen Miete, wenn Sie erzieherisch tätig werden wollen oder fast umsonst, wenn die Wohnung schon abbezahlt ist.

Selbst mit Gewinn verkaufen ist nicht ausgeschlossen. Schließlich stiegen die Immobilienpreise in den vergangenen Jahren in der Stadt weiter an, während sie auf dem Land gefallen sind. Um zu wissen, was Ihre Immobilie alles leisten soll, stellen Sie sich vor dem Kauf folgende Fragen:

- Wie soll die Immobilie genutzt werden?
- Sollen Wohnen und Arbeiten verbunden werden?
- Dient die Immobilie der Familiengründung?
- Wollen Sie sich mit der Immobilie räumlich vergrößern oder verkleinern?
- Soll das Haus je nach Bedarf mitwachsen?
- Wollen Sie selbst in der Immobilie wohnen oder sie vermieten?
- Soll die Investition beides möglich machen: zuerst vermieten, später selbst einziehen?
- Soll die Immobilie der Kapitalanlage dienen und im Wert steigen?
- Rechnen Sie damit, dass Sie die Immobilie wieder verkaufen?
- Reicht es aus, wenn die Immobilie nicht an Wert verliert?

Auch für die Finanzierung ist die Frage *Eigennutzung oder Vermietung* ein Knackpunkt. Können Sie zum Beispiel bei selbst genutztem Wohneigentum die Schuldzinsen nicht als Werbungskosten von der Steuer absetzen, haben Sie dagegen bei der vermieteten Immobilie viele Möglichkeiten, das Finanzamt an Ihren Ausgaben zu beteiligen. Mehr dazu finden Sie im Kapitel »Immobilienbesitz und Steuern«.

Als ein Steuersparmodell gilt nach wie vor das selbst genutzte Einfamilienhaus mit vermieteter Wohneinheit. Da lassen sich viele Kosten umlegen. Übersteigen die Einnahmen aus Vermietung und Verpachtung die Ausgaben, müssen diese jedoch versteuert werden. Kapitalanleger sollten sich deshalb nicht nur mit ihrem Finanzberater, sondern auch mit ihrem Steuerberater zusammensetzen.

Ob eine Geldanlage in Immobilien optimal ist, hängt vor allem von der erzielbaren Jahresmiete ab. Dabei müssen Sie aber auch immer Leerstände mit einkalkulieren. Vorsichtige Berater rechnen mit bis zu drei Monaten im Jahr. Schließlich sollen Sie nicht nach dem ersten Mieterwechsel in Finanznöte geraten.

Behalten Sie als Kapitalanleger den Immobilienmarkt im Auge. Wie werthaltig ist Ihre Immobilie? Dabei spielt die Lage eine große Rolle. Alles können Sie verändern, aber nicht die Lage! Wie wird sich das Gebiet, in dem Sie in eine Immobilie investieren wollen, voraussichtlich entwickeln? Welche Planung steht an? Gehen Sie ruhig einmal auf Bürgerversammlungen oder öffentliche Sitzungen des Gemeinderats, wenn es um das ausgewählte Gebiet geht. Dort werden Sie erfahren oder erfragen können, wo der Schuh bei den jetzigen Anwohnern drückt. Das können Verkehrsprobleme sein, fehlende Kindergartenplätze oder Ärger mit dem neu ausgewiesenen Baugebiet. Erkundigen Sie sich im Rathaus, wann interessante Themen auf der Tagesordnung stehen. Ein Besuch wird sich lohnen.

Auf den folgenden Seiten geht es überwiegend um das Haus oder die Wohnung, die Sie selbst bewohnen wollen. Es geht um Ihr Geld, das Sie richtig einsetzen und anlegen wollen. Der größte Fehler steckt in einer schlechten Planung. Fehlentscheidungen, die in diesem Stadium gemacht werden, können später nicht mehr oder nur mit viel Geld korrigiert werden. Deshalb müssen Sie zunächst Ihre Wünsche zur Seite schieben und rechnen:

- Wie viel Immobilie kann ich mir leisten?
- Wie groß kann mein Traumhaus ausfallen?
- Wie viel Quadratmeter Wohnfläche sind nötig?
- Wie sieht meine Lebensplanung aus?
- Will ich als Single leben oder eine Familie mit vielen Kindern haben?
- Soll auch später im »Hotel Mama« Platz für Zuwachs sein?
- Denken Sie an eine Wohnform für mehrere Generationen?

Im letzten Kapitel, »Immobilienbesitz und Steuern«, erhalten aber auch Vermieter noch wichtige Anregungen und Hinweise. Für Selbstnutzer kommt es in der Regel weniger darauf an, wie viel Ihr Eigenheim an Wert in den folgenden Jahren zulegt, oder im schlimmsten Fall verliert, sondern wie schnell Sie mietfrei wohnen können. Bis zum Rentenalter sollten Sie schuldenfrei sein. Damit können Sie am besten die geringeren Einkünfte im Alter kompensieren. Somit ist die Immobilie nach wie vor ein Klassiker bei der Altersvorsorge.

Sollen mehrere Generationen unter einem Dach leben, muss Ihr Haus mitwachsen können und flexibel im Grundriss sein. Getrennte Wohneinheiten, die auch Rückzugsmöglichkeiten bieten, sollten später vielleicht wieder zusammengelegt werden können. Das alles müssen Sie bei der Planung berücksichtigen. Oder brauchen Sie gar kein Haus, sondern ein schickes Loft mit Aussicht nahe an der Stadt, sozusagen als Einstieg in den Immobilienbesitz, aber keine Bleibe für immer?

Bestimmen Sie Ihren Typ

Nicht alle Ansprüche sind gleich. Nicht jeder Geschmack passt zu jedem Geldbeutel. Deshalb sollten Sie zunächst einmal festlegen, wie Ihre Lebenssituation jetzt aussieht und wie sie vielleicht in ein paar Jahren aussehen könnte. Es geht also um Ihre Lebensplanung. Nicht alles ist vorhersehbar: Familiengründung, Nachwuchs, Arbeitsplatzwechsel oder auch Arbeitslosigkeit, Scheidung und Tod – man kann nicht alles bis ins Kleinste planen. Doch wer einmal ein kleines Haus – und sei es noch so schön – ohne Anbaumöglichkeit gekauft hat, wird spätestens wenn der Nachwuchs kommt, umziehen müssen.

Die junge Familie Junge Familien sind vor allem in gemischten Neubaugebieten mit Eigentumswohnungen, Mehrfamilien- und Reihenhäusern zu finden. Diese gibt es sowohl in der Stadt als auch auf dem Land. Häufig sind die Grundstücke klein, dafür aber die Wohnfläche optimal ausgenutzt. Zusätzliche Nutzflächen im Keller und unterm Dach sind in der Planung von vornherein vorgesehen. Neu konzipierte Reihenhäuser orientieren sich an dem Bedarf einer vierköpfigen Familie: großer, offener Wohn-Essbereich im Erdgeschoss, Schlaf- und Kinderzimmer in den oberen Stockwerken.

Vorteil: In der Regel wird von Bauträgern das Haus oder die Wohnung von der Stange zu noch bezahlbaren Preisen angeboten.

Nachteil: Meist können auf den dicht bebauten Grundstücken keine Änderungen vorgenommen werden. Der Grundriss sollte also von Anfang an passen.

Der Single Sie suchen das Individuelle und können sich als Alleinverdiener eine kleine Eigentumswohnung finanzieren. Sie wollen in der Stadt oder stadtnah wohnen. Lokale, Kino, Theater und Einkaufsmöglichkeiten sollten möglichst in Laufnähe sein. Für Sie eignet sich vielleicht auch eine Altbauwohnung in zentraler Lage. Viele Häuser aus der Gründerzeit sind mittlerweile saniert und renoviert. Häufig werden Mehrfamilienhäuser von Bauträgern aufgekauft und in Eigentumswohnungen aufgeteilt. Aber auch Wohnungsbaugesellschaften verkaufen Wohnungen aus ihrem Bestand. Dabei kann es sich um ganze Wohnblöcke handeln, für die zum Beispiel die Sozialbindung ausgelaufen ist und die nun frei veräußert werden dürfen.

Vorteil: Wohnungen in größeren Wohnanlagen sind häufig preisgünstiger als die sanierte Altbauwohnung.

Nachteil: Viele Wohnungen werden an die ehemaligen Mieter verkauft, wenn nicht, kann sich die Bewohnerstruktur stark verändern. Das kann ein Risiko sein.

Das junge Paar Irgendwann ist Schluss mit Studentenbude oder Wohngemeinschaft. Spätestens wenn der richtige Partner gefunden ist, ändern sich die Ansprüche, und die Suche nach einer gemeinsamen Bleibe beginnt. Ohne Kinder werden in der Regel auch stadtnahe Wohnungen bevorzugt, wie vom Single. Doch wer an Familie denkt, könnte auch einen Vorort oder eine ländlichere Gegend ins Auge fassen. Die Nähe zum Nachtleben spielt meistens keine so große Rolle mehr. Sport als Ausgleich zum Berufsalltag und eine abwechslungsreiche Freizeitgestaltung rücken immer mehr in den Vordergrund.

Vorteil: In Stadtrandgebieten und in den umliegenden Ortschaften sind die Preise häufig noch moderat. Wer nicht gleich das passende Haus zum Mitwachsen gefunden hat, kann jedoch seine neuen Kontakte nutzen, um auf eine größere Immobilie in der gleichen Gegend umzusteigen.

Nachteil: Sie brauchen vermutlich einen Zweitwagen, der Anfahrtsweg zur Arbeitsstätte ist länger. Das kostet Lebensqualität. Öffentliche Verkehrsmittel fahren seltener. Auch müssen Sie auf dem Land bei den Konsumangeboten und bei den kulturellen Veranstaltungen Abstriche machen.

Ältere Menschen und Senioren Vielleicht sind die Kinder aus dem Haus und Ihnen ist das Haus zu groß geworden: zu viel Arbeit, ein zu großer Garten und steile Treppen. Nutzen Sie die Freiheit, um sich für den ruhigeren Teil des Lebens eine Immobilie zu suchen, die zu Ihren neuen Bedürfnissen passt. Denken Sie dabei auch daran, dass wir Deutschen immer älter werden. Ein Alter von achtzig Jahren ist keine Seltenheit mehr. Nicht immer bleibt man aber fit und beweglich. Deshalb sollten Sie etwa eine Hanglage und schwer zugängliche Gebäude meiden. Bevorzugen Sie Erdgeschosswohnungen mit breiten Eingangstüren und Gängen. Sind Klingeln und Briefkästen gut erreichbar, sind ein Aufzug und Rampen für Rollstuhlfahrer vorhanden, sind die Mülltonnen zugänglich? Achten Sie bei der Innenausstattung auf größere Bäder und nicht zu kleine Schlafzimmer. Bei Raumknappheit kann mit einem Kleiderlift der Platz im Wandschrank optimal genutzt werden. Setzen Sie das Waschbecken und die Toilette für das Alter besser tiefer als zu hoch. Im Sanitärbereich können zudem der Einbau von Sitzplatz- und Haltevorrichtungen den Tagesablauf ernorm erleichtern. Der Einstieg in die

Duschkabine sollte am besten ebenerdig sein. Auch Absätze bei den Übergängen in andere Wohnbereiche sind vermeidbare Hindernisse.

Sind Sie an einem Neubau interessiert, wird das barrierefreie Bauen auch schon von manchen Bauträgern berücksichtigt. Das ist weitsichtig gedacht, denn der Bedarf an alten- und behindertengerechten Wohnungen wird in Deutschland durch den sogenannten demografischen Faktor in Zukunft weiter steigen.

Auch Anlagen, die unter dem Begriff »betreutes Wohnen« fungieren, sollten Sie sich einmal näher anschauen. Dort finden Sie mitunter genau das, was Sie suchen: Kontakt, medizinische Betreuung und vor allem den richtigen Grundriss.

Vorteil: Bei Neubauten können Sie noch Einflussmöglichkeiten nehmen und die Ausstattung mitbestimmen. Beim betreuten Wohnen können Sie sich schon frühzeitig finanziell engagieren, also jetzt kaufen, um später einziehen zu können.

Nachteil: Nicht zu unterschätzen ist für viele, dass durch einen Umzug in eine andere Wohngegend der Kontakt zu alten Nachbarn und Freunden abzubrechen droht. Das »Umpflanzen« fällt deshalb vielen älteren Menschen schwer.

Übersicht: Barrierefrei – selbstständig wohnen und leben

So lautet der Titel einer Broschüre der Verbraucherzentralen. Vor allem ältere und behinderte Menschen haben den Wunsch, in ihrer vertrauten Umgebung weiterhin leben zu können. Oft sind die Wohnungen aber nicht auf diese Bedürfnisse zugeschnitten und müssen umgebaut werden. Manchmal genügen schon Kleinigkeiten, um eine Verbesserung zu erzielen. Eine Begehung der Wohnung gehört üblicherweise zur Beratung. Sie erhalten danach planerischen und bautechnischen Rat. Auch über die Kosten und Finanzierungsmöglichkeiten wird gesprochen. Die Beratung wird von Architekten kostenlos und firmenunabhängig durchgeführt.

Weitere Informationen dazu finden Sie unter www.barrierefrei.de, einem Internetportal für behindertengerechtes Bauen und Wohnen.

WISO rät

Erkundigen Sie sich in Ihrer Gemeinde, bei den Pfarrämtern oder bei der Kreisverwaltung, wo sich in Ihrer jetzigen Wohnnähe betreute Wohneinrichtungen befinden oder eventuell geplant sind. Da die Nachfrage in den nächsten Jahren steigen wird, sind Sie nicht zu früh dran, wenn Sie sich schon ein paar Jahre vorher auf die Suche machen.

Die selbst genutzte Immobilie muss passgenau sein

Eine gute Planung ist der beste Garant für die richtige Entscheidung. Machen Sie zunächst eine Ist-Analyse: Wie wohnen wir jetzt? Was stört und was gefällt uns? Welche Veränderungen wollen wir vornehmen? Was ist wirklich wichtig und notwendig, und worauf können wir verzichten? Man muss nicht alles im ersten Schritt erledigen. Selbst wenn ein halbes Jahr nach dem Einzug noch immer Glühbirnen an der Decke hängen – na und? Hauptsache, Sie haben die Räume so, wie Sie sie haben wollen. Alles lässt sich ändern und umdekorieren. Aber der Grundriss sollte von Anfang an stimmen. Mit dieser Checkliste kommen Sie Anspruch und Wirklichkeit am nächsten. So werden Sie schneller herausfinden, ob zum Beispiel die Ihnen angebotene, gebrauchte Immobilie auch maßgeschneidert ist – oder noch werden kann.

Checkliste Wohnbedarf

Anforderung	Anzahl	Größe in Quadratmetern		
		jetzt	später	Angebot
Wie viele Etagen sollen es sein?				
Wie viele Räume sind nötig?				
Aufteilung				
Wohnzimmer				
Esszimmer				
Wohn-Essbereich				
Küche				

Anforderung	Anzahl	Größe in Quadratmetern		
		jetzt	später	Angebot
Speisekammer				
Abstellraum				
Wohnküche				
Flur				
Garderobe				
Treppen				
Schlafzimmer				
Kinderzimmer				
Bäder				
Toiletten				
Gästetoilette				
Gästezimmer				
Arbeitszimmer				
Fitnessraum				
Atelier				
Wintergarten				
Terrasse				
Balkon				
Kellerräume				
• Sauna				
• Heizungskeller				
• Waschküche				
• Werkzeugkeller				
• Fahrradkeller				
Dach				
• Dachform				

Anforderung	Anzahl	Größe in Quadratmetern		
		jetzt	später	Angebot
• Speicher				
• Hobbyfläche				
• Ausbaufläche				
• Wohnraum				
Nebengebäude				
• Garage				
• Car-Port				
• Gartenhäuschen				
• Pavillon				
• Schuppen				
Garten				
• Grünfläche				
• Teich/Wasserlauf				
• Pavillon				
• Feuerstelle				
• Kompost				
• Zierfläche (Blumen)				
• Nutzfläche (eigener Anbau)				
• Spielfläche				
• Sandkasten				

Neu oder gebraucht? Die Immobilie aus zweiter Hand hat viele Vorteile: kein Ärger auf der Baustelle, mit dem Bauträger oder dem Architekten. Das Haus ist fertig, aber muss es auch bezugsfertig sein? Häufig sind renovierungsbedürftige Immobilien im Preis deutlich günstiger. Deshalb sollten Sie sich überlegen, ob Sie nicht selbst Hand anlegen wollen und können. Aber auch an qualifizierten Handwerkern sollten Sie nicht sparen. Die Elektroinstallation und auch das Verlegen von neuen Rohren sollten Sie besser einem Fachmann überlassen. Wenn dann Mängel auftreten, haftet der Handwerker. Nicht fachgerechte Arbeiten könnten im Schadensfall auch von der Versicherung moniert werden. Riskieren Sie nicht, dass die Versicherung im Ernstfall eine Zahlung verweigert.

Eine gebrauchte Immobilie kostet nicht nur Geld für die Renovierung, sondern auch Zeit. Kalkulieren Sie nicht zu knapp, denn bei Renovierungsarbeiten dauert es häufig länger als erwartet, vor allem wenn Sie auf kostenlose Hilfe aus dem Freundes- und Familienkreis angewiesen sind. Die Lieben kommen meist nur am Wochenende, und dann auch nur für ein paar Stunden. Während dieser Zeit müssen Sie außerdem länger Miete zahlen. Das alles kommt bei einer nicht bezugsfertigen Immobilie noch an Kosten hinzu. Für die Renovierung müssen Sie je nach Bausubstanz pro Quadratmeter mit bis zu 1 000 Euro rechnen.

Neben dem Grundriss und den Kosten sollten Sie die Lage checken. Nutzen Sie dazu die Checkliste Wohnlage auf Seite 64. Je höher hier die Punktzahl ausfällt, desto besser passt die Lage der angebotenen Immobilie zu Ihren Bedürfnissen. Bewerten Sie unter anderem die Erreichbarkeit von wichtigen Einrichtungen des Lebens. Einkaufen, Schule und Kindergarten sollten möglichst zu Fuß innerhalb von zehn Minuten erreicht werden können. Optimal ist es, wenn auch der Weg zu Ihrem Arbeitsplatz nicht länger als 30 Minuten dauert. Testen Sie die öffentlichen Verkehrsmittel und fahren Sie mal die wichtigsten Strecken mit dem Fahrrad ab. Wo sind Arzt und Apotheke, wo das Rathaus und die Kirchengemeinde? Außerdem sollten Sie einfach in der gewählten Wohngegend herumlaufen, am besten zu unterschiedlichen Tageszeiten. Zu den Hauptverkehrszeiten können Sie den besten Eindruck gewinnen. Wenn die ruhige Anliegerstraße als Schleichweg benutzt wird, haben Sie mitunter mehrere Stunden am Tag Verkehrslärm. Wer sich für ländliche Regionen entscheidet, hat dagegen lange Anfahrtswege zum Einkaufen zu überwinden, lebt dafür aber idyllisch im Grünen. All diese Entscheidungen sind wesentlich für Ihre langfristige Zufriedenheit. Lesen Sie deshalb das Kapitel »Die Lage – die Lage – die Lage«.

Haus oder Eigentumswohnung?

Lage, Größe und Schnitt müssen stimmen – darauf kommt es bei einer maßgeschneiderten Immobilie an. Das kann Ihnen auch eine Eigentumswohnung bieten: vom Einzimmerappartement über eine Maisonette bis hin zum Penthouse – es gibt viele Varianten. Oder soll es doch das Häuschen sein? Bevorzugen Sie das eigene Grundstück, den eigenen Garten und Abstand zu den Nachbarn? Machen Sie den Check: Welche Immobilie passt zu Ihnen?

Die Eigentumsquote ist in Deutschland, verglichen mit anderen europäischen Ländern, nach wie vor sehr niedrig. Im Schnitt leben nur 43 Prozent der Haushalte in den eigenen vier Wänden. Nach der Wohnungsmarktprognose 2025 des Bundesamtes für Bauwesen und Raumordnung wird sich die Quote bis 2015 allerdings erhöhen: im Westen auf 47 und im Osten auf 36 Prozent. Im internationalen Vergleich bleibt Deutschland dennoch Schlusslicht, da auch im Ausland die Eigentumsquoten zunehmen.

Bei der prozentualen Verteilung auf die jeweiligen Wohneigentumstypen entfallen derzeit 20 Prozent auf Doppel- und Reihenhäuser, 34 Prozent auf Einfamilienhäuser, 18 Prozent auf Zweifamilienhäuser und 25 Prozent auf die Eigentumswohnung. Nach der Prognose wird sich der Wohnungsbau in den nächsten Jahren auf einem niedrigeren, aber konstanten Niveau stabilisieren. Dafür sorgt nicht zuletzt die anhaltende Nachfrage nach Ein- und Zweifamilienhäusern.

Wie die Entwicklung auf dem Wohnungsmarkt langfristig verläuft, ist nicht genau vorhersehbar. Das hängt von der Abnahme der Bevölkerung, aber auch von den Zuwanderungszahlen und der Belebung der Wirtschaft ab.

Bedenken Sie: Die Qualität Ihrer Immobilie zählt. Bauweise und Bautechnik sind letztendlich entscheidend für den Wiederverkaufswert. Die Erfahrung zeigt, dass Eigentum in guten oder sehr guten Lagen mit ansprechender Architektur ihren Wert hält und in der Regel auch steigern kann.

Richtig entscheiden

Kaufinteressenten sollten bei der Entscheidung zwischen Haus oder Wohnung die rechtlichen Unterschiede beachten. Viele Käufer sind nicht gut informiert. Eine gründliche Einarbeitung in die Besonderheiten beim Immobilienerwerb, die Prüfung der Unterlagen, Verträge und eine eingehende Beratung schützen vor Fehlentscheidungen.

Der Kauf einer Eigentumswohnung ist – im Vergleich zum Hauskauf – mit einer Reihe von Besonderheiten verbunden. Sie werden als Wohnungskäufer das Gebäude zusammen mit anderen Eigentümern besitzen, es gemeinschaftlich verwalten und – im Fall der Selbstnutzung – mit den anderen Eigentümern oder Mietern Tür an Tür wohnen.

Während Eigenheimbesitzer selbst entscheiden, was sie wann und wie renovieren, umbauen oder modernisieren wollen, tragen die Eigentümer einer Eigentumswohnungsanlage gemeinsam die Verantwortung für das Gebäude. Sie müssen gemeinsam Entscheidungen zur Verwaltung und Instandhaltung treffen. Seit der Novelle des Wohnungseigentumsgesetzes ist es möglich, dass die einfache Mehrheit ausreicht, um die Vorstellungen eines Einzelnen zu überstimmen. Das eigene Haus kann dagegen – je nach Bauordnung – nach den eigenen Wünschen renoviert oder umgebaut werden. Das gemeinschaftliche Eigentum setzt hier bestimmte Grenzen.

Im Vergleich zum Hauskauf müssen Wohnungskäufer deshalb den Kauf einer Eigentumswohnung noch sorgfältiger angehen. Sie sollten daher die Unterlagen des Hausverwalters einsehen, um nicht mit Unstimmigkeiten innerhalb der Eigentümergemeinschaft oder nicht einkalkulierten Kosten konfrontiert zu werden. Neben dem Kaufvertrag sind die Teilungserklärung und der Aufteilungsplan zu prüfen, die Baubeschreibung, weitere Vertragsanlagen wie zum Beispiel der Energieausweis und bei älteren Eigentumswohnungen die Protokolle der Eigentümerversammlungen, die Beschluss-Sammlung und die Jahresabrechnungen der Nebenkosten.

Die folgende Checkliste zeigt, wo die Unterschiede zwischen einem Einfamilienhaus und einer Eigentumswohnung liegen und was Sie beim Vergleichen berücksichtigen sollten.

Checkliste für die richtige Entscheidung

Kriterien	Individuelles Einfamilienhaus	Eigentumswohnung
Lage	☐ eher am Stadtrand	☐ eher in der Stadt
Infrastruktur	☐ eher ungünstig, da am Stadtrand gelegen	☐ eher günstig, da in der Stadt gelegen
Anschaffungskosten	☐ eher höher wegen des Baugrundstücks	☐ eher niedriger
Kostenrisiko	☐ nicht exakt begrenzbar, da Vereinbarung eines Festpreises, z. B. mit dem Architekten, in der Regel nicht möglich ist	☐ exakt begrenzbar, da Festpreisvereinbarungen mit dem Bauträger oder Generalunternehmer üblich sind
Kosten für den Unterhalt	☐ eher höher, da der Eigentümer sämtliche Kosten allein trägt ☐ Nebenkosten, etwa für Heiz- und sonstige Nebenkosten sind eher höher	☐ eher niedriger, da z. B. Reparaturen am Haus von allen Hauseigentümern getragen werden ☐ Nebenkosten sind nicht alleine beeinflussbar, weil z. B. Hausverwalter, Fahrstuhl oder Schwimmbad hohe Gemeinschaftskosten verursachen können
Gestaltungsfreiheit bei der Immobilie	☐ hohe Gestaltungsfreiheit durch den Bauherrn, die nur durch das Baurecht und den eigenen Geldbeutel eingeschränkt wird	☐ geringere Gestaltungsfreiheit durch den Erwerber, weil die Eigentumswohnung in die Planung des gesamten Hauses eingefügt wird und z. B. von außen nicht eigenmächtig verändert werden darf
Nachträgliche Änderungen	☐ nachträgliche Änderungen machbar, da der Alleineigentümer das Sagen hat	☐ nachträgliche Änderungen nur in geringem Umfang möglich, da die Wohnungseigentümergemeinschaft bei grundlegenden Änderungen zustimmen muss

Kriterien	Individuelles Einfamilienhaus	Eigentumswohnung
Kontrollaufwand bei der Einrichtung	☐ tendenziell höher, da der Bauherr trotz des Architekten Vertragspartner für die einzelnen am Bau beteiligten Unternehmen bleibt	☐ niedriger, da Eigentumswohnungen üblicherweise schlüsselfertig erworben werden
Zeitaufwand bei der Verwaltung	☐ höher, da sich der Eigentümer um alles selbst kümmern muss ☐ Haus- und Grundstückspflege führt zu weiterem Arbeitsaufwand	☐ niedriger, da kleinere Reparaturen in der Wohnung häufig vom Hausmeister erledigt werden und für größere Reparaturen am Haus der Verwalter im Auftrag der Eigentümergemeinschaft tätig wird
Bewegungsfreiheit	☐ eher größer wegen des eigenen Grundstücks und Gartens	☐ eher geringer, da das Grundstück von allen Eigentümern genutzt werden kann
Unabhängigkeit	☐ hohe Unabhängigkeit, da der Eigentümer die Hausordnung selbst bestimmt	☐ geringere Unabhängigkeit, da sich jeder an die Hausordnung halten muss ☐ geringere Verantwortung, da sich der Verwalter um die Hausverwaltung kümmert

Quelle: Deutsche Bank und WISO

Die Eigentumswohnung

Wer eine Wohnung kauft, sollte wissen, welche Nutzungsrechte er hat. Denn rein rechtlich erwerben Sie keine Wohnung, sondern nur einen Anteil an einem Hausgrundstück. Das liest sich für eine Eigentumswohnung mit 61,61

Quadratmeter im Kaufvertrag zum Beispiel so: Der Miteigentumsanteil beträgt an dem Grundstück Gemarkung Neuwied, Flur 128, Flurstück 28, verbunden mit dem Sondereigentum an der im Aufteilungsplan mit Nr. 10 bezeichneten Wohnung 632/10.000stel.
Die Teilungserklärung regelt, was zum Gemeinschafts- oder zum Sondereigentum gehört. Ihre Wohnräume, Ihre Eigentumswohnung trägt nach dem Wohnungseigentumsgesetz die Bezeichnung »Sondereigentum«. Gemeinschaftliches Eigentum sind das Grundstück sowie die Anlagen, Teile und Einrichtungen des Gebäudes, die nicht im Sondereigentum oder Eigentum Dritter stehen.

Zum Gemeinschaftseigentum gehören alle Flächen, die gemeinschaftlich genutzt werden, wie zum Beispiel Keller, Treppenhaus, Dachboden und Gartenanlagen. Veränderungen am Gemeinschaftseigentum müssen mehrheitlich entschieden werden. Mindestens einmal im Jahr findet eine Eigentümerversammlung statt, auf der unter anderem das letzte und das kommende Haushaltsjahr sowie bauliche Veränderungen oder Reparaturen verabschiedet werden. Wohnungseigentum kann durch einen Vertrag der Miteigentümer über Einräumung von Sondereigentum an jeweils einer bestimmten Wohnung oder durch Teilung des Eigentums an einem Mehrfamilienhausgrundstück entstehen.

Im Regelfall wird Wohnungseigentum durch Teilung begründet. Die Teilung wird in das Grundbuch eingetragen. Hierzu ist eine Teilungserklärung notwendig: In einem Aufteilungsplan werden die Wohnungen, Lage und Größe der im Sondereigentum und der im gemeinschaftlichen Eigentum stehenden Gebäudeteile dargestellt, und das zuständige Bauamt muss prüfen und bescheinigen, dass die Wohnungen in sich abgeschlossen sind und die damit verbundenen Bauauflagen berücksichtigt wurden.

In der Teilungserklärung werden außerdem genaue Regeln für den ordnungsgemäßen Ablauf von Eigentümerversammlungen und Entscheidungen festgelegt. Die meisten Entscheidungen, die sich auf das Gemeinschaftseigentum oder das Gebäude als Ganzes beziehen, zum Beispiel Instandhaltungen, Modernisierungen von Heizung, Fenstern, Dach und so weiter, müssen grundsätzlich von allen Eigentümern zusammen getroffen werden. Ihr Entscheidungsrecht ist durch das Mitentscheidungsrecht der anderen Eigentümer somit teilweise eingeschränkt.

Fazit: Wollen Sie Eigentum in einer städtischen oder stadtnahen Lage erwerben, ist die Eigentumswohnung sicherlich eine gute Einstiegsmöglichkeit, um Wohnungseigentum zu erwerben. Die Förderungen und steuerlichen Abschreibungen sind gegenüber dem Reihenhaus oder dem freistehenden Einfamilienhaus grundsätzlich die gleichen. Sie sind auch insofern entlastet, als Sie Verwaltungs-, Pflege- und Instandhaltungsarbeiten in der Regel nicht selbst organisieren müssen, da eine Hausverwaltung damit beauftragt ist. Dafür entstehen Kosten, die Sie nicht alleine bestimmen können. Neben den finanzierungsbedingten Belastungen sind das die laufenden Betriebskosten, die Kosten der Verwaltung und Rücklagen für Instandhaltung. Dadurch können durchschnittlich zwei bis drei Euro pro Quadratmeter monatlich zusammenkommen. Leider gibt es wegen des Hausgelds immer wieder Streit unter den Eigentümern.

Neu oder gebraucht?

Ein Neubau hat einen großen Vorteil: Sie können noch mitbestimmen. Wie soll der Grundriss aussehen, wo kann ich selbst Hand anlegen und mit gestalten, welche Ausstattung kann ich mir leisten? Parkett, Teppichboden oder Fliesen? Während der Bauphase sind noch Änderungen möglich. Sie entscheiden wo der Hobbyraum liegt, die Waschmaschine angeschlossen wird oder zukünftig die Kinder spielen werden. Ihre Bedürfnisse und Wünsche zählen.

Beim Kauf einer gebrauchten Eigentumswohnung müssen Sie sich mit den Gegebenheiten meist abfinden. Sie kommen in eine gewachsene Struktur, die Eigentümer kennen sich mitunter schon seit Jahren. Der Gestaltungsspielraum begrenzt sich auf Ihre eigenen vier Wände.

Entscheidend bei einer gebrauchten Immobilie sind die Lage, der Zustand, die Aufteilung, die Eigentümergemeinschaft und die Nachbarn. Das alles sollte passen. Prüfen Sie auch den Zustand der gesamten Wohnanlage:

- Welchen Eindruck macht das Haus?
- Wurde in den letzten Jahren renoviert oder saniert?
- Sind Dach, Außenfassade, Heizung und Treppenhaus in Ordnung?
- Sind Renovierungsarbeiten geplant?
- Wie ausgewogen ist die soziale Struktur im Haus?
- Wie viel Mieter/Eigentümer wohnen im Haus? Je mehr Eigentümer desto besser für die Pflege des Hauses.
- Ist ein Hausmeister/Putzdienst beschäftigt?
- Wie beurteilen Sie Pflegezustand und Sauberkeit?

Die Altbauwohnung

Die schicke Altbauwohnung mitten in der Stadt, Wohnen im Loft oder in einer Gründerzeitvilla. Hohe Decken, angenehmes Raumklima, große Wohnküchen – einfach schön. Doch wer kann gerade bei alten Häusern sicher sein, dass nach dem Kauf auch alles so bleibt? Können Sie beurteilen, ob der Zustand der Wohnung wirklich gut ist? Wie steht es um die Bausubstanz? Sind Keller feucht und Dächer morsch? Welche Kosten kommen auf die Eigentümergemeinschaft jetzt und in den nächsten Jahren zu?

Die Renovierungen sind zum Teil aufwändig gemacht, zum Teil aber auch nur für die Optik. Außen hui, innen pfui – nicht ungewöhnlich bei einer Altbausanierung. Häufig kaufen nämlich Bauträger ganze Häuser und wandeln diese erst in einem nächsten Schritt in Eigentumswohnungen um. Wenn Sie eine Kaufgelegenheit bekommen, ist das meiste schon passiert, und Sie können nicht mehr viel mitentscheiden. Die Eigentümergemeinschaft gibt es noch nicht, der Investor bestimmt allein.

Wenn Altbauten richtig saniert werden, ist das ohne Frage teuer. Wer mit Geschmack und Liebe an die Sache herangeht, wird bemüht sein, den Stil zu bewahren: Stuckdecken, alte Holztüren und Fenster, die Bodenbeläge. In vielen Fällen findet man unter Linoleumböden und Sperrholzplatten wunderschöne Bodendielen, Terrazzo oder andere Kostbarkeiten. Diese wieder herzurichten, kostet Zeit und Geld; das sollten Sie beim Kauf einer Altbauwohnung berücksichtigen. Mit einem schnellen Einzug wird es meistens nichts. Am Ende aber haben Sie ein Schmuckstück, das immer seine Liebhaber finden wird – für den Fall, dass Sie doch einmal verkaufen wollen oder müssen.

Bei einer Altbausanierung spielt häufig auch der Denkmalschutz eine Rolle. Zum Teil gibt es dafür erhebliche öffentliche Zuschüsse. Lesen Sie dazu auch im Kapitel »Steuern sparen mit dem Denkmalschutz«. Dennoch sind oft mehr Baumaßnahmen erlaubt, als Sie denken. Zum Beispiel dürfen Balkone angehängt oder Fahrstühle eingebaut werden. Die Statik der alten Häuser hält eine Menge aus. Auf Luxus brauchen Sie in einer Altbauwohnung in der Regel nicht zu verzichten.

WISO rät

Grundsätzlich ist beim Kauf einer Altbauwohnung ein Bausachverständiger zurate zu ziehen. Bei den Industrie- und Handelskammern in der jeweiligen

Stadt finden Sie Adressen von Fachleuten, die sich besonders gut mit Altbauten auskennen und sich zum Teil auf bestimmte Bauepochen spezialisiert haben. Außerdem vermittelt der Bundesarbeitskreis Altbauerneuerung Sachverständige und klärt über Förderprogramme auf. Im Internet finden Sie den Arbeitskreis unter www.altbauerneuerung.de.

Übersicht: Tiere im Gebälk

Für jeden Bauherrn sind Holzschädlinge im Dachgebälk ein Albtraum. Hat man die Immobilie gebraucht gekauft und stellt sich der Schaden nachher heraus, liegt es nahe, sich an den Verkäufer zu halten. Doch dieser haftet nur in Ausnahmefällen. So wies das Landgericht Coburg (AZ: 22 0 509/03) die Klage eines Käufers ab, dessen Immobilie von Holzschädlingen heimgesucht war und der deshalb vom Verkäufer eine Kaufpreisminderung und die Erstattung der Kosten für die Dachbodenrenovierung verlangt hatte. Das Gericht stellte fest, dass der Kläger Haus und Dachboden vor dem Kauf intensiv besichtigt und hierbei nichts beanstandet hatte. Zudem sei im Kaufvertrag jede Mängelgewährleistung ausdrücklich ausgeschlossen worden. In einem solchen Fall haftet der Verkäufer nur dann für Mängel, wenn er diese dem Käufer arglistig verschwiegen hat. Dies konnte der Kläger jedoch nicht nachweisen.

Der Wille der Eigentümer zählt

Wenn Sie sich für eine Eigentumswohnung entscheiden, kommen Sie am Willen der Gemeinschaft nicht vorbei. Alleingänge sind in einer Wohnanlage nicht erlaubt. Die Gemeinschaft bestimmt, ob zum Beispiel ein Eigentümer seinen Balkon verglasen oder seine Garagenzufahrt betonieren darf. Das alles ist in der sogenannten Gemeinschaftsordnung geregelt. Zusammen mit der Teilungserklärung bilden sie die Satzung oder Verfassung der Eigentümergemeinschaft und spiegelt deren Willen wider.

Die Gemeinschaftsordnung

An der Gemeinschaftsordnung können Sie als Eigentümer mit Ihrem Stimmrecht mitwirken und dadurch auch Änderungen bewirken. Sie enthält die Grundlagen für alles, was die Wohnungseigentümer untereinander zu beachten haben. Die Hausordnung ist ein Teil der Gemeinschaftsordnung, neben Ruhezeiten und Ähnlichem können hier Pflichten wie Schneeräumung geregelt sein. Man kann noch eine Parkplatzordnung, eine Geländeordnung und so weiter beschließen. In der Gemeinschaftsordnung sind Regelungen festgelegt, welche die Rechtsbeziehungen der Eigentümer untereinander betreffen und schuldrechtliche Ansprüche feststellen.

Normalerweise werden schon vor dem Verkauf der Wohnungen, etwa von einem Bauträger, entsprechende Vereinbarungen festgelegt. Das Wohnungseigentumsgesetz gibt die entscheidenden Rahmenbedingungen vor, für den Einzelfall lässt es aber einen Freiraum. Wird die Gemeinschaftsordnung in das Grundbuch eingetragen, hat sie auch für spätere Erwerber eines Wohnungseigentums Gültigkeit. Die konkreten Regelungen sind für den Erwerber von Wohnungseigentum von großer Bedeutung und sollten deshalb vorab zur Kenntnis genommen werden.

Wenn in einer Wohnungseigentümerversammlung Beschlüsse gefasst oder gerichtliche Entscheidungen bezüglich der Gemeinschaft gefällt wurden, bedürfen diese nicht der Eintragung in das Grundbuch. Es empfiehlt sich aber auch hier, sich vor dem Erwerb des Wohnungseigentums, zum Beispiel beim Verkäufer oder beim Vorsitzenden der Eigentümergemeinschaft, darüber zu informieren.

Teilungserklärung: das Herzstück der Eigentümergemeinschaft

Bei der Teilungserklärung (§ 8 Wohnungseigentumsgesetz) handelt es sich um die Erklärung des Grundstückseigentümers gegenüber dem Grundbuchamt, dass das Eigentum an dem Grundstück in Miteigentumsanteile aufgeteilt ist, die mit Sondereigentum verbunden sind. Hier sind unter Umständen auch Dinge wie Kostenverteilung, Kostentragungspflicht und so weiter geregelt. Der Teilungserklärung ist daher zu entnehmen, wie das Gebäude aufgeteilt ist. Die einzelnen Einheiten sind darin genau beschrieben.

Teilungserklärungen sind oft vor 20 bis 40 Jahren entstanden und nie aktualisiert worden. Sie beinhalten daher nicht die danach gefassten Beschlüsse und wurden zum Beispiel nicht mit der Hausordnung, dem Verwaltervertrag oder der Jahresabrechnung abgeglichen. Die Novelle des Wohnungseigentumsgesetzes schaffte die Möglichkeit, die Teilungserklärungen zu aktualisieren und neu zu gestalten. Auch wenn eine Änderung der Teilungserklärung mit Mühe und Kosten verbunden ist, lohnt sie sich in vielen Fällen. Häufig wurden Teilungserklärungen vom teilenden Eigentümer, etwa dem Bauträger verfasst, der sich dadurch einen wesentlichen Gestaltungsfreiraum einräumen konnte. Das gilt es bei einer Änderung zu überprüfen.

Jede Teilungserklärung muss notariell beurkundet und ins Grundbuch eingetragen werden. Danach gilt sie – zeitlich unbefristet – für die sich bildende Eigentümergemeinschaft. Auch jede Änderung lässt sich später nur einstimmig vereinbaren und muss ebenfalls ins Grundbuch eingetragen werden, um wirksam zu werden. Die Einstimmigkeit, der Aufwand und die Kosten sollten jedoch keine Hürde für Aktualisierungen sein. Wem als Käufer einer gebrauchten Eigentumswohnung klar ist, dass eine alte Teilungserklärung erhebliches Konfliktpotenzial bietet, wird auf eine aktuelle Fassung Wert legen. Das sollten Sie bei Ihrem Engagement mit berücksichtigen.

WISO rät

Lassen Sie sich vor dem Kauf einer gebrauchten Eigentumswohnung die Protokolle der letzten Eigentümerversammlungen sowie die letzten Abrechnungen der Hausverwaltung zeigen. Nur so können Sie sich einen Überblick über die Kosten und über die finanzielle Lage Ihrer zukünftigen Wohngemeinschaft verschaffen.

Als Wohnungseigentümer haben Sie nach dem Wohnungseigentumsgesetz grundsätzlich das Recht, Ihre Wohnung jederzeit zu verkaufen. Sie können im Rahmen der gesetzlichen Vorschriften über Ihre Wohnung frei verfügen, die Wohnung bewohnen, vermieten oder in sonstiger Weise nutzen.

Über die Nutzung des gemeinschaftlichen Eigentums und des Sondereigentums werden oft in der Gemeinschaftsordnung – vom Gesetz abweichende – Regelungen über die Verteilung der Lasten und Kosten getroffen. Sie müssen selbstverständlich die Kosten, wie etwa jene der Instandhaltung, Instandsetzung und Verwaltung, nach dem Verhältnis Ihres Anteils tragen. In der Verordnung über die verbrauchsabhängige Abrechnung der Heiz- und Warmwasserkosten sind besondere Regelungen enthalten, die für die Abrechnung Ihres Verbrauchs als Wohnungseigentümer große Bedeutung haben können. Informieren Sie sich darüber!

Die Bibel: das Wohnungseigentumsgesetz

Es ist ein bisschen wie eine eheähnliche Beziehung für fünf Millionen Menschen in Deutschland: Sie leben gemeinsam unter einem Dach, sie teilen Eingangstür und Adresse – und doch leben sie in getrennten Wohnungen. Gemeint sind Besitzer von Eigentumswohnungen. Auf Gedeih und Verderb sind sie aneinander gebunden – über das Haus, in dem sie gemeinsam wohnen. Und das geht – wie auch in einer Ehe – nicht ohne Streit ab. Welche Farbe soll das Treppenhaus bekommen? Muss die Fassade wirklich gestrichen werden? Ist dieses oder jenes ein Schaden am Gemeinschaftseigentum oder doch an der einzelnen Wohnung?

Über 50 Jahre lang galt nach dem Wohneigentumsgesetz (WEG) in Eigentümerversammlungen das Prinzip der Einstimmigkeit. Dauerblockaden einzelner Miteigentümer waren dadurch keine Seltenheit. Die Folge war häufig ein Renovierungsstau. Nach der Novellierung wurde damit aufgeräumt. Zudem brachte sie mehr Klarheit in juristische Abläufe und Gerichtsverfahren. Ein Beispiel: Wenn die Fassade gestrichen, das Dach repariert oder eine neue Heizungsanlage eingebaut werden soll, reicht nunmehr eine Dreiviertelmehrheit für eine Entscheidung. Bei Sanierungs- und Modernisierungsarbeiten muss es also nicht mehr 20 zu 0 Stimmen geben, sondern es reichen auch 15 zu 5 Stimmen, um als Gemeinschaft Entscheidungen zu treffen. Allerdings muss mindestens die Hälfte der Eigentümer für eine Lösung stimmen.

Die Entscheidungen der Eigentümergemeinschaft sind für alle bindend. Auch bei der Verteilung der Betriebskosten oder bei nur einmaligen Instandhaltungsaufträgen können mit dem neuen Abstimmungsverfahren schneller Entscheidungen getroffen werden. Wurde etwa bisher nach Quadratmetern abgerechnet und wurden so diejenigen, die alleine in einer Wohnung leben, benachteiligt, könnte man nun schnell eine Abrechnung nach Anzahl der Köpfe pro Wohnung einführen. Dies war bislang fast unmöglich. Jetzt genügt hier sogar die einfache Stimmenmehrheit. Wenn die Mehrheit der Eigentümer den neuen Maßstab will, dann wird er auch eingeführt. Die Kehrseite der Medaille: Alle müssen diese Änderungen, seien es Einbauten oder Sanierungen, auch bezahlen, ob sie nun das Geld haben oder nicht.

Die Beschlüsse der Eigentümerversammlung müssen sich bei der Kostenverteilung, sei es für Modernisierung, Instandhaltung oder Betriebskosten, nach dem Verbrauchs- oder dem Verursacherprinzip richten. Zum Beispiel kann die Eigentümergemeinschaft den verbrauchsabhängigen Verteilungsschlüssel einfach per Mehrheitsbeschluss einführen. Sie kann auch beschließen, bestimmte Kosten des Verbrauchs auf diejenigen Wohnungseigentümer umzulegen, die sie verursachen. Ebenso darf der erste Verwalter, statt wie bisher für fünf Jahre, nur noch für drei Jahre bestellt werden. Hintergrund dafür ist der recht häufige Interessenkonflikt des ersten, fast immer vom Bauträger bestellten Verwalters und der sich bildenden Eigentümergemeinschaft.

Für die Eigentümerversammlung müssen Fristen und Regeln eingehalten werden. Die Einladung muss mindestens zwei Wochen vor dem Termin rausgehen. Die Unterlagen der Eigentümergemeinschaft werden beim Verwalter gelagert. Er muss eine Beschlusssammlung einrichten, in der fortlaufend und durchnummeriert alle Beschlüsse der Gemeinschaft gesammelt werden. Gibt es keinen Verwalter, muss der Vorsitzende der Gemeinschaft die Sammlung führen. Bewohner und vor allem auch potenzielle Käufer können sich so viel besser als bisher informieren, was die Immobilie an Bau- und Modernisierungsmaßnahmen oder auch an Gerichtsurteilen hinter sich hat.

Eine wesentliche Verbesserung hat sich für die Eigentümergemeinschaft durch das veränderte Schuldverhältnis nach außen ergeben. Wurde bislang eine Handwerkerrechnung nicht bezahlt, konnte der Handwerker von jedem einzelnen Eigentümer die komplette Summe einfordern. Nunmehr haftet jeder Eigentümer nur noch in Höhe seines eigenen persönlichen Anteils an der Wohneigentumsgemeinschaft. Wer also nur ein Zehntel oder Zwanzigstel der Eigentumsanlage besitzt, kann auch nur in entsprechender Höhe von den Klägern belangt werden. Somit muss nicht wie bisher ein Einzelner fürchten, mit seinem kompletten Privatvermögen in Haftung genommen zu werden – für die Schulden oder offenen Rechnungen der Gesamtanlage.

Kommt es wegen Zahlungsschwierigkeiten eines Miteigentümers zur Zwangsversteigerung, muss das noch ausstehende Hausgeld des Schuldners den anderen Miteigentümern aus der Versteigerungssumme ersetzt werden. Die Miteigentümer haben ein Vorrecht auf das ausstehende Geld des laufenden Jahres und der letzten beiden Jahre davor. Dann erst kommen die Banken zum Zuge, wenn diese noch Geld zu bekommen haben.

Der Gesetzgeber will mit dem WEG gewährleisten, dass einzelne Eigentümer nicht unangemessen benachteiligt werden. Über Gebühr Betroffene können sich gerichtlich wehren.

Bisher wurde nach dem Gesetz über die freiwillige Gerichtsbarkeit (FGG) geurteilt, ein juristisches Verfahren, bei dem Kläger und Beklagter jeweils auf ihren Kosten sitzen bleiben. Nun gilt auch bei Wohneigentumsgemeinschaften die Zivilprozessordnung (ZPO), WEG-Verfahren sind damit normale Zivilprozesse. Das heißt: Wer verliert, zahlt auch die Kosten des Gegners.

Insgesamt gilt das WEG nach der Novelle als Verbesserung. Die »Muss-Ehe« mit den Miteigentümern ist einfacher geworden. Querulanten, die jahrelang mit ihrem Veto auch dringende Maßnahmen verhindern konnten, haben keine Chance mehr. Das wirkt sich für die Häuser und auch auf die Beziehung der Eigentümer untereinander positiv aus.

Der Hausverwalter – oft ein Zankapfel

Eigentumswohnungen verwalten darf jedermann. Im Gesetz steht nichts über Ausbildung oder Qualifikation. Umso wichtiger ist es, dass sich die Wohnungseigentümer den Hausverwalter, dem sie ihren Besitz anvertrauen, genau anschauen. Sie als Käufer sollten mit ihm vor dem Erwerb einer Eigentumswohnung in jedem Fall Kontakt aufnehmen, um sich über den aktuellen Stand der Anlage zu informieren.

Wichtig sind Informationen über die Finanzlage und die Stimmung innerhalb der Eigentümergemeinschaft: Stehen dringende und kostspielige Reparaturen an? Hat die Gemeinschaft Rücklagen gebildet und decken diese die Kosten? Wie ist die Atmosphäre in den Eigentümerversammlungen? Worin liegen die Streitpunkte? Wer ist der Vorsitzende? Auch mit dem Vorsitzenden der Eigentümergemeinschaft und mit anderen Eignern sollten Sie sich treffen. Mit ein paar Fragen werden Sie schnell herausbekommen, ob Ihre zukünftigen Nachbarn friedlich oder ob Streithähne darunter sind.

Hausverwalter liefern auch oft Grund zum Streiten. Immer wieder klagen Wohnungseigentümer über ihren Verwalter. Sie würden sich nicht wirklich um die Belange der Gemeinschaft kümmern und nur das Nötigste tun. Eine wirklich umfassende und zukunftsorientierte Verwaltung der Eigentumsanlage findet in vielen Fällen nicht statt. Darunter leidet zum einen der einzelne Wohnungseigentümer, aber dauerhaft auch die Bausubstanz des gesamten Gebäudes. Wenn nämlich erforderliche Reparatur- und Sanierungsmaßnahmen nicht rechtzeitig durchgeführt werden, führt dies zur Ausweitung von bestehenden Schäden, was letztlich einen Verfall und Wertverlust der Eigentumswohnungen zur Folge hat. Mit Blick darauf, dass sich die Verwalter ihre Tätigkeit monatlich durchaus üppig von jedem Wohnungseigentümer vergüten lassen, verwundert es doch, warum viele Verwalter ihren gesetzlichen und vertraglichen Pflichten oft nur unzureichend nachkommen.

Viele Wohnungseigentümer wünschen sich zwar eine Auswechslung des Verwalters, in der Praxis ist eine Umsetzung aber oft schwierig. Es müssen Verträge und Fristen eingehalten werden. Der Verwalter wird in der Regel für einen Zeitraum von höchstens fünf Jahren bestellt. Nur der erste Verwalter darf maximal für drei Jahre verpflichtet werden. Eine vorzeitige Abberufung ist nur dann möglich, wenn ein wichtiger Grund vorliegt, zum Beispiel wenn das Vertrauensverhältnis zwischen Wohnungseigentümern und dem Verwalter in derart tiefgreifender Weise beeinträchtigt ist, dass eine weitere Zusammenarbeit nicht mehr zumutbar ist. Davon ist aber nur dann auszugehen, wenn dem Verwalter schwerwiegende Pflichtverletzungen über einen längeren Zeitraum nachzuweisen sind.

Experten empfehlen, den Verwalter von vornherein nur für zwei oder drei Jahre zu bestellen. Nach Ablauf der Frist kann die Bestellung unbegrenzt wiederholt werden. In alten Teilungserklärungen sind teilweise Bestellzeiten bis zu 20 Jahren enthalten. Das ist ungültig, genauso wie wenn keine Bestellfristen erwähnt wurden.

Die Aufgaben der Hausverwaltung

Der Verwalter hat eine wichtige Rolle in einer Wohnanlage. Er rechnet die Nebenkosten ab, leitet Eigentümerversammlungen, holt sich Kostenvoranschläge ein, kontrolliert Handwerker und schlägt notwendige Renovierungsarbeiten am Haus vor. Der Verwalter oder die Hausverwaltungsfirma wird von der Eigentümergemeinschaft gewählt und von jedem Eigentümer bezahlt. Ab mehreren Parteien kann ein Hausverwalter ratsam sein.

Jeder Wohnungseigentümer hat das Recht, eine Verwaltung zu verlangen, welche die Interessen der Gesamtheit der Wohnungseigentümer vertritt. Die Bestellung eines Verwalters kann nicht ausgeschlossen werden. Soweit die Verwaltung nicht durch Vereinbarung beziehungsweise in der Gemeinschaftsordnung geregelt ist, können die Wohnungseigentümer eine ordnungsgemäße Verwaltung durch Stimmenmehrheit beschließen.

Der Verwalter hat bestimmte Rechte und Pflichten, die im Wohnungseigentumsgesetz geregelt sind. Dazu gehören unter anderem folgende Aufgaben:

- Instandhaltung und Instandsetzung,
- Aufstellung einer Hausordnung,
- Haus- und Grundbesitzerhaftpflicht,

- Feuerversicherung,
- Verwaltung einer angemessenen Instandhaltungsrückstellung.

Er muss außerdem einen jährlichen Wirtschaftsplan aufstellen, der Folgendes beinhalten muss:

- die voraussichtlichen Einnahmen und Ausgaben bei der Verwaltung des gemeinschaftlichen Eigentums,
- die anteilsmäßige Verpflichtung der Wohnungseigentümer zur Lasten- und Kostentragung,
- die Beitragsleistung der Wohnungseigentümer zur Instandhaltungsrückstellung.

Für jedes Kalenderjahr muss der Verwalter eine Abrechnung aufstellen. Die Wohnungseigentümer können durch Mehrheitsbeschluss jederzeit von dem Verwalter Rechnungslegung verlangen. Diese relativ aufwändigen, gesetzlichen Regelungen sind notwendig, um das friedliche und reibungslose Zusammenleben mehrerer Eigentümer unter einem Dach zu erleichtern.

Betriebskosten

In der Betriebskostenverordnung ist definiert, welche Kosten dazu gehören und welche nicht: »... Kosten, die dem Eigentümer ... durch das Eigentum ... am Grundstück oder durch den bestimmungsgemäßen Gebrauch des Gebäudes, der Nebengebäude, Anlagen, Einrichtungen und des Grundstücks laufend entstehen.« Sie werden deshalb auch als umlagefähige Nebenkosten bezeichnet, die bei einer Vermietung auf den Mieter umgelegt werden können. Bewohnt der Eigentümer seine Immobilie selbst, finden sich diese Kosten in seinem Hausgeld wieder, genauso wie die Verwaltungs- und Instandhaltungskosten. Diese sind im Vermietungsfall aber nicht umlagefähig. Der Katalog der Betriebskosten ist genau festgelegt:

- Wasser und Abwasser
- Warmwasser und Heizung
- Strom für das Gemeinschaftseigentum
- Müllbeseitigungskosten: Müllabfuhr, Müllkompressoren, Müllschlucker, Müllabsauganlagen et cetera
- Straßenreinigung
- Schornsteinfeger

- Gartenpflege
- Winterdienste
- Hausreinigung
- Versicherungen: für Wohngebäude gegen Feuer, Leitungswasser, Sturm- und Hagel, Haus- und Grundbesitzerhaftpflicht, Gewässerschaden, Glas.
- Gemeinschaftsantenne/Kabelfernsehen
- Aufzug
- Garage
- Waschküche: gemeinsame Waschmaschinen, Trockner, Bügelautomaten et cetera.

Die Verwaltungs- und Instandhaltungskosten sind nicht auf den Mieter umlegbar:

- Vergütung des Verwalters der Wohnungseigentümergemeinschaft
- Nebenkosten der Verwaltung, zum Beispiel für Aufwandsentschädigungen für die Verwaltung, den Beirat oder die Versicherung der Beiräte
- Anwalt- und Gerichtskosten
- Vergütung für die Verwaltung von PKW-Stellplätzen oder Garagen
- Kontoführungsentgelte
- Kosten für Reparaturen, Modernisierungen et cetera
- Beitrag zur Instandhaltungsrücklage.

Berechnungsgrundlage ist die Wohnfläche

Der Preis für den Quadratmeter Wohnfläche sagt noch nichts darüber aus, dass die Fläche auch richtig berechnet ist. Das ist jedoch wichtig, weil sich die Nebenkosten für Eigentumswohnungen danach richten. Immer wieder kommt es zu Abweichungen. Gewisse Toleranzen muss man sogar hinnehmen. Ist die Differenz jedoch größer als zehn Prozent, lohnt sich das Nachrechnen umso mehr. Auch weil später sämtliche Kosten auf die Quadratmeter der Wohnfläche umgelegt werden.

2007 wurde die Berechnung der Wohnfläche für Neubauten neu geregelt. Öffentliche Wohnflächen werden nach der DIN 277 berechnet. Hier wird zwischen Nutz-, Verkehrs- und Funktionsfläche unterschieden. Nach der Wohnflächenverordnung (WoFlV) werden dagegen die Grundflächen, insbesondere die Balkone und Terrassen hinsichtlich ihrer Wohnnutzung bewertet. So sind zum Beispiel Balkon-Grundflächen nach der DIN 277 zu 100 Prozent Nutzfläche, nach der WoFlV dagegen nur zu einem Viertel, höchstens zur Hälfte. Einschränkungen gibt es auch bei der Berechnung von Dachschrägen, Vorrats- und Kellerräumen.

Voraussetzung ist, dass solche Flächen und Räume nur eingeschränkt nutzbar beziehungsweise besonders attraktiv sind. Es kommt also auch auf den konkreten Wohnwert an.

Viele Korrekturen oder Änderungen zur Flächenberechnung sind eher technischer Art. So wird bei der Berechnung der Wohnfläche nicht mehr zwischen Rohbaumaßen und Fertigmaßen unterschieden. Experten fordern die Berechnung nach dem sogenannten lichten Maß zwischen Bauteilen, das könne für ein Ende der Verwirrung sorgen.

Nebenkosten

Von einer »zweiten Miete« spricht der Mieterbund. Gemeint sind die Betriebskosten, die in Deutschland mittlerweile rund ein Drittel der Gesamtwohnkosten ausmachen. Das ermittelt der Deutsche Mieterbund (DMB) jährlich in seinem Betriebskostenspiegel. In ganz Deutschland werden Abrechnungen gesammelt und Durchschnittswerte gebildet. So haben Mieter und Vermieter Anhaltspunkte, was für die einzelnen Posten üblich ist. Solche Betriebskostenspiegel gibt es zum einen für ganz Deutschland, zum anderen auch für fast alle Bundesländer (Ausnahme: Berlin, Rheinland-Pfalz und das Saarland).

Die Nebenkosten, also das, was Wohnungsbesitzer oder deren Mieter für Heizung, Grundsteuer, Hauswart oder Müllbeseitigung zahlen müssen, betrugen im Mietspiegel 2009 durchschnittlich 2,14 Euro pro Quadratmeter im Monat. Rechnet man alle denkbaren Betriebskostenarten zusammen, kann die sogenannte zweite Miete bis zu 2,78 Euro pro Quadratmeter und Monat betragen, rechnet der Mieterbund vor. Die Ergebnisse werden dem jeweils aktuellen Betriebskostenspiegel (2007) entnommen. Danach ergaben sich für eine 80 Quadratmeter große Wohnung rund 3.000 Euro im Jahr, die nur für Betriebskosten aufgebracht werden müssen.

Mit steigenden Preisen muss bei Öl, Gas und Strom gerechnet werden. Doch auch höhere Gebühren, welche die Kommunen etwa für Müllabfuhr und Straßenreinigung verlangen, schlagen bei der *zweiten Miete* zu Buche.

WISO rät

Werfen Sie bei der Auswahl der Eigentumswohnung auch immer einen Blick auf die Nebenkosten. Suchen Sie den Vergleich mit dem Betriebskostenspiegel des Deutschen Mieterbunds, zum Beispiel direkt im Internet unter www.mieterbund.de.

Beim Deutschen Mieterbund oder dem Verband für Haus- und Wohnungsbesitzer Haus & Grund können Sie auch erfragen, welche Nebenkosten auf den Mieter umgelegt werden dürfen. Dazu gehören etwa Straßen- und Treppenhausreinigung, Gartenpflege, Müllabfuhr, Wasserversorgung, Entwässerung, Heizung und Strom; außerdem das Hausverwalterhonorar und die regelmäßige Instandhaltungspauschale. Falls dringende Reparaturen nicht aus der Instandhaltungsrücklage bezahlt werden können, wird sogar eine Sonderumlage fällig. Erkundigen Sie sich also rechtzeitig bei der Eigentümergemeinschaft, also vor dem Kauf, über alle tatsächlichen und möglichen Kostenpositionen.

Was Sie bei Ihren Recherchen herausbekommen, kann auch bei der Preisverhandlung geldwert sein. Mangelhafte Rücklagenbildung ist ein Grund für einen Preisabschlag. Stichhaltiges Argument: Sie müssen damit rechnen, dass unter Umständen erhebliche Ausgaben für Instandhaltungsmaßnahmen in Form von Sonderumlagen auf Sie zukommen. Besonders hoch ist das Risiko bei Wohnungen, die von Miet- in Eigentumswohnungen umgewandelt wurden, da hier normalerweise keine Instandhaltungsrücklagen gebildet wurden, zum Beispiel nach einer Altbausanierung durch Bauträger. Sie sollten sich vor dem Kauf einer gebrauchten Eigentumswohnung deshalb genauestens über den Instandhaltungszustand des angestrebten Objekts informieren.

WISO rät

Der dickste Brocken beim Erwerb einer Immobilie bleiben die Anschaffungs- oder Herstellungskosten und die Kaufnebenkosten, etwa für den Notar, den Makler und die Grunderwerbsteuer. Alle Kosten zusammen zeigen auf, wie hoch die Darlehenssumme ausfallen muss. Was Sie bei der Finanzierung beachten sollten, erfahren Sie im Kapitel »Finanzieren – richtig rechnen vor dem Kauf«.

Kauf einer vermieteten Wohnung

Es besteht auch die Möglichkeit, eine bereits vermietete Immobilie zu erwerben. Mitunter müssen Sie sich dann aber jahrelang gedulden, bis Sie einziehen können. Einfach so kündigen geht nämlich schon lange nicht mehr. Sie sind an den bestehenden Mietvertrag einschließlich der besonderen vertraglichen Vereinbarungen bis hin zu einem Kündigungsausschluss gebunden. Hat sich der Mieter eine Mietwohnung genommen und wird diese dann anschließend in eine Eigentumswohnung umgewandelt, dann hat er sogar ein gesetzliches Vorkaufsrecht. Das bedeutet, er kann, wenn der Vermieter die Wohnung verkauft, grundsätzlich selbst in den Kaufvertrag eintreten. Das geht sogar noch, wenn der Kaufvertrag bereits auf dem Tisch liegt.

Der Deutsche Mieterbund weißt darauf hin, dass sich der Mieter in einer umgewandelten Eigentumswohnung erst entscheiden muss, ob er kaufen will, wenn ein detaillierter, notarieller Kaufvertrag zwischen dem Wohnungsverkäufer und einem Käufer vorgelegt wird. Es gelten die Bedingungen, die im notariellen Kaufvertrag niedergeschrieben sind. Der Mieter hat also das Recht, in den mit dem Dritten abgeschlossenen Kaufvertrag selbst als Käufer einzusteigen. Der Mieter hat eine Überlegungszeit von zwei Monaten.

Etwas anderes gilt nur, wenn der Vermieter die Wohnung an einen seiner eigenen Familienangehörigen oder an eine sonst zu seinem Hausstand gehörende Person verkauft (§ 570 b) BGB).

Übersicht: Mietrechtsreform verkürzt Kündigungsfrist

Die allgemeine Kündigungsfrist für Mieter, deren Wohnung in eine Eigentumswohnung umgewandelt wird, beträgt gemäß § 577a BGB drei Jahre und beginnt zu laufen, wenn der neue Eigentümer im Grundbuch eingetragen ist. Auch kann der neue Eigentümer nach Umwandlung einen Eigenbedarf erst nach Ablauf von drei Jahren nach Ankauf der Wohnung geltend machen (sog. Kündigungs-Sperrfrist). Er braucht also einen langen Atem. Allerdings hat der Bund die Landesregierungen ermächtigt, eigene Rechtsverordnungen für einzelne Gemeinden zu erarbeiten, in denen weiterhin ein Kündigungsschutz bestehen bleiben kann. Vor allem in Ballungszentren können die Städte an einer Fünf- bis Zehnjahresfrist festhalten. Denn gerade hier werden immer noch billige Mietwohnungen von Investoren gekauft, saniert und teuer verkauft.

Auch Nießbrauchvereinbarungen können Ihnen das Leben schwer machen. Sie sind dann zwar wirtschaftlicher Eigentümer der Wohnung, dürfen also Miete kassieren und Instandhaltungskosten tragen, aber einziehen dürfen Sie erst dann, wenn der Mieter gestorben ist oder Ihnen das Recht verkauft hat. Häufig werden solche Konstrukte gebildet, wenn Vermögen schon vor dem Tode vererbt werden soll, der Schenker aber Bedenken hat, dass ihn die Beschenkten doch irgendwann vor die Tür setzen. Das wäre nämlich ohne Nießbrauch möglich.

Checkliste zum Erwerb einer vermieteten Immobilie

- ☐ Kein Kündigungsrecht des Vermieters ohne berechtigtes Interesse, zum Beispiel Eigenbedarf.
- ☐ Bei Dauermietverträgen genereller Kündigungsausschluss.
- ☐ In Härtefällen Widerspruchsrecht des Mieters selbst gegenüber wirksamer Kündigung (Sozialklausel).
- ☐ Gegen den Willen des Mieters ist keine aufwändige, luxuriöse Modernisierung möglich.
- ☐ Wurde die erworbene Wohnung nach Überlassung an den Mieter in eine Eigentumswohnung umgewandelt, so können Sie sich als Erwerber frühestens nach Ablauf von drei Jahren seit Ihrer Eintragung ins Grundbuch auf Eigenbedarf berufen.
- ☐ Sind öffentlich geförderte Wohnungen in Eigentumswohnungen umgewandelt worden, gilt zugunsten des davon betroffenen Mieters meist eine längere Kündigungssperrfrist. Sie können hier aufgrund von Eigenbedarf erst kündigen, wenn die Bindung, denen Ihre Wohnung unterliegt, endet.
- ☐ Hat der Mieter ein Vorkaufsrecht? Dieses gesetzliche Recht ermöglicht ihm, die Wohnung zu denselben Bedingungen zu kaufen, wie sie Ihnen oder einem Dritten zum Kauf angeboten wird. Dieses

Vorkaufsrecht steht ihm sechs Monate zu, von dem Zeitpunkt ab, da ihm der Verkäufer über den mit einem Dritten geschlossenen Vertrag informiert hat.

WISO rät

Sofern Sie die Eigentumswohnung vermieten wollen, sollten Sie sich nicht nur aus steuerlichen, sondern auch aus rechtlichen, finanziellen und sozialen Gründen intensiv mit der Rolle als Vermieter auseinandersetzen. Die Annehmlichkeiten der steuerlichen Abschreibung und des Mietzins können auch eine Menge Stress bedeuten. Beispielsweise, wenn die Wohnung nach Auszug des Mieters über längere Zeit leer steht, Rechtsstreitigkeiten anstehen oder Sie die Wohnung nicht mehr zu dem Preis vermieten können, den Sie benötigen, um die Kreditlast zu tragen.

Fazit: Mit dem Kauf einer Eigentumswohnung lässt sich ein unabhängiges und flexibles Wohnen in der Stadt oder in Stadtnähe gestalten. Doch achten Sie auf die Lage. In ländlichen Regionen war die Wertentwicklung bei Eigentumswohnungen in den vergangenen Jahren rückläufig. Wie sich die Preise verändert haben, erfahren Sie beim Gutachterausschuss Ihrer Gemeinde. Entscheidend bei der Auswahl ist auch, ob Sie selbst darin wohnen wollen oder vermieten möchten, ob die Wohnung der sicheren Geldanlage oder der Altersvorsorge dienen soll. Eine Eigentumswohnung eignet sich jedenfalls gut als Einstieg in den Immobilienbesitz. Ein Verkauf lässt sich häufig schneller realisieren als bei einem Einfamilienhaus. Wenn sich die familiären Umstände ändern und Kinder geboren werden, kann der Verkaufserlös Sie zudem Ihrem Traum vom eigenen Haus schneller näher bringen. (Mehr dazu finden Sie im Kapitel »Steuern sparen als Vermieter«)

Das Haus

Wenn sich der Deutsche für ein Haus entscheidet, möchte er zumeist selbst einziehen. Das sagen rund 80 Prozent der Befragten, die ein Eigenheim erwerben wollen, fand der Finanzvermittler Planethome heraus. Der Konkurrent

Interhyp vermeldet, dass der Kaufzeitpunkt von Zinsen und Immobilienpreisen bestimmt wird und weniger vom Traumhaus selbst oder drohender Inflation. Und die Nummer drei unter den Vermittlern im Internet, Hypothekendiscount, kann errechnen wie viel Haus Sie sich leisten können. Wenn es ums Geld geht, wissen viele Rat und was für Sie am besten ist. Jeder will ein bisschen vom großen Investitions-Kuchen abhaben. Doch bevor Sie Geld in die Hand nehmen, sollten Sie herausfinden, welches Haus zu Ihren Wünschen und Bedürfnissen passt. An dieser Stelle werden wir Ihnen einige Häusertypen vorstellen. Und: Es gibt viel mehr, als Sie denken.

Welches Haus passt zu meinem Typ?

Grund und Boden sind nicht beliebig erweiterbar. Deutschland ist dicht besiedelt, Freiflächen, die sich zur Bebauung eignen, sind deshalb rar. Die Grundstücksgrößen in Neubaugebieten werden daher immer kleiner. Hier lebt man mit seinen Nachbarn Seite an Seite. Wer ein freistehendes Einfamilienhaus besitzt, kann also von Luxus sprechen. Dennoch ist man auch in alten Wohngebieten vor Neuerungen nicht geschützt. Häuser werden abgerissen und größere mit mehreren Geschossen neu errichtet. Auch verdichtetes Bauen wird zugelassen. Ihre Nachbarn rücken Ihnen aus allen Himmelsrichtungen näher auf die Pelle und stellen zum Beispiel ihre Garage auch noch an die Grundstücksgrenze. Das ist zulässig.

> WISO rät
>
> Bebauungspläne, Flurkarten und Zeichnungen von Städteplanern geben Aufschluss darüber, was baurechtlich erlaubt und was in Ihrer Nachbarschaft geplant ist. Schauen Sie vorher in die Pläne, damit Sie nachher keine bösen Überraschungen erleben.

Ein- und Zweifamilienhäuser

Das Einfamilienhaus definiert sich zunächst darüber, dass es für eine Generation gedacht ist. Die meisten Familien wollen heute nicht mehr mit mehreren Generationen unter einem Dach leben. Individualität und Abgrenzung sind dabei vordergründig. Eingeleitet wurde die Phase des Einfamilienhauses einerseits mit den Villenbauten des Großbürgertums im 19. Jahrhundert und andererseits durch die Siedlungshäuser der Arbeiter. Der große Boom fand Ende der Fünfzigerjahre und in den Sechzigerjahren statt.

Einfamilienhäuser gibt es in unterschiedlicher Größe und Ausgestaltung, beispielsweise als Bungalow, als sogenanntes Siedlungshaus, als Villa oder als Landhaus. Heute unterscheidet man zwischen dem freistehenden Einfamilienwohnhaus, der Doppelhaushälfte und dem Reihenhaus.

Bei den Neubauten ist auffällig, dass immer mehr in die Flexibilität der Gebäude investiert wird. So soll etwa der Keller auch als Wohnraum genutzt werden können, das Dachgeschoss später mal vermietet werden oder eine Einliegerwohnung die Möglichkeit offenhalten, vielleicht im Alter bescheidener zu wohnen, ein Au-pair oder eine Pflegekraft zu beherbergen.

In der Vergangenheit war die Einliegerwohnung nur aus steuerlichen Gründen interessant. Heute ist die Zukunftsplanung ausschlaggebend dafür. Pfiffige Lösungen können beispielsweise eine interne Verbindung zwischen Haupt- und Einliegerwohnung möglich machen. Eine Einliegerwohnung kann aber auch dauerhaft vermietet werden. Später ziehen vielleicht die Großeltern ein, wenn sie in der Ferne nicht mehr alleine zurechtkommen, oder die Kinder, wenn sie älter und unabhängiger geworden sind.

Das Zweifamilienhaus ist in der Regel zweigeschossig. Jede Ebene bildet eine abgeschlossene Wohneinheit. Wenn einzelne Wohneinheiten separat verkauft werden sollen, muss eine Teilungserklärung vorliegen, die im Grundbuch eingetragen wird. Dann haben Sie zwei unabhängige Eigentumswohnungen. Die Teilung ist meist unproblematisch, auch wenn technische Details beachtet werden müssen, wie Brand- und Schallschutz und besondere Wohnungsabschlusstüren.

WISO rät

Beachten Sie den Energieverbrauch. Das Thema Energie wird immer bedeutender werden in den kommenden Jahren. Bei gebrauchten Immobilien können Sie sich die letzten Heizkostenabrechnungen vorlegen lassen. Zum Beispiel strahlt ein freistehendes Haus wie ein Heizkörper in alle Richtungen Wärme ab, insbesondere dann, wenn nur die Mindestanforderungen der Energieeinsparverordnung bezüglich Wärmedämmung, Fenster und Heizung erfüllt sind. Beim Neubau sind gesetzliche Vorgaben zu erfüllen, die zu einem niedrigen Energieverbrauch führen. Aber Sie können selbst noch viel mehr dazu beitragen. Weiterführende Informationen finden Sie im Kapitel »Die richtige Energie«.

Übersicht: Sonderfall Einliegerwohnung

Ein Vermieter kann seinem Mieter leichter kündigen, wenn er mit ihm eng zusammenwohnt. Das Sonderkündigungsrecht gilt nach Angaben des Deutschen Mieterbundes zum Beispiel in einem Ein- oder Zweifamilienhaus mit Einliegerwohnung. Der Vermieter kann in diesen Fällen kündigen, ohne dass ein im Gesetz aufgeführter Kündigungsgrund, wie zum Beispiel Eigenbedarf, vorliegen muss. Macht der Vermieter von diesem Sonderkündigungsrecht Gebrauch, verlängert sich die gesetzliche Kündigungsfrist jeweils um drei Monate.

Das Sonderkündigungsrecht setzt voraus, dass nur zwei Wohnungen vorhanden sind und dass in einer Wohnung der Vermieter selbst wohnt und in der anderen der Mieter. Nutzt der Vermieter seine Wohnung nicht dauerhaft, etwa nur am Wochenende, scheidet das Sonderkündigungsrecht aus. Dagegen spielt es keine Rolle, wenn ursprünglich in dem Zweifamilienhaus beide Wohnungen vermietet waren und der Vermieter erst später eine der Wohnungen bezogen hat.

Mehrfamilienhaus

Dem Ein- und Zweifamilienhaus folgt das Mehrfamilienhaus. Es ist die wohl preiswerteste Form des Wohnens im Eigentum – Baukosten und Grundstücksausnutzung stehen in einem angemessen Verhältnis.

Viele Menschen leben gern in einem Haus für mehrere Familien. Nachbarschaft kann eine Bereicherung für das Leben sein. Oft gehört auch ein Garten dazu, den die Bewohner des Hauses nutzen können. Dies bietet den Vorteil, dass die Gartenarbeit aufgeteilt werden kann. Beim Rasenmähen wechselt man sich ab, ebenso bei der Pflege der Blumen, Sträucher und Hecken. Nach getaner Arbeit kann man im Grünen entspannen und sich erholen. Wenn sich die Bewohner des Hauses gut verstehen, können auch gemeinsame Gartenfeste stattfinden und aus Nachbarn werden mitunter Freunde.

Auch für Familien mit Kindern bietet das Leben in einem Mehrfamilienhaus viele Vorteile. Vielleicht wohnen in den Nachbarwohnungen Kinder im gleichen Alter. Diese können sich anfreunden und zum gemeinsamen Spielen treffen. So haben die Kinder keinen weiten und gefährlichen Weg zu ihren Freunden, sondern können ihre Spielkameraden jederzeit über den Hausflur besuchen. Das ist für die Eltern eine enorme Entlastung. Besonders praktisch ist es, wenn die Kinder auch in dieselbe Schule gehen. Dann haben sie sogar einen gemeinsamen Schulweg und können sich gegenseitig beim Erledigen der Hausaufgaben und beim Lernen helfen.

Ein Mehrfamilienhaus kann einem oder mehreren Eigentümern gehören. Dann besteht es meist aus mehreren Eigentumswohnungen. Die Einzeleigentümer sind Mitglieder der Wohnungseigentümergemeinschaft. Der gesetzliche Rahmen ist – wie bei jeder Eigentumswohnung – das Wohnungseigentumsgesetz (WEG).

WISO rät

Denken Sie bei der Auswahl eines Haustyps nicht nur an die Bau-, sondern auch an die Folgekosten. Von den Heiz- und Nebenkosten her ist das Mehrfamilienhaus aufgrund seiner kompakten Bauweise sicherlich einer der günstigsten Wohnhaustypen.

Abbildung 1: Mehrfamilienhaus

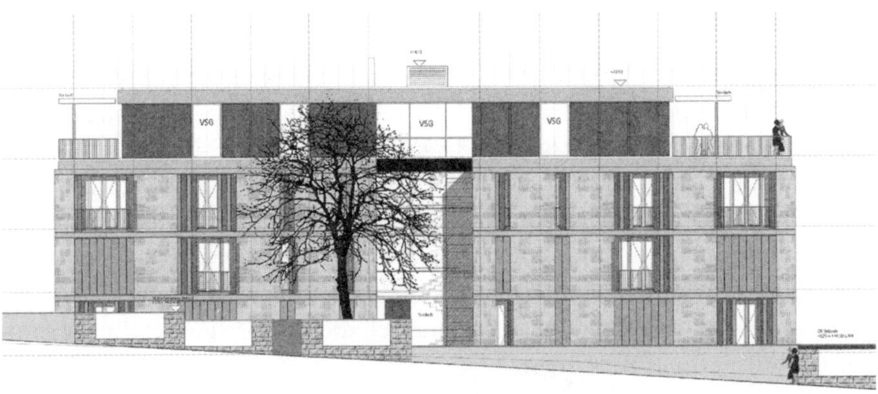

Häuser von der Stange

Vor allem bei Fertig- und Reihenhäusern spricht man von »Häusern von der Stange«. Doch das muss nicht sein. Es gibt viele unterschiedliche Modelle, die auch individuelle Komponenten zulassen. Wem das freistehende Haus zu teuer ist, kann auch mit einem Doppel- oder Reihenhaus gut bedient sein, ohne auf wesentlichen Komfort und Wohnqualität verzichten zu müssen. Vorteile bei zusammenhängenden Häusern sind der geringere Energieverbrauch und das Wohnen in der Gemeinschaft. Die Nachbarn von nebenan werden unter Umständen als weniger störend empfunden als ein enges Gegenüber in einem Einfamilienhausgebiet. Aus bautechnischer Sicht sollte darauf geachtet werden, dass vor allem der Schallschutz eingehalten wird. Es kann sehr störend sein, wenn die Doppelhauspartner andere Lebensgewohnheiten haben als Sie und die Geräuschkulisse an den Nerven sägt.

Von A wie Ausbauhaus bis Z wie Zukunftshaus

An dieser Stelle wollen wir Ihnen einige Häusertypen vorstellen. Die Begrifflichkeiten haben sich zum Teil durch die staatlichen Förderungsprogramme gebildet. Einige Hersteller und Anbieter von Häusern haben selbst Namen kreiert und verwenden Bezeichnungen, die nicht nachprüfbar definiert sind. Sicher gibt es mehr Häusertypen und Modelle als Sie denken.

Ausbauhaus

Immer beliebter wird auch das Ausbauhaus. Es eignet sich besonders für Bauherren mit schmalem Geldbeutel. Durch Eigenleistung lassen sich erhebliche finanzielle Mittel einsparen. Doch Vorsicht: Viele Bauherren unterschätzen die viele Arbeit, sowohl in Sachen Geschicklichkeit als auch im Zeitaufwand. Die Anbieter von Ausbauhäusern sind mit den Fertighausherstellern vergleichbar. Zum Teil haben Sie aber einen besseren Service. So bieten Firmen, die Ausbauhäuser verkaufen, mitunter Schulungen für Bauherren an, organisieren Baubegleiter und schalten sogar eine Hotline, die im Notfall hilfreich zur Seite steht.

Blockhaus

Der älteste Blockhaus-Baustil ist Chinker, bei dem die Baumstämme rund bleiben und aufeinandergestapelt werden. Die dadurch auftretende Fuge (Chink) wird anschließend mit einem Füllmaterial wie Moos, Birkenrinde oder dauerelastischen Dichtstoffen gefüllt. Besonders stark verbreitet sind Blockhäuser in Kanada, Skandinavien und Neuseeland.

Das Blockhaus verfügt nur über eine Etage, eventuell einen zusätzlichen Keller und ist im Aufbau eher einfach strukturiert. Aus diesem Grund gilt diese Bauform als überwiegend typisch für Gartengrundstücke oder Ferienobjekte. Wegen des relativ gering bemessenen Platzes eignen sich Blockhäuser für die meisten Immobilieninteressenten nicht als dauerhafter Wohnsitz.

Doppelhaus

Es stellt einen Kompromiss zwischen Eigentumswohnung, Reihenhaus und Einfamilienhaus dar. Vorteil gegenüber dem Reihenhaus: Sie haben nur einen direkten Nachbarn, können also nach drei Seiten und auch nach oben hin den Ausblick uneingeschränkt genießen. Gegenüber dem freistehenden Einfamilienhaus sparen Sie circa 25 Prozent Heizkosten, da die Wandfläche zu Ihrem Doppelhauspartner keine Wärme an die Umwelt abstrahlt. Beim Doppelhaus sind die Eigentumsverhältnisse beim Grundstückserwerb zu entscheiden. Sie können entweder Gemeinschaftseigentum erwerben oder die Fläche ideell teilen lassen, dann ist jeder nur für seine Hälfte verantwortlich.

Die Vorteile liegen in einer effizienteren Ausnutzung des Grundstücks, wodurch wiederum Einsparungen bei den Grundstückskosten möglich sind. Das gilt auch für die Erschließung und die Anliegergebühren. Ein hohes Einsparpotenzial besteht auch bei den Bau- und Energiekosten. Ein Doppelhaus ist auch für Eigentümer geeignet, die zunächst eine Hälfte vermieten wollen, um später die Kinder darin wohnen zu lassen. Nachteilig ist unter Umständen die Tatsache, dass Sie einen Nachbarn direkt neben sich haben.

Drei-Liter-Haus

Der anschauliche Begriff »Drei-Liter-Haus« bezeichnet ein Gebäude, das im Schnitt um die 3 Liter Heizöl pro Jahr und Quadratmeter für Heizzwecke benötigt. Oder anders ausgedrückt mit etwa 30 Kilowattstunden Energie pro Quadratmeter und Jahr sind Drei-Liter-Häuser Ultra-Niedrigenergiegebäude. Der Strom für Pumpen, Regelung und Brenner ist ebenfalls schon mit einbezogen. Das Fraunhofer IBP hat Ende der 90er Jahre diesen Standard kreiert und den Namen »Drei-Liter-Haus« markenrechtlich schützen lassen.

Im Vergleich dazu verbraucht ein Passivhaus nur 1,5 Liter. In Energiekennzahlen ausgedrückt: 16 bis 39 Kilowattstunden pro Quadratmeter im Jahr. Der Begriff ist in Fachkreisen jedoch in Verruf geraten, denn insgesamt sagt er nichts über die konkrete Bauweise aus. Hält das Haus jedoch, was die Werbung verspricht, dann leben Sie in einem Drei-Liter-Haus günstiger als im sogenannten Niedrigenergiehaus, das 30 bis 70 Kilowattstunden pro Quadratmeter im Jahr verbraucht.

Energiesparhaus nach KfW-Richtlinien

Die Bundesregierung unterstützt mit öffentlichen Mitteln das Energiesparen an Gebäuden. Um an die zinsgünstigen Kredite der KfW-Förderbank heranzukommen, müssen Sie aber bestimmte Regeln einhalten. Gefördert wird in zwei Abstufungen. Dabei gilt: Je mehr eingespart werden kann, desto höher die Förderung.

Mit der Bezeichnung der KfW-40 oder -60 ist der Primärenergie-Kennwert (unter 60 kWh/m^2a beziehungsweise unter 40 kWh/m^2a) gemeint. Das heißt, es geht um die Energie, die irgendwo irgendwie erzeugt werden muss. Mit dieser Kennzahl wird nicht erkennbar, wie viel Liter Heizöl das Haus verbraucht.

Bei der Einstufung des Energieverbrauchs wird der gesamte Primärenergieverbrauch, bezogen auf einen Quadratmeter Wohnfläche und ein komplettes Kalenderjahr, als Grundlage genommen. Ein KfW-40-Haus darf damit einen Gesamtenergieverbrauch von 40 Kilowattstunden pro Jahr und Quadratmeter haben. Entsprechend liegt dieser Wert bei einem KfW-60-Haus bei 60 Kilowattstunden pro Jahr und Quadratmeter Wohnfläche.

Voraussetzung für die KfW-40- beziehungsweise -60-Förderung ist, dass ein Sachverständiger die Angaben im Energiepass bestätigt.

Fachwerkhaus

Ein Fachwerkhaus ist eine stabile Stabkonstruktion, dessen Gerüst aus Holz gebaut wird, wobei die dann auftauchenden Zwischenräume (Gefache) mit einem Holzgeflecht und Lehm ausgefüllt werden. Die ersten Fachwerkhäuser entstanden im 15. Jahrhundert und waren bis ins 18. Jahrhundert besonders in Städten stark verbreitet. Der zur Errichtung benötigte Lehm war genauso wie Holz vor Ort sehr schnell verfügbar. Wohlhabende Bürger wie zum Beispiel Kaufleute oder reiche Bauern ließen ihre Fachwerkhäuser in den meisten Fällen mit Verzierungen verschönern, die dadurch sehr repräsentativ waren.

Beim Sanieren und Modernisieren von Fachwerkhäusern kann man einiges falsch machen. Vor allen wenn Fäulnis und Pilze das Holz bereits angegriffen haben. Zudem stehen aufgrund ihrer historischen Bedeutung viele alte Fachwerkhäuser unter Denkmalschutz. Das bedeutet, dass nur originale Materialien für Reparaturen verwendet und keine gravierenden Änderungen vorgenommen werden dürfen. Das wirkt sich nicht nur durch eine finanzielle Mehrbelastung aus, sondern setzt daneben das Einbinden von Experten voraus. Der Aufwand lohnt sich jedoch, denn er schlägt sich deutlich in einem gesteigerten Wiederverkaufswert nieder.

Heute sind Fachwerkhäuser nicht mehr weit verbreitet. Viele wurden zerstört, entweder im Krieg oder durch Abriss. Im Neubaubereich wird die Fachwerk-Technik wieder von Fertighausanbietern angewandt. Dann gibt es weder mit der Energieeinspar-Verordnung noch mit der Wärmedämmung Probleme. Auch sind der gestalterischen Freiheit einem lediglich im Stil nachempfundenem Gebäude kaum Grenzen gesetzt. (Mehr dazu im Kapitel »Steuer sparen mit dem Denkmalschutz«)

Fertighaus

In den Anfangsjahren wurde den Fertighäusern oft mangelhafte Bauweise nachgesagt. Die Qualität ließ zu wünschen übrig, vor allem bei der Wärme- und Schalldämmung. Mittlerweile sind Fertighäuser in allen Qualitätsstufen zu haben und auf dem Vormarsch. Sie sprechen für schnelles und kostengünstiges Bauen. Die Einzelteile werden vom Fertighaushersteller im Werk produziert. Kommen die Elemente auf die Baustelle ist das Haus innerhalb von ein paar Tagen einzugsbereit. Das spart Ihnen als Bauherrn Finanzierungskosten, die Sie sonst schon während der Bauphase aufbringen müssten. Viele Fertighausanbieter bieten Rundum-Sorglos-Pakete, holen die Baugenehmigung ein und beschäftigen eigene Architekten. In der Nähe von vielen größeren Städten gibt es Musterhausausstellungen, wo Sie sich die Prototypen verschiedener Anbieter anschauen können. Seien sie sich aber darüber im Klaren, dass es sich hier immer um die Luxusvariante handelt, die deutlich teurer ist als das Standardmodell, deren Preise Sie im Prospekt gesehen haben.

Holzhaus

Zunächst waren die Deutschen skeptisch, doch mittlerweile werden Holzhäuser bei uns immer stärker nachgefragt- und auch geschätzt. Für moderne energiesparende Häuser wählen Bauexperten schon jetzt die Holztafel-,

Holzrahmen- oder Holzständerbauweise. Das Bauen mit Holz bietet einen hohen Vorfertigungsgrad. Holz lässt sich leicht und millimetergenau bearbeiten. Der Vorteil findet sich auch im Preis wieder. Viele Bauelemente wie Dach und Wände mit Fenstern werden in der Werkshalle vorgefertigt und erst später auf der Baustelle »just in time« zusammenmontiert. Holzhäuser sind Energiesparhäuser und werden auch von der KfW-Förderbank als Energiesparhaus KfW 40, KfW 60 oder Passivhaus angeboten und staatlich gefördert.

Kettenhaus

Das Kettenhaus wird durch ein- und zweigeschossige Gebäudeteile oder zusätzliche Vor- und Rücksprünge stärker als das einfache Reihenhaus gegliedert. Die Grundstücke können jedoch sehr schmal sein. Durch das Verketten können Kettenhäuser auf keiner Seite umgangen werden. Garagen als Zwischenelemente erlauben jedoch einen Durchgang von der Straße zum Garten. Ausnahme bilden die Häuser an den Enden der Kette, deren eine Seite frei bleibt. Ihre Grundstücke sind meistens etwas breiter, folglich auch teurer, was stets dazu führt, dass diese Objekte schlechter verkauft werden, weil Interessenten für Ketten- oder Reihenhäuser immer auch sehr sparsam sind.

Aufgrund der Nähe bei dieser Wohnform sind gute Nachbarschaftsbeziehungen unerlässlich.

Oft werden von Städteplanern in Neubaugebieten Reihen-, Ketten- und Doppelhäuser verlangt, um das Bild des Wohngebiets etwas aufzulockern. Durch die Mischung der unterschiedlichen Häusertypen wirken neue Stadtteile nicht nur optisch ansprechender, sondern sind auch sozial verträglicher. Den unterschiedlichen Interessen der Bewohner kann so Rechnung getragen werden.

Klimaschutzhaus

»Klimaschutz spielt eine immer wichtigere Rolle und dafür müssen alle Verantwortung übernehmen. Eine lebenswerte Umwelt in Gefahr zu bringen berührt nicht mehr nur nachfolgende Generationen, sondern wir sind heute schon selbst betroffen.« Mit solchen und andern Werbesprüchen agieren etwa Fertighaushersteller oder Bauberater. Der Begriff Klimaschutzhaus ist jedoch nirgendwo in Verordnungen oder Gesetzen verankert. Deshalb sollten Sie sich immer erkundigen, was sich genau dahinter verbirgt. Erwartungsgemäß würde man dahinter Themen wie Erdwärme, Wärmerückgewinnung und nachwachsende Rohstoffe vermuten. Es können sich dahinter auch Häuser verbergen, die ohne Öl- und Gasheizung auskommen und mindestens den KfW-60-Standard erfüllen. Es muss aber nicht so sein.

Modulhaus

Wird ein Haus aus verschiedenen Bauteilen zusammengesetzt, spricht man in der Regel von einem Modulhaus. Die Module können im Werk vorgefertigt und innerhalb kürzester Zeit auf der Baustelle zusammengesetzt werden. Durch die Modulbauweise können auch interessante, nachträgliche Erweiterungen angeboten werden. Leistungsfähige Firmen können Ihnen aufgrund dieser Bauweise hohe Qualität mit kurzen Bauzeiten zu preiswerten Konditionen anbieten.

Abbildung 2: Modulhaus

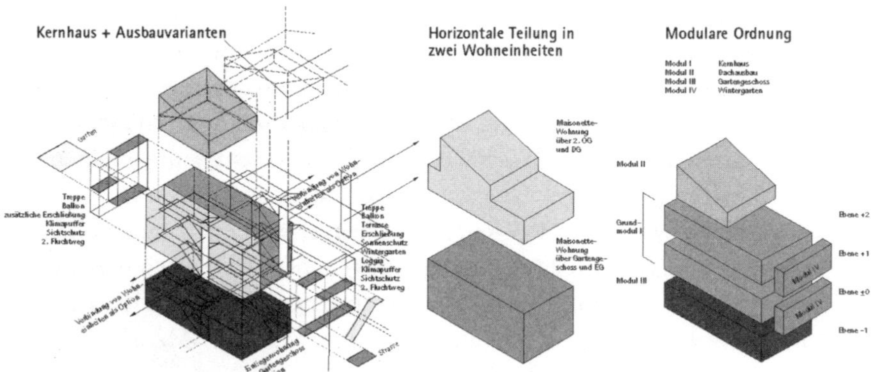

Niedrigenergiehaus

Noch vor 20 Jahren galten Niedrigenergiehäuser als ökologisch fortschrittlich. Inzwischen sind sie beim Neubau Pflicht und müssen die in der Energieeinsparverordnung festgelegten Standards erfüllen. Die sogenannte EnEV wurde erstmals 2002 verfasst. Sie legt die Höchstgrenze für den Wärmebedarf fest. Er liegt bei 70 Kilowattstunden pro Quadratmeter und Jahr (kWh/m²a). Bei nicht sanierten Altbauten kann dieser Wert bei etwa 300 kWh/m²a liegen. Das Niedrigenergiehaus stellt mittlerweile den (Mindest-)Standard für Neubauten dar. Mit erzielbaren Energiekennzahlen zwischen 40 und 60 Kilowattstunden pro Quadratmeter im Jahr liegt das Niedrigenergiehaus mit seinen Werten gerade noch unter jenen für herkömmliche Gebäude, bemängeln Energiespar-Experten. Das heißt, mit einem gesetzeskonformen Neubau benötigen Sie immer noch etwa vier Putzeimer Öl pro Quadratmeter im Jahr, um Heizung und Warmwasser am Laufen zu halten. Sie können inzwischen aber bedeutend mehr für die Umwelt und auch für Ihren Geldbeutel tun.

WISO rät

Lassen Sie sich nicht vom Etikett Niedrigenergiehaus blenden. Der Begriff allein sagt nichts über eine ökologische Bauweise und die derzeitigen Möglichkeiten aus. Erkundigen Sie sich nach den genauen Verbrauchszahlen!

Zur Historie: Seit den Achtzigerjahren kennen wir in Deutschland den Begriff der Niedrigenergiebauweise. Da die Baubranche recht konservativ ist, orientiert sich die Bauweise immer noch am verlangten Minimum. Noch immer werden in vielen Fällen die Wärmeschutznachweise nur aus der Pflicht heraus für das Bauamt und für die Baugenehmigung erstellt. Bei der weiteren Umsetzung des Bauvorhabens hört bei vielen Baubeteiligten die Auseinandersetzung mit dem Thema Energie jedoch auf. Warum?

Das liegt vor allen an den Kosten. Sie lagen früher bei den ersten Niedrigenergiehäusern tatsächlich höher und schlugen bei einem Reihenhaus mit etwa 6000 bis 9000 Euro zu Buche. Im Geschosswohnungsbau wurden 100 bis 200 Euro zusätzlich berechnet. Der Grund für die Mehrkosten der Niedrigenergiehäuser der ersten Generation (1984) liegt in der unverändert konservativen Architektur und der zusätzlichen Wärmedämmung bei Massivbauten.

In der zweiten Generation von Niedrigenergiehäusern (1987) kam es bei guten Entwürfen und optimierter Detailplanung zu einer beträchtlichen Reduktion der Mehrkosten. Die von Architekten gewonnenen Erfahrungen zahlten sich offensichtlich aus, wenn auch die zweite Generation der Niedrigenergiehäuser von massiver Bauweise mit zusätzlich erforderlichen, teuren Dämmsystemen geprägt war.

In der dritten Generation (1992) gingen die Entwicklungen weg von additiven Dämm- zu integrierten Dämmsystemen. Schwere, tragende Außenwände wurden durch leichte, hoch gedämmte Wände ersetzt. Die Lasten eines Gebäudes wurden überwiegend durch die Innenwände abgetragen. Die Außenwände haben damit weit geringere Wandstärken, gleichzeitig jedoch weitaus höhere Dämmwerte. Dies hat wiederum zu einer Kostenreduzierung geführt. Gleichzeitig konnte durch die bessere Wärmedämmung die gesamte Heizungsanlage reduziert werden.

In der vierten Generation der Niedrigenergiehäuser (ab 1996) wurden die Häuser mit einem sehr geringen Heizenergiewert von 40 bis 50 kWh/m^2 im Jahr in vorgefertigter Bauweise realisiert. Was bedeutet 40 bis 50 kWh/m^2 im Jahr? Das kann ein einfacher Vergleich mit dem Benzinverbrauch eines Automobils verdeutlichen. 40 bis 50 kWh/m^{2}a entsprechen ungefähr 4 bis 5 Liter Benzin pro 100 Kilometer.

Die fünfte Generation energiesparender Bauweise ist das Passivhaus mit maximal 15 kWh/m^2 im Jahr Heizenergiebedarf und etwa 30 kWh/m^2 im Jahr Gesamtenergiebedarf einschließlich Haushaltsstrom. Ein Passivhaus verbraucht also nur 1,5 Liter »Sprit« pro Quadratmeter Wohnfläche. Wenn es ein solch sparsames Serienfahrzeug für unsere Straßen gäbe, wären wir mit der Reduzierung des Kohlendioxidausstoßes ein großes Stück weiter.

Nullenergiehaus

Nullenergiehäuser, also Gebäude, die definitiv keine Zusatzenergie für Heizzwecke benötigen (Energiekennzahl 0 Kilowattstunden pro Quadratmeter im Jahr), sind machbar, allerdings derzeit nicht zu darstellbaren Kosten zu realisieren. Technisch ist das Nullenergiehaus eine Fortführung der Idee des Passivhauses. Wird mehr Energie erzeugt als selbst verbraucht, spricht man von einem Plusenergiehaus.

Im Nullenergiehaus steckt die Zukunft. Die noch zu bauenden Häuser sollen nicht nur nichts verbrauchen, sondern zudem noch Energiegewinne ins öffentliche Netz abgeben. Das wäre eine schöne neue Welt.

Ökohaus

Der Begriff »Ökohaus« ist allumfassend, aber nichtssagend, genauso wie Bio auch. Das heißt, jeder Anbieter oder Bauträger könnte sein Haus als Ökohaus bezeichnen, selbst dann, wenn er nur lösungsmittelfreie Wandfarbe verwendet. Deshalb dürfen Sie nicht alleine den Anzeigen glauben, sondern müssen die Details hinterfragen. Können durch den Einsatz umweltfreundlicher Baustoffe Energie und Schadstoffe aus Heizanlagen eingespart werden? Ist der Umgang mit Strom und Wasser besonders sparsam? Werden beim Bau modernste Gerätetechnik und Regenwassersammelanlage serienmäßig eingebaut? Gibt es eine Sonnenkollektoranlage zur Brauchwassererwärmung? Kann durch hohen Wärmeschutz und optimale Windabdichtung ein ausgeglichenes Raumklima erzielt werden? Schafft man durch ein ausgeklügeltes Be- und Entlüftungssystem die Möglichkeit zur Umrüstung auf eine Solar-Brennwert-Zentrale (kombinierter Solarspeicher und Brennwertkessel)?

Passivhaus

Abbildung 3: Passivhaus

Das Passivhaus ist ökologisch auf dem Vormarsch, aber von vielen Bauherren noch nicht entdeckt. Viele tun sich schwer mit dem »Haus ohne Heizung«. Kaum vorstellbar, dass man Häuser bauen kann, die ohne hässliche Heizkörper auskommen, welche zudem Platz an wichtigen Stellen rauben. Fensterverglasung bis zum Boden und davor der Heizkörper, ein typisches Bild, aber muss das sein? Es geht auch anders. Das Passivhaus ist nicht nur optisch angenehm, sondern auch für Sie und Ihr Portemonnaie.

Das Schlüsselwort heißt Wärmedämmung. Während das Massivhaus aus Steinen gebaut wird und in der Regel mit einem mehr oder weniger dicken, sogenannten Wärmedämmverbundsystem versehen wird, hat das Passivhaus sozusagen einen dicken, warmen Pullover an. Dicke Schichten aus Wolle oder anderen Dämmstoffen sind in die Wände eingearbeitet, dadurch sind sie zwar etwas dicker als bei einem herkömmlichen Haus, dafür bieten Sie aber einen optimalen Wärmeschutz. Weiterer Vorteil: Das Passivhaus kann atmen. Über eine kleine Lüftungsanlage wird aus der Abluft die Wärme zu über 90 Prozent zurückgewonnen. Sie heizen also nicht mehr zum Fenster hinaus. Die Dreifachverglasung verhindert zudem Zugluft durch Fensterfugen: Es zieht nicht mehr durch die Ritzen, und gleichzeitig gewinnen Sie bei Sonnenschein wertvolle Energie.

> WISO rät
>
> **Das Passivhaus ist ein Komforthaus. Durch pfiffige Planung und günstige Finanzierungen können Sie Energie und Geld sparen. Mehr Informationen zum Passivhaus finden Sie im Internet unter www.passiv.de und www.kfw.de, der Kreditanstalt für Wiederaufbau.**

Die Erzeugung eines angenehmen Raumklimas erfolgt über weite Teile des Jahres ohne separates Heizungs- beziehungsweise Kühlungssystem; das Haus wird ganz passiv von der Sonne mit Wärme versorgt. Passivhäuser sind, energietechnisch und wirtschaftlich betrachtet, derzeit das Nonplusultra. Der Begriff sagt allerdings über die Verwendung baubiologischer Materialien wenig aus. Auch hier gilt es, sich genau nach den verbauten Materialien zu erkundigen. Lesen Sie dazu das Kapitel über »Baulabel – wer blickt da noch durch?«.

Plusenergiehaus

Plusenergiehäuser sind Gebäude, die mehr Strom erzeugen, als sie selbst verbrauchen können. Ist also die Fotovoltaikanlage auf Ihrem Haus zu groß, können Sie den überschüssigen Strom in das öffentliche Netz einspeisen und damit sogar Geld erwirtschaften. Bis eine ordentliche Rendite erwirtschaftet werden kann, dauert es in der Regel Jahre. Die Anschaffungskosten sind hoch. Auch für Fotovoltaikanlagen gibt es günstige Kredite und Zuschüsse von der KfW-Förderbank und dem Bundesamt für Wirtschaft und Ausfuhrkontrolle (BAFA).

Reihenhaus

Reihenhäuser sind eine Erfindung aus den 70er Jahren. Zunächst waren es vier nebeneinander stehende Häuser mit entsprechender Breite, bis zu acht Metern. Das klassische Reihenmittelhaus hat etwa sechs Meter Breite und benötigt insgesamt wenig Grundstücksfläche, manchmal nur noch 200 Quadratmeter Bauland. Dafür werden bei der Ausnutzung des Grundstücks vom Keller bis zum Dach alle Register gezogen. 250 Quadratmeter Wohnfläche sind durchaus möglich, auch wenn die meisten zwischen 130 und 150 Quadratmeter Wohnfläche aufweisen. Das Reihenhaus hat sich vor allem in Ballungszentren durchgesetzt. Die Kosten halten sich in Grenzen. Der Wohnwert wird vor allem für junge Familien als ideal eingeschätzt.

Abbildung 4: Reihenhaus

Solar- und Fotovoltaikenergie

Mithilfe der Sonnenenergie kann der Energiebedarf eines Gebäudes weitestgehend gedeckt werden. Um dies zu erreichen, müssen Gebäude optimal nach Süden ausgerichtet sein. Von Vorteil ist auch eine kompakte Bauform (geringe Hüllfläche), unerlässlich ist eine gute Wärmedämmung. Im weiteren

Sinn wird der Begriff Solararchitektur immer mehr zum Synonym für Bauökologie. Experten raten, auf dem eigenen Dach zunächst der Solarenergie den Vorrang zu geben.

Was ist sinnvoll: Sonnenwärme oder Sonnenstrom? Mit Solarthermie verwandeln Sie Sonnenstrahlen in möglichst hohe Temperatur, die Sie in einem Puffer speichern; aus diesem heizen und duschen Sie über weite Strecken, bevor Ihr Heizkessel zu seiner kostspieligen Mitwirkung überhaupt bemüht wird. Solare Wärmeenergie nutzen Sie im eigenen Haus. Im Einfamilienhaus ist warmes Wasser zum luxuriösen Duschen nur das Nebenprodukt einer nennenswerten Heizleistung; im Mietshaus rechnet sich mitunter alleine die Warmwasserbereitung.

Fotovoltaik verwandelt Sonnenenergie in elektrischen Strom, den Sie gegen Vergütung ins Netz einspeisen. Beide, Solarthermie und Solarstrom, eignen sich – bedingt – als Renditeobjekt. Auf das eigene Dach gehört aber zuerst die thermische Anlage, denn nur an dem Ort, wo sie verbraucht wird, ist die produzierte Wärme verwendbar. Bei der Fotovoltaik brauchen Sie die Anlage nicht auf dem eigenen Dach, renditehalber investieren Sie sogar besser in Großanlagen auf fernen Großdächern, etwa in Gewerbeparks – denn dem erzeugten Strom ist es egal, durch welche Steckdose er ins Netz fließt. Auf diese Weise bleibt Ihre wertvolle Dachfläche frei für die solarthermische Eigenversorgung.

WISO rät

Solar- und Fotovoltaikenergie ist in Deutschland auf dem Vormarsch und wird von der Bundesregierung bezuschusst. Erkundigen Sie sich bei der Kreditanstalt für Wiederaufbau (www.kfw-foerderbank.de) und lesen Sie dazu auch im Kapitel »Immobilienbesitz und Steuern«.

Zukunft Haus

Das Haus der Zukunft wird nicht nur ein Raumwunder sein: leben und arbeiten vom Keller bis zum Dach, sondern energieeffizient und mit allerlei Technik ausgestattet sein. Unter der Dachmarke zukunft haus (www.zukunft-haus.de) initiiert und steuert die Deutsche Energie-Agentur GmbH (dena) Projekte zur Erschließung der Energieeffizienzpotenziale im Gebäudebereich. In Kooperation mit der Bundesregierung und ihren Partnern entwickelt die dena beispielsweise den Energieausweis für Gebäude oder führt bundesweit Modellprojekte für energetisch hocheffiziente Sanierungen durch.

Bau und Kauf eines Fertighauses

Eigentlich könnte man aus jedem Prototyp eines entworfenen ein Fertighaus machen, denn das Grundprinzip ist übertragbar. Zum Beispiel lässt das sogenannte Raster-Maß-Fertighaus dem Bauherrn bei feststehender Grundfläche für die Raumaufteilung und Gestaltung völlige Freiheit. Die meisten Fertighäuser werden in Holzbauweise hergestellt. Es gibt aber auch welche mit massiven Bestandteilen. Das Verfahren ist denkbar einfach: Decken und Wände, zum Teil schon mit Fenstern integriert, werden industriell vorgefertigt und auf der Baustelle nur noch zusammengesetzt.

Wichtige Planungsschritte auf dem Weg zum Fertighaus:

Bedarfsermittlung Standardhaus oder Luxusvilla, mit einem Fertighaus ist fast alles möglich. Kostenentscheidend sind meist Fragen zur Heiztechnik, zur Wärmedämmung und zum Keller.

Grundstückskauf Beim Fertighauskauf ist das Grundstück in der Regel nicht dabei. Sie müssen also selbst darauf achten, dass das Grundstück auch zum Haus passt. Grundwasserspiegel, Hanglage, Baubeschränkungen können Ihnen schnell einen Strich durch die Rechnung machen.

Bauausführung Holz, Massivbauweise, Stein auf Stein oder Betonfertigteile. Jedes Baumaterial hat Vor- und Nachteile. Die Wahl der Baumaterialien ist entscheidend für die Gestaltungsmöglichkeit des Hauses und für die Kosten.

Wahl des Angebots Am besten gehen Sie nach einer Checkliste vor, denn die Anbieter liefern keine einheitlichen Baubeschreibungen. Ein gutes Musterbeispiel finden auf den folgenden Seiten. Darauf sollten Sie unter anderem achten:

- Ist der Keller (in welcher Ausführung) im Preis enthalten?
- Für welche Ausbaustufen gilt der angegebene Preis?
- Welche Qualität hat die technische und die sanitäre Ausstattung?
- Welche Dämmwerte weisen Dach, Fenster und Außenwände auf?

Anbieterauswahl Prüfen Sie die Seriosität des Anbieters. Schließlich besteht am Bau die Gefahr, dass ein Unternehmen Pleite geht. Informieren Sie sich über die Besitzverhältnisse des Unternehmens. Dafür sollten Sie im Amtsgericht das Handelsregister einsehen. Auch eine Wirtschaftsauskunftei hat Informationen gespeichert. Lassen Sie sich Referenzen zeigen, und sprechen Sie mit Kunden, die bereits mit dem Fertighaushersteller zu tun hatten.

Vertragsprüfung Der Fertighausvertrag ist die Grundlage des Geschäfts. Er sollte vor der Unterzeichnung genau geprüft werden, zum Beispiel kostengünstig von einer Verbraucherzentrale. Klären Sie vor allem folgende Fragen:

- Handelt es sich um einen Kauf- oder einen Werkvertrag?
- Welche Gewährleistungsfristen gelten?
- Stimmt die Bau- und Leistungsbeschreibung mit den Absprachen überein?
- Sind Termine wie Baubeginn und Fertigstellungsdatum enthalten?
- Sind Verzugsstrafen vereinbart?

Hier finden Sie ein Beispiel für eine Bau- und Leistungsbeschreibung bei einem Fertighaus. Es ist ein Beispiel von vielen und birgt keine Garantie auf Vollständigkeit. Eventuell müssen Sie noch individuelle Punkte hinzufügen.

WISO rät

Verzichten Sie nicht auf eine Prüfung des Fertighausvertrags und der Bau- und Leistungsbeschreibung. Bei Stichproben der Verbraucherzentralen und der Bauherrenschutzverbände kam heraus, dass keine fehlerfrei war. Einige Verbraucherzentralen bieten gegen Entgelt eine Beratung an.

Ein Beispiel: Baubeschreibung für ein Holz-Fertighaus in Passivbauweise

Allgemeine (Kurz-)Baubeschreibung

Die Bauzeichnungen im Maßstab 1:100 wurden auf Grundlage des Entwurfs vom .... nach den ganz persönlichen Wünschen des Bauherrn erstellt. Die erforderlichen Architektur- und Ingenieurleistungen werden von der Firma .... ausgearbeitet und erstellt und sind bereits im Festpreis enthalten. Der Bauantrag mit Statik wird erstellt, dem Bauherrn zur Unterschrift vorgelegt und zusammen mit dem Entwässerungsantrag bei dem jeweils zuständigen Bauamt eingereicht.

Die Bauausführung erfolgt nach den gültigen DIN-Vorschriften. Das eingezeichnete Mobiliar, Feuerstellen (Kamin), Wasser-, Telefon- und Stromanschluss bis

Zähler, Entwässerungsleitungen ab Außenmauer, Genehmigungsgebühren und Behördenleistungen sind im Festpreis nicht enthalten. Die Bauleiter stehen jederzeit beratend zur Seite.
Nach Erteilung der Baugenehmigung und der Sicherstellung der Gesamtfinanzierung erfolgt der Baubeginn.
Die Holzständerkonstruktion wird entsprechend der Bauzeichnungen und der erforderlichen Details mit kammergetrockneten Hölzern erstellt. Nur durch eine qualitative und hochwertige Bauweise ist ein Passivhausstandard überhaupt zu erreichen.

Wärmedämmung, Dichtigkeit der Gebäudehülle
Das Haus wird als Passivhaus erstellt. Die Firma .... garantiert für die Einhaltung der hohen Ansprüche an ein Passivhaus in Bezug auf Wärmeverluste und Luftdichtigkeit. Die Firma .... garantiert für die Dichtigkeit der Gebäudehülle, die durch einen »Blower-Door-Test« überprüft und zertifiziert wird. Der erfolgreiche Blower-Door-Test ist im Preis enthalten.

Fenster, Haustür
Die Verglasung erfolgt mit Drei-Scheiben-Isolierglas, U-Wert inkl. Rahmenanteil unter 0,8 W/qmk im Mittel. Es werden zertifizierte Passivhausfenster verwendet. Sämtliche Fenster sind aus endbehandeltem Holz lt. Bauzeichnung gefertigt und werden in den Abmessungen lt. Bauzeichnung eingebaut. Fensteranschläge entsprechend den Bauzeichnungen. Feststehende Elemente werden ohne Flügel eingebaut. Terrassentüren erhalten einen Drehkippbeschlag. Die Haustür wird nach Zeichnung mit Dreipunktverriegelung und Bodenanschlagschiene gefertigt. Die Haustür wird mit Verglasung mit Wärmedämmwerten entsprechend den Fenstern montiert, inkl. Drückergarnitur und Verglasung.

Klempnerarbeiten
Dachrinnen (halbrund) und Fallrohre aus Titanzinkblech bis etwa 50 cm über Erdreich enden in ein Standrohr. Der Anschluss an die Kanalisation ist nicht im Leistungsumfang enthalten. Kupferdachrinnen und Fallrohre sind auf Wunsch gegen Aufpreis möglich.

Außengeländer
Alle eingezeichneten Außengeländer werden aus verzinktem Stahlrundrohr gefertigt und montiert.

Baustelleneinrichtung

Die Zufahrt zum Baukörper für schwere Fahrzeuge (bis 38t) sowie Platz zum Lagern der Baustoffe ist vom Bauherrn zu gewährleisten. Nach Erteilung der Baugenehmigung und der Sicherstellung der Gesamtfinanzierung erfolgt der Baubeginn. Die AG stellt Baustrom (380V, 35A) und Bauwasser auf Anforderung zur Verfügung. Für die Entsorgung von Bauabfällen und Verpackungen stellt die AG bei Baubeginn einen Container auf der Baustelle.

Erdarbeiten, Fundamente

Die Erdarbeiten und die Erstellung der Fundamente erfolgt nach Statik und Ausführungsplanung der AN durch die AG. Die Beseitigung von Oberflächen-, Regen-, Schicht- und Grundwasser erfolgt bauseits. Diese Leistungen können auf Wunsch gesondert angeboten werden. Die Streifenfundamente werden nach Angaben der Statik erstellt (zulässige Bodenpressung mindestens 200 KN/m^2). Ggf. erforderliche Baugrunduntersuchungen sind nicht im Festpreis enthalten.

Außenwände

Die Außenwände sind in dreischaligem System aufgebaut:

- mittig eine Holzständerkonstruktion mit Wärmedämmung als tragendes System
- innenseitig eine Vorsatzschale als Installationsebene mit Gipskartonverkleidung und Wärmedämmung, mit allen erforderlichen Leitungen und Leerrohren
- außen ein Wärmedämmverbundsystem mit Außenputz.

Der Aufbau der Außenwand von innen nach außen ist wie folgt:

12,5 mm	Gipskartonplatte, in Feuchträumen imprägniert
200 mm	Unterkonstruktion (Fichte/Tanne) mit Mineralfaserdämmung 040
13 mm	OSB-Platte
0,16 mm	PE-Folie als Dampfsperre; luftdicht verklebt an allen Naht- und Tackerstellen
140 mm	Holzrahmenkonstruktion (Fichte/Tanne) mit Volldämmung aus Mineralwolle 040
13 mm	OSB-Platte
100 mm	Wärmedämmsystem mit weißem Außenputz, alternativ Holzverschalung nach Bemusterung

Insgesamt erreichen die Außenwände einen U-Wert von 0,09 W/qmk.

Erdgeschossfußboden

Der tragende Fußboden wird als Holzrahmenkonstruktion im Großtafelkonstruktionssystem hergestellt. Die Holzrahmenkonstruktion wird auf die Fundamente aufgesetzt.

Auf dem Systemfußboden wird ein Zementestrich mit zusätzlicher Dämmung eingebaut.

Der Aufbau der Elemente von oben nach unten ist wie folgt:

50 mm	Zementestrich
80 mm	Wärme- und Trittschalldämmung
22 mm	Spanplatte oder OSB-Platte
0,16 mm	PE-Folie als Dampfsperre; luftdicht verklebt an allen Naht- und Tackerstellen
220 mm	Holzrahmenkonstruktion (Fichte/Tanne) mit Volldämmung aus Mineralwolle 040
13 mm	wasserfeste Spanplatte
2 mm	Asphaltpappe als Feuchtigkeitssperre zum Erdreich

Die Gesamtkonstruktion hat einen U-Wert von 0,13 W/qmk.

Erdgeschoss- und Obergeschossdecke

Der Aufbau von oben nach unten ist wie folgt:

50 mm	Zementestrich
50 mm	Wärme- und Trittschalldämmung
22 mm	Spanplatte oder OSB-Platte
220 mm	Holzrahmenkonstruktion (Fichte/Tanne) mit 60 mm Schalldämmung; im Randbereich zu den Außenwänden auf 50 cm Länge 220 mm Volldämmung
35 mm	Holzunterkonstruktion (Fichte/Tanne)
12,5 mm	Gipskartonplatte

Innenwände

Die Innenwände werden als Holzrahmenkonstruktion im Großtafelkonstruktionssystem hergestellt. Die Wände werden mit Gipskartonplatten verkleidet. Alle vorgesehenen Elektroleitungen werden in den Wänden verlegt. Der Aufbau der Elemente ist wie folgt:

12,5 mm	Gipskartonplatte, in Feuchträumen imprägniert
13 mm	OSB-Platte
120 mm	Holzrahmenkonstruktion (Fichte/Tanne) mit 60 mm Schalldämmung

13 mm OSB-Platte
12,5 mm Gipskartonplatte, in Feuchträumen imprägniert

Dachstuhl
Die Ausführung erfolgt als Pfettendach. Der Aufbau des Dachstuhls von innen nach außen ist wie folgt:
12,5 mm Gipskartonplatte, in Feuchträumen imprägniert
200 mm Unterkonstruktion (Fichte/Tanne) mit Mineralfaserdämmung 040
13 mm OSB-Platte
0,16 mm PE-Folie als Dampfsperre; luftdicht verklebt an allen Naht- und Tackerstellen
220 mm Holzrahmenkonstruktion (Fichte/Tanne) mit Volldämmung aus Mineralwolle 040
Der U-Wert der Dachfläche beträgt 0,10 W/qmk.

Dachüberstände
Sichtbare Dachüberstände gem. Bauzeichnung mit Aufsparrenschalung werden aus gehobeltem Holz erstellt. Alle Sparren- und Pfettenköpfe werden einfach profiliert. Die Verschalung erfolgt mit Nut- und Federbrettern. Sämtliche Dachüberstände sind fertig endbehandelt, Anstrich weiß oder offenporige Lasur nach Bemusterung.

Dacheindeckung
Betondachziegel Fabrikat Braas (Farbe und Form nach Bemusterung) auf Lattung, Konterlattung und diffusionsoffener Unterspannfolie mit allen erforderlichen Formsteinen. Die Konterlattung und Lattung ist mit anerkannten Holzschutzmitteln imprägniert. Die Belüftung der Dachhaut erfolgt über Traufe und Trockenfirst mit Formziegeln. Auf Wunsch können Tonpfannen gegen Aufpreis angeboten werden.

Schornstein
Sollte ein Schornstein eingeplant sein, wird dieser in den Abmessungen nach Angabe der AG erstellt. Der Schornsteinkopf über der Dacheindeckung wird mit Dachschindeln passend zur Eindeckung von der AN verkleidet. Die Einfassung in der Dachfläche wird aus Blei von der AN erstellt.

Außenfensterbänke
Die Außenfensterbänke werden aus Aluminium mit seitlichen Abschlussprofilen erstellt. Der Überstand zum Außenputz beträgt etwa 5 cm.

Lüftungsanlage

Es wird eine geregelte Wohnraumlüftung mit Wärmerückgewinnung und Wärmepumpe eingebaut. Die Rohrleitungen der Erdvorwärmung, die außerhalb des Gebäudes liegen, sind nicht im Leistungsumfang enthalten.
Die Wärmerückgewinnung erfolgt mittels Luftwärmepumpe, Fabrikat Nibe Fighter 410 oder gleichwertig. Alle Lüftungsleitungen mit Schalldämpfern.
Der Einbau einer Steuerung über eine Fernbedienung im Wohnzimmer, stufenabhängig mit Tages- und Wochenprogramm, ist optional möglich.
Abluftöffnungen in Küche, WC, Bad und HWR. Frischluftzufuhr in allen Wohn- und Schlafräumen.
Eine Nachheizung erfolgt in den Räumen Wohnen und Bad mittels Elektro-Fußbodenheizung.

Sanitärinstallation, Kalt- und Warmwasserbereitung

Die Warmwasserbereitung erfolgt mit einem 300-Liter-Schichtenspeicher mit Anschluss an die Wärmepumpe und 2 Hochleistungs-Flachkollektoren. Kalt- und Warmwasserleitungen aus Kupfer. Warmwasserversorgung in Küche, Bad und WC. Die Ausstattung kann regional von der Baubeschreibung abweichen, ist jedoch gleichwertig. Im Einzelnen ist folgende Ausstattung vorgesehen:

- 1 Waschtischanlage: 1 Waschtisch »Topara« 60 cm, weiß
- 1 Handtuchhalter, verchromt, 1 Einhebelmischbatterie »Kludi-Topara«
- 1 Badewannenanlage: 1 Stahl-Einbauwanne »Juwel« 75 x 170 cm, 1 Satz Wannenträger, Einhebelmischer Aufputz »Kludi-Topara« in Chrom, 1 Wannenfüll- u. Brausebatterie »Kludi-Topara«
- 1 Duschanlage: 1 Stahl-Brausewanne »Bette« 90 x 90 x 15 cm, 1 Aufputz-Thermostatbatterie »Kludi-Topara«, 1 Brauseset mit Wandstange »Kludi-Topara«
- 2 WC-Anlagen: 1 wandhängendes Tiefspülklosett »Topara«, weiß, 1 WC-Sitz »Largo«, Geberit Abdeckplatte
- 1 Waschtischanlage für das WC: 1 Stck. Waschtisch »Topara« 45 cm, weiß, 1 Einhebelmischbatterie »Kludi-Topara«
- 1 Waschmaschinenanschluss
- 1 Außenzapfstelle

Elektroarbeiten

Zählerschrank komplett mit Automaten. Ab Zählerschrank erfolgt die Elektroinstallation. Schalter- und Steckdosenabdeckungen in Weiß. Im Einzelnen ist folgende Ausstattung vorgesehen:

- Hauseingang: 1 Anschl. für Außenleuchte, 1 Klingelanlage mit Gong 65
- Flur: 1 Anschl. für Deckenleuchte mit Wechselschaltung, 1 Steckdose
- Küche: 1 Anschl. für Deckenleuchte, 6 Schukosteckdosen, 1 Anschl. für Elektroherd, 1 Anschl. für Spülmaschine
- Wohnen: 1 Anschl. für Deckenl. mit Serienschalter, 6 Schukosteckdosen, 1 Leerrohr für Telefonanschluss, 1 Leerrohr für Antennenanschluss
- Essen: 1 Anschl. für Deckenleuchte, 2 Schukosteckdosen
- Eltern: 1 Anschl. für Deckenleuchte, 4 Schukosteckdosen
- je Kind: 1 Anschl. für Deckenleuchte, 3 Schukosteckdosen
- Bad: 1 Anschl. für Deckenlampe, 2 Anschl. für Wandlampen, 2 Schukosteckdosen
- WC: 1 Anschl. für Wand- und Deckenleuchte, 1 Schukosteckdose
- HWR/Technik: 1 Anschl. für Deckenleuchte, 1 Anschl. für Waschmaschine, 1 Schukosteckdose, 1 Anschluss 380 V für das Lüftungsgerät, 1 Anschl. für Außenleuchte
- Terrasse: 1 Anschl. für Außenleuchte, 1 Schukosteckdose

Alle Leitungen werden nach den Vorschriften der Versorgungsunternehmen verlegt.

Treppen
Die Geschosstreppen werden als Stahlharfentreppen mit Buchenfurnierholzstufen ausgeführt. Das Geländer wird aus Stahl mit Handlauf gefertigt.

Fliesenarbeiten
Für die Fliesen ist ein Materialpreis von 20 Euro pro qm im Preis enthalten. Wandfliesengröße ist etwa 20/20 cm, Boden etwa 25/25 cm. Die Fliesen werden gerade und fluchtrecht verlegt.
Fliesen sind vorgesehen in den Räumen:

Küche:	Bodenfliese inkl. Sockelfliese und Küchenspiegel 4 qm
Bad:	Bodenfliese und Wandfliese bis Decke/Dachschräge
WC:	Bodenfliese und Wandfliese bis 2,0 m Höhe

Fensterbänke
Innenfensterbänke sind aus Kiefer-Massivholz gefertigt. Im Bad, WC und in der Küche im Bereich des Küchenspiegels werden die Fensterbänke gefliest (Bestandteil der Fliesenarbeiten).

Innentüren

Im EG und DG werden Röhrenspantürblätter mit Echtholzfurnier eingebaut – Buche, Eiche, Weißlack oder Gleichwertiges, inkl. passender, endbehandelter Holzzargen.
Drücker: Leichtmetalldrücker Rundform mit Rosette. Für die Innentüren mit Drückergarnitur und Zarge ist ein Materialpreis von 205 Euro veranschlagt.

Sonstiges

Änderungen durch behördliche Auflagen bedingt sowie Änderungen und Verbesserungen, die den Wert und die Funktion nicht negativ beeinträchtigen, bleiben der AN mit Zustimmung der AG vorbehalten.

Quelle: Gesellschaft für Passive Alternative Bauweisen mbH

Die Lage – die Lage – die Lage

Nicht zu jedem Typ passt jedes Schnittmuster. Ein guter Schneider berät Sie bei der Auswahl der Stoffe und beim Schnitt. Das Wichtigste bei der Auswahl der Immobilie ist die Lage. Alles können Sie verändern, aber nicht die Lage! Das gilt für Haus und Wohnung gleichermaßen. Den Zuschnitt bestimmt der Bebauungsplan. Daran müssen sich alle halten. Wo würden Sie gerne wohnen? Wie ist die Wohngegend zu bewerten? Lassen sich dort Ihre Vorstellungen verwirklichen? Das sind nur einige Fragen, die es zu beachten gilt. Denken Sie immer daran: Sie kaufen in erster Linie ein Grundstück, entweder mit oder ohne Immobilie.

Der Standort Ihres neuen Eigenheims ist die erste grundsätzliche Entscheidung. Geografische Lage, Himmelsrichtung, Lichteinfall, Grund und Boden sind nicht austauschbar. Die Lage ist außerdem entscheidend, wenn es um den Wiederverkaufswert geht. Gute Anbindung an die bestehende Infrastruktur wirkt sich vorteilhaft aus. Auch der Freizeitwert einer Wohnlage sollte nicht unterschätzt werden. Sind Grünflächen in der Nähe, kann man Spaziergänge in der Natur machen, gibt es Fahrradwege?

Wenn Sie in der Stadt wohnen, können Sie auf mindestens ein Fahrzeug verzichten, weil Arbeitsplatz, Schule, Kindergarten und Einkaufsmöglichkeiten entweder mit öffentlichen Verkehrsmitteln oder sogar mit dem Fahrrad oder zu Fuß erreichbar sind. Auf dem Land locken Ruhe und Natur, engere Kontakte in der direkten Nachbarschaft und bessere Spielmöglichkeiten für Ihre Kinder.

Eine gute Entscheidungsgrundlage sind ökologische Gesichtpunkte, etwa das Bauen im Bestand, um der Zersiedlung unserer Städte entgegenzuwirken. Baulücken gibt es genügend, allerdings darf man den Aufwand, diese bebaubar zu machen, und den Preis nicht unterschätzen. Quadratmeterpreise von 500 Euro und mehr sind in Ballungsräumen keine Seltenheit.

Worauf soll man bei der Lage achten? Wir haben Ihnen eine Checkliste zusammengestellt, mit deren Hilfe Sie einschätzen können, worauf es ankommt. Überlegen Sie, wie wichtig Ihnen die einzelnen Faktoren sind. Die Staffelung reicht von 1 (= gar nicht wichtig) bis 5 (= sehr wichtig).

Checkliste Wohnlage

Punkteskala	**1**	**2**	**3**	**4**	**5**
Zentrale Lage	☐	☐	☐	☐	☐
Städtische Lage	☐	☐	☐	☐	☐
Ländliche Lage	☐	☐	☐	☐	☐
Ruhiges Wohngebiet	☐	☐	☐	☐	☐
Lebendiges Wohngebiet (mit Infrastruktur)	☐	☐	☐	☐	☐
Ortschaft (mit Infrastruktur)	☐	☐	☐	☐	☐
Ortschaft (ohne Infrastruktur)	☐	☐	☐	☐	☐
Lage des Objekts innerhalb einer Anlage	☐	☐	☐	☐	☐
Lärmpegel	☐	☐	☐	☐	☐
Stockwerk	☐	☐	☐	☐	☐
Sonneneinstrahlung	☐	☐	☐	☐	☐
Himmelsrichtung der einzelnen Zimmer	☐	☐	☐	☐	☐
Umfeld	☐	☐	☐	☐	☐
Grünflächen	☐	☐	☐	☐	☐
Freiflächen	☐	☐	☐	☐	☐
Spielplätze	☐	☐	☐	☐	☐
Zusätzliche Angebote	☐	☐	☐	☐	☐
Garage	☐	☐	☐	☐	☐
Stellplatz	☐	☐	☐	☐	☐
Tiefgarage	☐	☐	☐	☐	☐
Schuppen	☐	☐	☐	☐	☐

Punkteskala	1	2	3	4	5
Verkehr	□	□	□	□	□
Lautstärke	□	□	□	□	□
Luftverschmutzung	□	□	□	□	□
Anbindung an Hauptverkehrsstraßen	□	□	□	□	□

Wenn Sie jetzt nur das Beste vom Besten angekreuzt haben, sollten Sie deshalb kein schlechtes Gewissen haben. Das Planen der eigenen Immobilie sollte Spaß machen und darf Ihre Phantasie beflügeln. Abspecken kommt später. Die Realität wird Ihnen beim Durchforsten der Angebote schon rechtzeitig Möglichkeiten und Grenzen aufzeigen.

WISO rät

Um die Lage richtig einzuschätzen, sollten Sie sich aber nicht nur auf Ihr bloßes Auge verlassen, sondern verlässliche Auskünfte bei öffentlichen Stellen einholen. Die im Folgenden aufgezählten Unterlagen können wichtige Hinweise liefern.

Der Bodenrichtwert

Wenn Sie in einer tollen Lage ein schönes Haus beziehungsweise ein Grundstück entdeckt haben, sollten Sie weitere, genaue Recherchen betreiben. Wie hoch ist der sogenannte Bodenrichtwert dieser Lage? Ein Gutachterausschuss ermittelt regelmäßig den Quadratmeterpreis eines bebauten oder unbebauten Grundstücks. Gehen Sie zu Ihrer Gemeinde und nehmen Sie Einsicht in die Gutachten. Die Stadtpläne der Gemeinden sind in kleine Gebiete unterteilt, und der entsprechende Bodenrichtwert ist dort kartiert. Viele Bodenrichtwerte sind bereits im Internet frei zugänglich. Die Pläne sind interessant zu lesen. Ein Blick auf die Grundstückspreise genügt, und Sie bekommen sehr schnell einen ersten Überblick, welche Lage Sie sich leisten können.

Wenn Sie den Bodenrichtwert mit den Informationen aus dem Liegenschaftsamt zusammenbringen, setzt sich alles wie ein Puzzle zusammen. Jetzt erst kann man verstehen, warum zum Beispiel die Preise in ein und derselben Straße erheblich differieren. Hat zum Beispiel nur die eine Straßenseite Aussicht oder dürfen die Grundstücke unterschiedlich stark bebaut werden, kann das zu erheblichen Preisunterschieden führen.

Extrembeispiele lassen sich in den städtischen Fußgängerzonen finden. Jeder Meter wird nach Umsatz und Gewinn bewertet. Je mehr Geschosse auf einem Grundstück baulich zugelassen sind, desto lukrativer für den Käufer. Auch die Laufströme der Passanten werden analysiert. So kann es sein, dass Grundstücke, die nur ein paar Schritte voneinander entfernt liegen, völlig andere Preise erzielen.

Abbildung 5: Beispiel einer Bodenrichtwertkarte

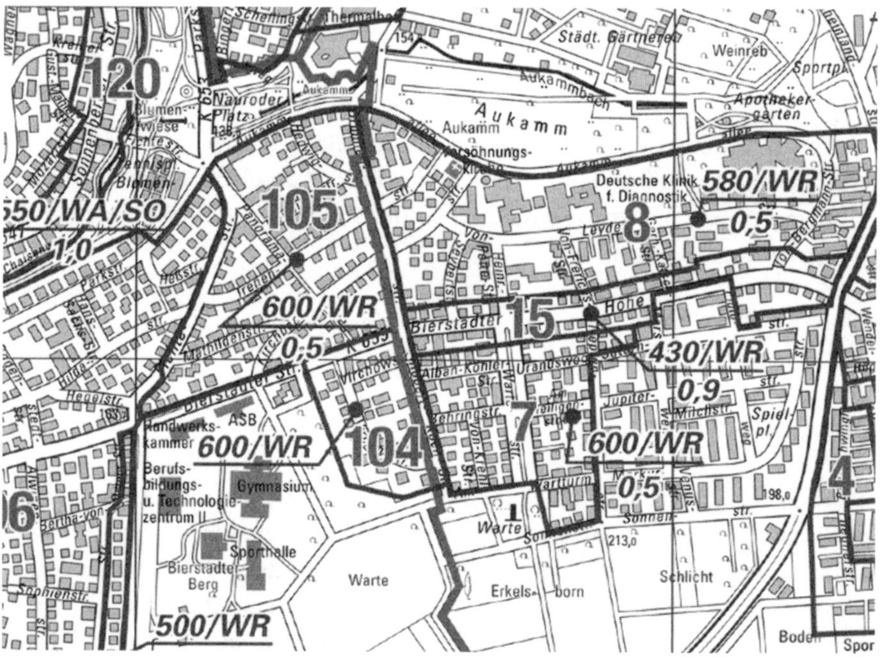

Das Luftbild

Das Luftbild ist der Blickwinkel des Stadtplaners. Er liest daraus ab, wie dicht die Baustruktur einer Stadt ist, wo es große und kleine Grundstücksparzellen gibt, wie groß die Häuser sind, wo sich die sogenannte vordere und hintere Bauflucht der Gebäude befindet und noch vieles mehr. Sie können mit dem Luftbild Ihr Traumgrundstück sehr gut selbst bewerten. Ist das Grundstück im Vergleich zu den Nachbarhäusern mehr oder weniger bebaut, kann man vielleicht noch anbauen, abreißen und größer bauen?

WISO rät

Viele Städte haben mittlerweile sehr gute Internetseiten. Der Stadtplan im Internet lässt sich auf Luftbild, Flächennutzungsplan oder Bodenrichtwert umschalten. So können Sie sehr schnell einen objektiven Überblick bekommen. Auch haben die Bundesländer sogenannte Online-Geoportale eingerichtet. Unter www.geoportal-rlp.de finden Sie zum Beispiel Bodenrichtwerte und Bebauungspläne für Rheinland-Pfalz.

Abbildung 6: Beispiel Luftbild

Bauleitplanung: Flächennutzungs- und Bebauungsplan

Haben Städte und Gemeinden Bedarf an neuen Wohnflächen ermittelt, stellt sich die Frage nach der Bebauung. Wo soll zum Beispiel das Einkaufszentrum oder der neue Kindergarten gebaut werden? Sollen auch Gewerbebetriebe angesiedelt und damit Arbeitsplätze gesichert oder geschaffen werden? Solch eine detaillierte Planung kann mitunter zehn Jahre dauern, bis der erste Spatenstich im neuen Baugebiet gemacht wird. Das stellt jedoch sicher, dass eine geordnete städtebauliche Entwicklung gewährleistet ist und dadurch Interessenkonflikte oder Fehlinvestitionen vermieden werden können. Der Vorteil einer langen Planungsphase liegt auch darin, die Bürger zu beteiligen, Wünsche und Bedürfnisse zu erfragen und Pläne gemeinsam zu diskutieren. Dieses Planverfahren nennt das Baugesetzbuch (BauGB) Bauleitplanung und die dabei entstehenden Pläne Bauleitpläne.

Bei den Bauleitplänen geht es aber nicht nur um die Bebauung, sondern auch um Freiflächen. So hat der Gesetzgeber die Aufgabe und den Inhalt der Bauleitplanung als umfassende Querschnittsplanung festgelegt. Die darzustellende und festzusetzende städtebauliche Entwicklung soll sowohl den besiedelten wie den unbesiedelten Bereich umfassen, also auch die Landschaft mit all ihren verschiedenen Nutzungstypen.

Das Baugesetzbuch enthält für die Planungsinhalte keine Vorgaben. Stattdessen nennt es einige Grundsätze für die Bauleitplanung, die eine breite Auslegung möglich machen. Zum Beispiel soll die Bauleitplanung eine nachhaltige städtebauliche Entwicklung und eine dem Wohl der Allgemeinheit entsprechende, sozialgerechte Bodennutzung gewährleisten und dazu beitragen, eine menschenwürdige Umwelt zu sichern und die natürlichen Lebensgrundlagen zu schützen und zu entwickeln.

Städte und Gemeinden sollen planen, müssen aber nicht. Das heißt, es könnte alles für immer und ewig so bleiben, wie es ist. Doch sinnvoll ist das nicht, denn die Regionen müssen sich weiterentwickeln, um Arbeitsplätze zu erhalten oder neue zu schaffen. Auch kommen ungeplante Aufgaben dazu, zum Beispiel, indem große Grundstücke frei werden, etwa wenn Post und Bahn ganze Standorte schließen. Oder es fallen einzelne Quartiere weg, zum Beispiel durch den Rückzug der US-Streitkräfte. Kasernengelände und andere militärische Einrichtungen gilt es neu zu gestalten. All diese Veränderungen führen auch zu Änderungen im Bebauungsplan. Das kann Ihre Chance sein. Wer sich frühzeitig in das Planungsstadium einschaltet, kann eine Menge bewirken. Es bilden sich Interessenverbände und Bürgerinitiativen, die eigene Vorstellungen entwickeln und ihre Pläne bei den Stadtplanern einreichen.

Zudem kann steigende Wohnungsnachfrage eine Änderung des Nutzungsplans bewirken. Dafür wurde sogar ein eigenes Gesetz geschaffen: das Wohnungsbauerleichterungsgesetz. Danach müssen zum Beispiel Bauern auf ihre Ackerflächen, die im zukünftigen Baugebiet liegen, verzichten und andere Tauschflächen akzeptieren. Solches Vorgehen führt aber regelmäßig zum Streit, sodass es sich nur um das letzte Mittel handeln kann, wenn die Stadtplaner keine andere Wahl mehr haben.

Der Planentwurf muss nach vorangegangener ortsüblicher Bekanntmachung für die Dauer von einem Monat öffentlich ausgelegt werden. Das heißt, die Bürger und die Träger öffentlicher Belange können den Planentwurf am Ort der Auslegung einsehen, auf bislang nicht beachtete Probleme hinweisen und Anregungen zu dem Planentwurf beziehungsweise seinem Inhalt vortragen. Am Ende des Planungsprozesses muss die Gemeindevertretung oder die Stadtverordnetenversammlung die von der Bürgerschaft und den Trägern öffentlicher Belange vorgetragenen Anregungen gegeneinander und untereinander sachgerecht abwägen (Abwägungsgebot). Dabei werden die privaten und die öffentlichen Interessen (Belange) gegenübergestellt sowie bewertet, und es wird entschieden, welche Belange Vorrang haben und welche zurückgestellt werden müssen. Danach wird der Plan in seiner endgültigen Fassung beschlossen.

Das Baugesetzbuch kennt zwei Arten von Bauleitplänen: den vorbereitenden Flächennutzungsplan und den verbindlichen Bebauungsplan.

Der Flächennutzungsplan

Er ist flächendeckend für das ganze Gemeindegebiet aufzustellen. Er hält die Grundlagen der geplanten räumlichen Ordnung fest und stellt damit die Weichen für die künftige Entwicklung der Gemeinde. Im Flächennutzungsplan werden die Arten der Bodennutzung, die sich aus der beabsichtigten städtebaulichen Entwicklung ergeben, in den Grundzügen dargestellt, wie zum Beispiel Wohnbauflächen, gewerbliche Bauflächen, land- und forstwirtschaftliche Flächen, Flächen für den Naturschutz und Grünflächen. Der Flächennutzungsplan ist bewusst grobmaschig, denn er soll nur in den Grundzügen Planvorstellungen für alle Flächen im Gemeindegebiet enthalten; außerdem soll er für einen längeren Zeitraum Bestand haben und für die Umsetzung in detaillierte Bebauungspläne Entwicklungsspielräume lassen.

Er ist für Bürger und Grundeigentümer nicht verbindlich. Zum Beispiel können Ansprüche auf die Bebauung eines Grundstücks oder auf Entschädigung aus diesem Plan nicht abgeleitet werden.

Nach Abschluss des von der Gemeinde durchgeführten Bauleitplanverfahrens müssen der Flächennutzungsplan und seine Änderungen vom Regierungspräsidium genehmigt werden. Der Flächennutzungsplan bildet die Grundlage für die Aufstellung von Bebauungsplänen.

Abbildung 7: Der Flächennutzungsplan

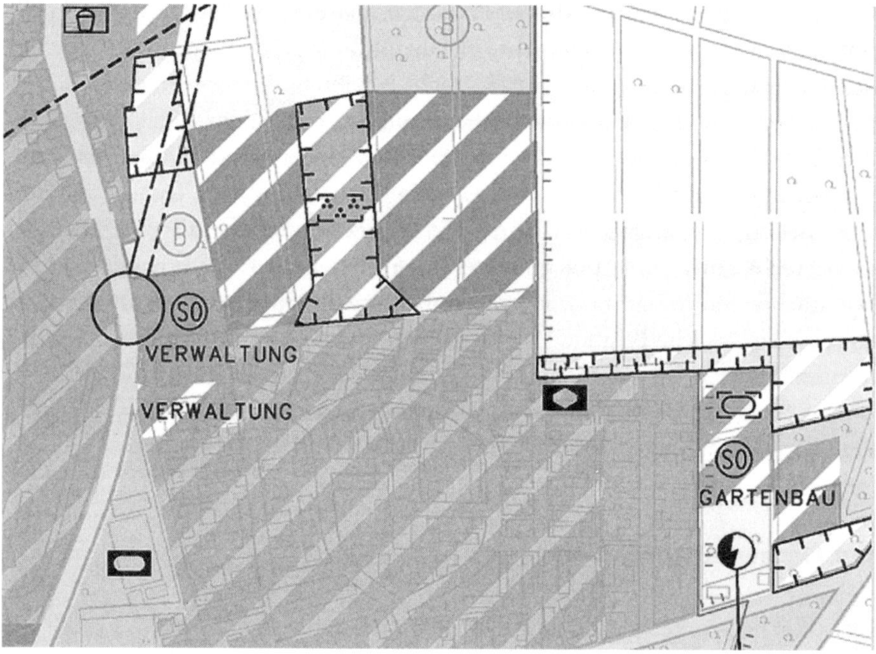

Der Bebauungsplan

Er ist der verbindliche Bauleitplan und setzt, soweit es erforderlich ist, für Teilbereiche des Gemeindegebiets rechtsverbindlich fest, wie die einzelnen Grundstücke, also auch die privaten, zu nutzen oder zu bebauen sind.

Genauer als im Flächennutzungsplan werden im Bebauungsplan die Art und vor allem auch das Maß der baulichen Nutzung sowie eine Vielzahl weiterer Regelungen über die sonstige Nutzung der Grundstücke verbindlich festgelegt.

Der Bebauungsplan ist eine Satzung und damit Ortsgesetz. Er bildet die Rechtsgrundlage zum Beispiel für die hier zulässige Bebauung, die Erschließung, die Zuordnung der naturschutzrechtlichen Ausgleichsmaßnahmen zu den durch die Planung zugelassenen Eingriffen, für die Erhebung von Erschließungsbeiträgen und Kostenerstattungsbeträgen, für die Umlegung, die Grenzregelung und die Enteignung. Dies gilt für und gegen jedermann. Ein Bebauungsplan kann deshalb auch im Wege eines Normenkontrollverfahrens gerichtlich überprüft werden. Einen Normenkontrollantrag beim Verwaltungsgerichtshof kann derjenige stellen, der wegen der Festsetzungen des Bebauungsplans einen Nachteil zu erwarten hat. Außerdem können aus Bebauungsplanfestsetzungen gegebenenfalls Entschädigungsansprüche abgeleitet werden. Sofern ein Bebauungsplan nicht aus dem Flächennutzungsplan entwickelt ist, muss er zudem vom Regierungspräsidium genehmigt werden.

Der Flächennutzungsplan und der Bebauungsplan sind, wie die Namen schon sagen, Zeichnungen. Um diese Zeichnungen verständlich zu machen, haben wir Ihnen in diesem Kapitel Zeichenerklärungen und Legenden beigefügt. Die reinen Planzeichnungen können durch einen förmlichen Satzungs-

Abbildung 8: Der Bebauungsplan

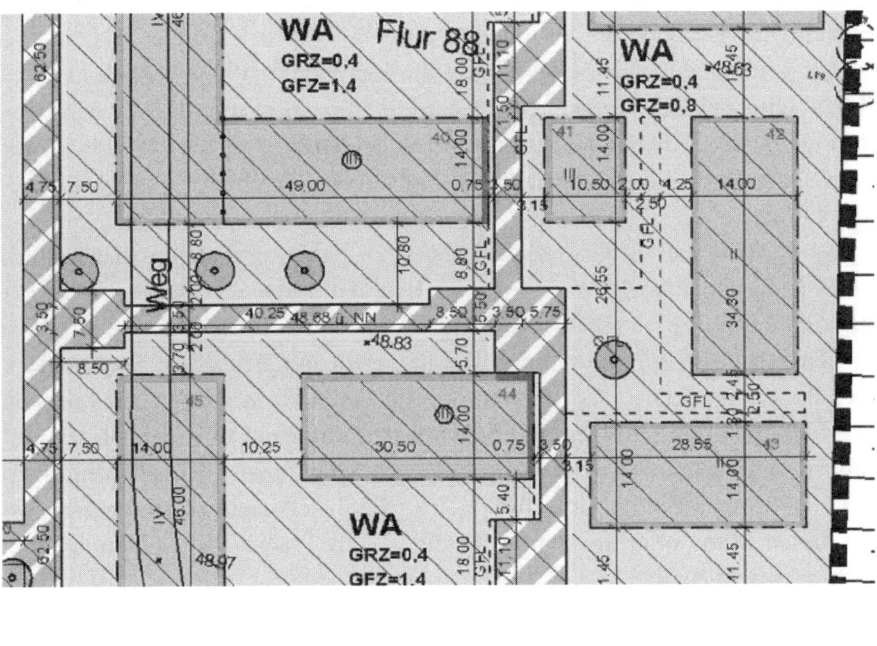

text ergänzt werden. Darüber hinaus ist jedem Flächennutzungsplan ein Erläuterungsbericht und jedem Bebauungsplan eine Begründung beizufügen. Hier kann man unter anderem nachlesen, welche Ziele und Zwecke die Planung verfolgt und wie die Planung sich voraussichtlich auswirken wird.

WISO rät

Die Pläne für die Städteplanung, die Flächennutzung und der Bebauungsplan sind Unterlagen, die Sie als Bürger einsehen dürfen. Das können Sie auf eigene Faust in den Ämtern selbst erledigen oder Sie wenden sich an einen Architekten.

Das Grundstück zuerst

Wenn Sie nicht das Glück haben, bereits ein Grundstück zu besitzen, worauf Sie Ihre Träume verwirklichen können, müssen Sie sich entscheiden: Entweder gehen Sie alleine auf die Suche oder Sie suchen sich Verbündete. Das kann ein Architekt, ein Bauträger oder auch ein Fertighausanbieter sein. Doch sollten Sie wissen, dass viele Unternehmer Haus und Grundstück zusammen, im Paket verkaufen wollen. Der Architekt kann das nicht. Er darf noch nicht einmal für die Vermittlung eines Grundstücks, wenn er denn von einem weiß, eine Provision verlangen. Er darf nicht makeln. Jedoch kann er Ihnen dabei helfen, ein Grundstück baureif zu machen und dafür einen Bauantrag stellen. Was danach kommt, entscheiden Sie: ob Sie individuell mit dem Architekten weiterplanen, einen Bauträger oder einen Fertighausanbieter wählen.

Wenn Sie selbst ein Grundstück gefunden haben und sich unsicher sind, ob es auch bebaubar ist und worauf Sie achten müssen, kann der Architekt die zur Verfügung stehenden Angaben überprüfen, Sie unabhängig in all Ihren Fragen beraten und wichtige Details, etwa mit Behörden, Fachplanern und Bodengutachtern, für Sie klären. So können Sie sich vor einer falschen Kaufentscheidung schützen, die Sie vielleicht aufgrund unvollständiger und unseriöser Angaben getroffen hätten. Gleichzeitig lernen Sie den Architekten kennen, können Ihn testen und sich einen Eindruck darüber verschaffen, ob Sie diesen Mann oder diese Frau für die weitere Planung Ihres Neubaus beauftragen wollen.

Bodengutachten

Ein Bodengutachten kann Sie zwar mehrere hundert Euro kosten, es kann Ihnen aber auch Tausende Euro an unvorhergesehenen Kosten ersparen. Sollte ein Gutachten von Ihrer Immobilie vorhanden sein, archivieren Sie es sorgfältig. Das erspart Ihnen bei weiteren Baumaßnahmen zusätzliche Ausgaben.

Oft wird versucht, die Kosten für das Bodengutachten einzusparen. Baufirmen behaupten, ein Bodengutachten sei erstmal nicht erforderlich, etwa weil sie den Auftrag gut gebrauchen können und schnell anfangen wollen. Kommen nach dem Aushub der Baugrube die Erdschichten zutage, wissen Sie aber genau mit welchem Baugrund Sie es zu tun haben. Das kann bei problematischem Grund dazu führen, dass Sie Ihre ganze Planung noch einmal überprüfen müssen, was in der Regel zu erheblichen Mehrkosten führt.

Wollen Sie ein Bodengutachten erstellen, sollte dies grundsätzlich vor Abschluss eines Bauvertrages geschehen. Nur so können die Empfehlungen des Gutachters rechtzeitig in die Bau- und Leistungsbeschreibung, Kalkulation und in die Verträge aufgenommen werden.

Durch das Bodengutachten erhalten Sie wichtige Aussagen, wie Ihr Gebäude gegründet werden kann. Reichen sparsame Streifenfundamente? Wird eine teurere Bodenplatte erforderlich? Oder ist sogar eine sehr kostenintensive Pfahlgründung mit schweren Bohrgeräten nötig?

Durch die Probebohrungen des Gutachters erhalten Sie auch eine sichere Aussage, ob mit Grund- oder Schichtenwasser zu rechnen ist. Das beantwortet eindeutig die Frage, wie Ihr Keller ordnungsgemäß und sicher abgedichtet werden kann. Ein Bodengutachten hilft auch Ihrem Statiker beim Rechnen. Eine richtig bemessene, wirtschaftliche Gründung gibt Sicherheit darüber, dass später keine Schäden, wie Setzungsrisse, Absackungen und Wasserschäden auftreten.

Beliebter Trick: Wenn der Bauvertrag erst einmal unterschrieben ist und die Bauarbeiten begonnen haben, werden von den Firmen Bedenken angemeldet. Dann ist auf einmal eine sogenannte weiße Wanne zur Abdichtung des Kellers gegen drückendes Wasser erforderlich. Die Bauzeit drängt und damit fehlt oft die Zeit, den Preis zu verhandeln oder eine andere, günstigere Firma zu beauftragen.

WISO rät

Beauftragen Sie vor jeder Baumaßnahme ein Bodengutachten, damit Sie sich vor unvorhersehbaren Nachträgen der Baufirmen absichern können. Im Internet und im Branchenverzeichnis finden Sie Bodengutachter in Ihrer Region.

Das Neubaugebiet

Gerade in ländlichen Gemeinden, aber auch in Ballungszentren werden regelmäßig Neubaugebiete ausgewiesen und neu erschlossen. Wenn Sie bei Ihrer Gemeinde einen Flächennutzungsplan einsehen oder sich besorgen, können Sie sehr genau bestehende und entstehende Neubaugebiete recherchieren. Verschiedene Gemeinden weisen speziell für junge Familien interessante Neubaugrundstücke aus. Zum Teil gibt es sogar Preisnachlässe für Einheimische.

Im Bebauungsplan können Sie nachschlagen, ob dem Gebiet ein besonderer Charakter gegeben werden soll. Dadurch lassen sich interessante Projekte, Wohnformen und wertvolle Beiträge, etwa zum Klimaschutz, realisieren. Die Zukunft liegt im energiesparenden Bauen von Niedrigenergie- und Passivhäusern oder demnächst vielleicht auch Nullenergiehäusern. (Mehr dazu finden Sie im Kapitel »Das Haus«.)

Nachteil eines Neubaugebietes ist in der Regel, dass die Grundstückspreise, gerade bei kleinen Grundstücken, relativ hoch sein können. Erkundigen Sie sich, ob die Erschließungskosten bereits enthalten sind oder noch zum Kaufpreis des Grundstücks hinzukommen. Dabei ist auf die Unterschiede der verschiedenen Erschließungskosten zu achten: Für die notwendigen Straßen, Rad- und Fußwege, Grün- und Ausgleichsflächen können den Anwohnern zusätzlich zu den Versorgungsleitungen, Strom, Wasser, Gas und Kanalisation weitere Kosten entstehen.

Außerdem müssen Sie sich in einem Neubaugebiet darauf einstellen, dass Sie mitunter noch viele Jahre auf einer Baustelle leben. Es kann lange dauern, bis weitgehend alle Grundstücke bebaut sind und bis die Freiflächen der verschiedenen Privatgrundstücke und der öffentlichen Flächen bepflanzt und eingewachsen sind. Erst dann wird sich der geplante Charakter des Baugebietes einstellen und Ruhe einkehren.

Bauen im Bestand: das Abrissgrundstück

Da die Anforderungen der Erschließungsmaßnahmen von Neubaugebieten immer größer werden, schlägt sich das in den entsprechenden Grundstückspreisen pro Quadratmeter nieder. Ältere Grundstücke können somit günstiger sein als Grundstücke in vergleichbaren Neubaugebieten. Wenn keine freien Baugrundstücke in bestehenden Quartieren mehr zu finden sind, lohnt es sich, über den Abriss von bestehenden Häusern nachzudenken. Viele Häuser der Fünfziger- und Sechzigerjahre wurden sehr sparsam gebaut. Da die Grundstückspreise vor 50 Jahren im Gegensatz zu heute sehr gering waren, wurden verhältnismäßig kleine Häuser auf die aus heutiger Sicht großen Grundstücke gebaut. Die Ausnutzung ist also vergleichsweise gering. Durch Abbruch des bestehenden Hauses kann somit ein Grundstück frei werden und vielleicht sogar für eine ganz andere Neubebauung zur Verfügung stehen. Auf einem ehemaligen, freistehenden Einfamilienhausgrundstück kann so leicht ein Doppel- oder sogar Mehrfamilienhaus entstehen.

Achtung!
Bei Abrissgrundstücken werden oft Belastungen sowohl in den Gebäudeteilen, zum Beispiel Asbest, als auch im Boden festgestellt. Beanspruchen Sie rechtzeitig Beratung, entweder durch das Bauunternehmen oder einen Bodengutachter. Muss kontaminierte Erde abtransportiert werden, lassen Sie die oft ungerechtfertigt hoch erscheinende Entsorgungskosten überprüfen.

WISO rät
Sind Ihnen die Grundstücks- und Baukosten zu hoch, können Sie auch ein Doppelhaus in Erwägung ziehen. Suchen Sie zusammen im Freundes- und Bekanntenkreis oder auch über eine Anzeige einen Doppelhauspartner. Kaufen Sie zusammen ein entsprechendes Abrissgrundstück und bauen Sie als Bauherrengemeinschaft. Sie können sich somit alle Kosten teilen und vielleicht, bei pfiffiger Architektur, auch Gemeinschaftsräume anlegen, wie Waschraum und Gästezimmer. So können Sie sich dann gemeinsam leisten, was Sie alleine nicht geschafft hätten.

Baulücken: mit und ohne Tücken

Eine Besonderheit sind Baulücken. Gerade in Ballungsräumen sind immer noch freie oder nur provisorisch bebaute Baulücken, meist Bombenlücken aus dem Zweiten Weltkrieg, auffindbar. Häufig ist auf diesen Grundstücken auf mehreren Grundstücksseiten eine sogenannte Grenzbebauung zulässig oder sogar vorgeschrieben. Das hat den Vorteil, dass Sie auf kleinen Grundstücken viel bauen können, der Grundstückspreis also eine untergeordnete Rolle spielt. Baulücken können aber auch Tücken haben. Stellen Sie deshalb dem Bauamt, dem Eigentümer oder Ihrem Architekten folgende Fragen:

- Wie war das Grundstück zuletzt bebaut? Hat auf diesem Grundstück zum Beispiel eine Tankstelle oder ein Handwerksbetrieb gearbeitet?
- Können Bodenproben eine Kontaminierung des Erdreichs feststellen?
- Hat sich das Erdreich in den letzten Jahren verändert? Schauen Sie sich die Nachbarhäuser an, ob sie Risse aufweisen oder Feuchtigkeitsschäden zu sehen sind.
- Kann die Bodenplatte mit Keller noch genutzt werden?
- Ist es notwendig, vor Baubeginn vorhandene Nachbargebäude abzusichern, damit daran kein Schaden entsteht?
- Welche kostenträchtigen Verbaumaßnahmen zur Straße oder zu Nachbargebäuden sind erforderlich?
- Wie kann zum Beispiel in beengten, innerstädtischen Lagen überhaupt eine Baustelle sinnvoll eingerichtet werden?

WISO rät

Im Zweifel müssen Sie einen Bodengutachter beauftragen, um Klarheit zu bekommen. Das Geld ist gut angelegt!

Das unbebaubare Grundstück gibt es nicht

Wenn Sie mit offenen Augen durch eine Stadt fahren – noch besser laufen – und unbebaute Flächen, Grünflächen, Parkplätze, Brachflächen, Steilhänge und ähnliche Areale bewusst wahrnehmen, werden Sie erstaunt sein, wie hoch die ungenutzten Potenziale auch in sehr guten Lagen einer Stadt sind. Notieren Sie Straße und Hausnummer der Nachbarhäuser und fotografieren Sie das Grundstück. So können Sie zuhause in Ruhe weiter recherchieren.

Da manche Flächen schwer einsehbar oder gar nicht zugänglich sind, ist die Suche anhand von Luftbildern eine sehr übersichtliche und effiziente Suchmethode. Luftbilder findet man inzwischen über verschiedene Internetseiten, zum Beispiel bei Google (Google Earth) auch schon in 3D oder individuell bestellt unter www.ausderluft.de.

WISO rät

Nehmen Sie Ihre Kamera mit. Fotografieren Sie Ausschnitte aus den entsprechenden Bebauungs- und Flächennutzungsplänen, einschließlich der dazugehörigen Textteile und Legenden. Dadurch sparen Sie teure Kopierkosten im Amt. Zuhause können Sie dann in aller Ruhe die gesammelten Informationen auswerten. Nehmen Sie gegebenenfalls auch Ihren Architekten mit auf Behördentour. Informieren Sie sich vorher schon über die Sprechzeiten. In ein bis zwei Stunden lassen sich die wichtigen Fragen beim Gutachterausschuss, Bau-, Stadtplanungs- und Katasteramt klären.

Auch hier lohnt der Blick in den Bebauungsplan. Bei jeder Kreis- oder Stadtverwaltung können Sie erfragen, ob es für Ihr Grundstück überhaupt einen rechtsgültigen Bebauungsplan gibt. Keine Angst vor den vielen Abkürzungen und Fachbegriffen. Die meisten Ämter beraten gerne, stellen Sie daher möglichst viele Fragen und halten Sie sich an das Sprichwort: »Die dümmste Frage ist die, die nicht gestellt wird.« Der Mitarbeiter hat schließlich eine Beratungspflicht, was Sie ihn allerdings nicht unbedingt spüren lassen sollten. Fragen Sie auch beim Bau- oder Liegenschaftsamt nach, warum das Grundstück – obwohl es nach Bebauungsplan bebaut werden dürfte – bislang nicht bebaut wurde.

Oft lassen sich Antworten aus dem Flächennutzungs- und Bebauungsplan ablesen. Aber es können zwischen den verschiedenen Planunterlagen auch erstaunliche Widersprüche entstehen. Was in einem neuen Flächennutzungsplan als Wohngebiet dargestellt sein kann, ist im veralteten Bebauungsplan noch als Grünfläche ausgewiesen.

Bleiben Sie hartnäckig, wenn Ihnen das Traumgrundstück nicht aus dem Kopf gehen will. Erkundigen Sie sich nach dem Eigentümer, fragen Sie den ortsansässigen Architekten, er weiß über Grundstücke an seinem Heimatort oft mehr als andere.

Klären Sie in einem nächsten Schritt durch eine sogenannte Bauvoranfrage ob das Grundstück für Ihre Bedürfnisse genutzt und bebaut werden darf. Jeder Plan kann geändert werden: Inwieweit das für einen rechtsgültigen Bebauungsplan zutrifft, lässt sich durch einen Antrag auf Änderung herausfinden. Letztlich kann das Grundstück vielleicht doch bebaut werden. Nicht zu früh aufgeben!

Auch Grundstücke am Hang und am Ufer gelten heute oft noch als unbebaubar. Unvorstellbar, wenn man weiß, dass unter dem Meeresboden Autos durch Tunnel fahren und auch in den Bergen Häuser stehen. Dennoch trauen sich viele Gemeinden nicht zu, solche Grundstücke zu bebauen. Das ist eventuell die Chance für Sie, an ein preisgünstiges Grundstück zu kommen. Zwar kann der Bau etwas länger dauern als üblich, und es kann auch teurer werden. Doch wenn Sie ein bis zwei Jahre Zeit und Geduld haben, können Sie so am steilen Hanggrundstück mit toller Aussicht wohnen.

WISO rät

Alles ist möglich! Auch wenn Ihnen für Ihr Grundstück die Bauvoranfrage zunächst abgelehnt wird, werfen Sie die Flinte nicht ins Korn. Die kommunalen Baubehörden sind personell immer weniger in der Lage, sich um die Bebaubarkeit einzelner Grundstücke zu kümmern. Vielleicht kann Ihr Architekt einen überzeugenden Entwurf vorlegen, um die Beamten umzustimmen.

Gutachterausschuss: Hilfestellung für den Preis

Die Preise für Grundstücke sind bei den Gutachterausschüssen der Städte und Gemeinden zu erfragen. Zum Teil sind Sie auch schon über das Internet verfügbar. Der Gutachterausschuss ermittelt Durchschnittspreise für viele verschiedene Kategorien, zum Beispiel für bebaute und unbebaute Grundstücke, Einfamilien- oder Mehrfamilienhäuser. Die Werte errechnen sich aus den tatsächlich erzielten Verkaufspreisen, die im notariellen Kaufvertrag festgehalten wurden. Sie werden jedes Jahr im Grundstücksmarktbericht veröffentlicht. Er liest sich für eine Großstadt beispielsweise so:

- Eigentumswohnungen: Eine neue, 75 m^2 große Wohnung im ersten Obergeschoss kostete in mittlerer Lage 2200 Euro pro Quadratmeter. Dabei waren die Preise wiederum rückläufig, diesmal um –3,3 Prozent im Schnitt.
- Unbebaute Grundstücke: In guter Lage muss für Ein- und Zweifamilienhausgrundstücke im Mittel 400 Euro pro Quadratmeter bezahlt werden. Das sind etwa 3,4 Prozent mehr als im Vorjahr.

- Bodenrichtwerte der Region: Die Bodenrichtwerte haben sich in den letzten Jahren überwiegend nach oben bewegt. Jedoch gab es auch lokal rückläufige Entwicklungen.

Sie müssen aber nicht den kompletten Bericht durchlesen, der Gutachterausschuss gibt auch Einzelauskunft, sowohl schriftlich als auch mündlich. Diese Daten bilden die Grundlage zur Erstellung des Mietspiegels. Daran orientieren sich Makler, Banken, Vermieter und auch die soziale Wohngeldstelle.

Übersicht: Was macht ein Gutachterausschuss?

Der Gutachterausschuss erstellt nach Paragraf 193 des Baugesetzbuches auf Antrag von Behörden, Eigentümern und ihnen gleichstehenden Berechtigten Gutachten. Damit werden Verkehrswerte von bebauten und unbebauten Grundstücken ermittelt. Der Gutachterausschuss besteht seit 1960. Ziel war und ist es seither, durch ein unabhängiges Kollegialgremium von Immobiliensachverständigen für Transparenz auf dem Grundstücksmarkt zu sorgen. Deshalb erhält der Gutachterausschuss Kopien aller abgeschlossenen Immobilienkaufverträge von den Notaren aus dem Zuständigkeitsbereich übersandt. Diese werden unter mathematisch-statistischen Gesichtspunkten analysiert und in anonymisierter und zusammengefasster Form publiziert. Sie bilden auch die Grundlage von Verkehrswertgutachten privater Sachverständiger oder Beleihungswertgutachten der Banken.

Der Neubau – das Beste muss nicht teuer sein

Ein Haus von der Stange oder selbst neu bauen? Die Antwort hängt meist nicht vom Geld, sondern vom Wissen ab. Das Grundstück ist beim Bauen oft das teuerste. Diese Investition müssen Sie aber beim Bauträger, genauso wie beim Bauen mit einem Architekten einkalkulieren. Dennoch gilt die individuelle Form des Eigentumserwerbs als die schwierigste Disziplin. Bauherren sollten sich jedoch nicht von Vorurteilen abschrecken lassen. Der eigene Entwurf, die eigenen Wünsche sind nicht unerreichbar. Dieses Kapitel soll Ihnen Mut machen, die Realisierung zu versuchen. Mit diesen Tipps kann es gelingen, dass der Neubau zu Ihrem ganz persönlichen Meisterstück wird.

Der Stoff, aus dem die Träume sind

Die begehrteste Wohnform in Deutschland ist nach wie vor das freistehende Einfamilienhaus. Die Gestaltungsfreiheit, die Privatatmosphäre und die Unabhängigkeit sind die eindeutigen Vorteile für ein Einfamilienhaus. Diese Eigenschaften haben jedoch ihren Preis, und so ist diese Wohnform oft teurer als alle anderen. Einen Teil der Kosten können Sie über die Wahl des Baumaterials in den Griff bekommen.

Am liebsten bauen die Deutschen neu und am besten massiv, das heißt aus Stein. Deshalb werden solche konservativ errichteten Häuser auch die Backstein-Rente genannt. Dabei stehen heute eine Vielzahl von Baumaterialien zur Verfügung, die genauso gut und genauso werthaltig sind: Holz, Beton, Stahl, Glas, Aluminium, Kunststoff und in Kombination noch mehr. Moderne Baustoffe sind Holz, Lehm, Beton und nach wie vor Steine. In der Beliebtheit liegt Holz derzeit jedoch ganz vorne.

Holzbauweise Beim Holzbau werden Gebäude aus Holz errichtet, wobei verschiedene Holzarten zur Verfügung stehen. Das Gebäude kann entweder massiv oder leicht gebaut werden, wobei der Holztafelbau heute am weitesten verbreitet ist. Hier werden Gebäude modular mit einzelnen flachen Holztafeln errichtet. Die Holztafel ist eine Verbundkonstruktion aus Vollholz, Rippen und Gipswerkstoffen. Diese Rippen werden mithilfe von Nägeln, Schrauben oder anderen Befestigungsmaterialien ein- oder zweiseitig mit den Tafelbeplankungen verbunden. Die Tafeln für die Decke oder Wand werden in sinnvoller Weise kombiniert, damit diese Baumaterialien das Gebäude tragen können. In der Industrie werden Großtafeln aus einzelnen Tafeln vorgefertigt, wobei die Größen den Standardformaten entsprechen, welche durch die sogenannten Beplankungsstoffe festgelegt werden.

Lehm Er ist der älteste Baustoff der Menschheit überhaupt, weil er überall auf der Welt leicht verfügbar und dementsprechend einfach zu verarbeiten ist. Dieser Baustoff kommt genauso wie in den vergangenen Jahrtausenden heute immer noch zum Einsatz, wobei der Lehmbau besonders in Ländern in Afrika, in China und in Indien weit verbreitet ist. Im europäischen Raum werden vereinzelt Gebäude aus Lehm gebaut. Ein Gebäude aus Lehm hat ein angenehmes Innenklima, weil dieser Baustoff die Wärme sehr gut speichert und somit Temperaturschwankungen ausgleicht. Ebenso wirkt der Lehm stabilisierend auf die Luftfeuchtigkeit, da der Baustoff die Feuchtigkeit speichert und nur langsam aufnimmt. Die Mauern eines Lehmbaus sind in den meisten Fällen massiv gebaut und bestehen aus an der Luft getrockneten Ziegeln. Eine andere Art ist der Stampflehmbau, wobei hierfür immer ein Holzrahmen notwendig ist. In Europa sind mittlerweile industriell hergestellte Lehmbausteine in den verschiedensten Formen für den Hausbau erhältlich.

Beton Die Mischung aus Wasser, Sand, Kies und Zement, also Beton, ist im normalen Einfamilienhausbau einer der am meisten verwendeten Baustoffe. Es gibt eine Vielzahl von Betontypen unterschiedlicher Rohdichten mit entsprechenden Eigenschaften für verschiedene Anwendungsbereiche. Mit der Rohdichte steigt nicht nur seine Druckfestigkeit, sondern es erhöhen sich auch die Baustoffeigenschaften wie Dichtigkeit, Wärmeleitfähigkeit und Wärmespeicherfähigkeit sowie die Werte für die Schalldämmung.

Stein auf Stein Bei der sogenannten Massivbauweise wird gemauert, also Stein auf Stein gebaut. Am häufigsten werden dafür Ziegel, gefüllte und ungefüllte, verwendet. Mauerziegel zählen in unterschiedlichen Abmessungen und Ausführungen neben Beton zu den wichtigsten Materialien im Massivbau. Es kommen auch andere Materialien wie Bimsstein, Blähtonsteine, Kalksandsteine und Porenbetonsteine zum Einsatz.

WISO rät

Die Wahl des Baustoffs ist entscheidend für: Wohngefühl, Wohnqualität, Energieverbrauch und Haltbarkeit Ihrer Immobilie. Auch die Höhe der Baukosten lässt sich damit beeinflussen. Außerdem gibt die Materialwahl die Gestaltungsmöglichkeit des Gebäudes vor. Beratung finden Sie zum Beispiel in Seminaren bei einer Verbraucherzentrale.

Baulabel – wer blickt da noch durch?

Wenn Sie neu bauen, sollten Sie sichergehen, dass Ihnen niemand Schad- und Giftstoffe in Ihr neues Haus einbaut. Sie glauben, das ist heute selbstverständlich? Dem ist nicht so! Ihre Gesundheit und der Umweltschutz sind von zentraler Bedeutung, aber nicht für jeden Bauunternehmer. Schließlich kostet Material Geld, und gutes Material ist meist teuer. Deshalb ist es ratsam, dass Sie vorher abklären, welches Material Sie haben wollen und nach welchen Standards gebaut werden soll.

Im Baubereich gibt es noch nicht so viele Labels wie auf dem Lebensmittelmarkt, deshalb ist die Ratlosigkeit aber nicht geringer. Was verbirgt sich zum Beispiel hinter RAL oder IBR? Welches Etikett hat die größte Aussagekraft, und hält es, was es verspricht? Heute steht fast überall Öko drauf, was aber steckt wirklich drin?

Hilfreich sind Labels, Gütesiegel, Zertifikate und Pässe besonders für Bauherren, die als Laien nicht hinter die komplizierten Produktaussagen der Hersteller blicken können. Eine Übersicht mit Kurzbeschreibung finden Sie im Internet unter www.baulabel.de. Ein Service des Vereins *wohnen im eigentum*. Diese Web-Seite bringt Licht ins Dunkel. Kurzbeschreibungen über die Vergabekriterien und die Transparenz helfen bei der Orientierung. Am nachhaltigsten sind Auszeichnungen, die von öffentlichen Instituten und Organisationen vergeben werden. Bei Labeln, die von Herstellerverbänden entwickelt wurden, kann Eigeninteresse nicht ausgeschlossen werden. Nachfolgend finden Sie eine Zusammenfassung der wichtigsten Umwelt- und Qualitätszeichen.

Übersicht: Besser durchblicken

Die Datenbank von www.baulabel.de umfasst Eigenmarken, Markenzeichen, Prüf- und Gütesiegel, Qualitätszeichen, Güte- und Qualitätsgemeinschaften, Bau-Zertifikate sowie Energie- und Gebäudepässe. Eine Ausgrenzung oder Differenzierung nach Inhalten werde nicht vorgenommen, da die Bezeichnungen auf dem Wohnungsmarkt so vielfältig und unterschiedlich sind wie die Inhalte und Leistungen, für die sie stehen, heißt es auf den Internetseiten.

baulabel.de will für mehr Durchblick unter den Baulabeln und Passangeboten sorgen. Es will Baukunden aufklären über den Leistungsumfang und die Grenzen solcher Zeichen. Ziel der Seite ist die Sicherheit der Baukunden. Sie müssen wissen, welchen Angaben sie vertrauen können und an welcher Stelle sie besser nachhaken sollten. Diese Datenbank soll die Marktchancen herausragender Produkte und Dienstleistungen verbessern, besonders innovative Anbieter auszeichnen, die Glaubwürdigkeit auf dem Label-Markt erhöhen und Impulse geben für mehr Qualität und Ökologie.

Baulabel.de ist ein Projekt des Instituts für Bauforschung e.V. in Hannover und wird von *wohnen im eigentum e.V.* fortgeführt und aktualisiert.

Das Projekt wurde gefördert vom Bundesministerium für Verbraucherschutz, Ernährung und Landwirtschaft und vom privaten Forschungsinstitut für Bauforschung (IFB) e.V. Weitere Informationen: www.bauforschung.de

Die Vielzahl der Labels auf dem Markt lässt sich zunächst grob in zwei Gruppen unterteilen: In die erste Gruppe fallen Siegel, die nach technischen Kriterien vergeben werden. Hierzu gehören das Übereinstimmungszeichen (Ü-Zeichen) sowie das Konformitätszeichen der Europäischen Gemeinschaft (CE-Zeichen). Derart gekennzeichnete Produkte erfüllen die Vorgaben der Bauregellisten. Diese Zeichen sind zwingend erforderlich für alle sicherheitsrelevanten Bauprodukte.

Ebenfalls vorwiegend nach technischen Gesichtspunkten verleiht das Deutsche Institut für Gütesicherung und Kennzeichnung e.V. das RAL-Gütezeichen an geprüfte Bauprodukte. Träger eines sogenannten RAL-Gütezeichens ist in der Regel eine »Gütegemeinschaft« in der Rechtsform eines eingetragenen Vereins.

Dies ist eine Interessengemeinschaft, ein Zusammenschluss von Herstellern und Anbietern. Nach Maßgabe der Vereinssatzung verleiht die Gütegemeinschaft das Recht zur Führung des Gütezeichens an Gütezeichenbenutzer. Damit unterwerfen sie sich freiwillig der Erfüllung von Güte- und Prüfbestimmungen sowie der Güteüberwachung. Die Zertifikate der zweiten Gruppe werden nach Tests vergeben, die auch baubiologische und ökologische Aspekte berücksichtigen.

An erster Stelle ist das AUB-Label zu nennen, das von der »Arbeitsgemeinschaft umweltverträgliches Bauprodukt e.V.« vergeben wird. Dieses Zertifikat ist an strenge umwelt- und gesundheitsrelevante Kriterien geknüpft. Die Deklaration umfasst den gesamten Lebenszyklus eines Baustoffes, beginnend bei Rohstoffgewinnung und Zusammensetzung der Ausgangs- und Grundstoffe über Herstellung und Verarbeitung sowie die Nutzung bis hin zur Endverwendung. Diese ganzheitliche Produktbeschreibung ist mit einem Produktpass vergleichbar.

Der Blaue Umweltengel ist eines der ältesten Öko-Label. Für die Vergabe verantwortlich ist die RAL zusammen mit dem Umweltbundesamt. Das staatliche Umweltzeichen wird an Produkte vergeben, die sich gegenüber anderen Modellen als umweltfreundlicher, aber ebenso praktisch und gebrauchstüchtig herausgestellt haben. In dieser relativen und zeitlich nicht fixierten Beurteilung liegt einer der Kritikpunkte am Umweltengel.

Mit dem Eco-Institut-Label werden Bauprodukte, Matratzen, Bettwaren und Möbel gekennzeichnet, die strengsten Schadstoff- und Emissionsanforderungen genügen, und dabei weit über bestehende gesetzliche Vorgaben hinausgehen. Für das Prüfzeichen geeignete Produkte müssen toxikologisch unbedenklich und weitgehend umweltverträglich sein. Dazu gehören zum Beispiel Anstrich- und Beschichtungsstoffe, Holzfußböden, Laminate, Paneele und mineralische Bauprodukte sowie Kleb- und Dichtungsstoffe.

Ein bekanntes Qualitätssiegel ist das IBR-Zertifikat, das vom Institut für Baubiologie Rosenheim GmbH vergeben wird. Ausgezeichnet werden umweltschonend erzeugte und gesundheitlich unbedenkliche Baustoffe und Produktionsverfahren. Als Grenzwerte werden in der Regel die Vorgaben der Weltgesundheitsorganisation (WHO) festgelegt.

Das Öko-Prädikat natureplus wird an umweltgerechte, gesundheitsverträgliche und funktionelle Bauprodukte verliehen. Die Anforderungen sind spezifisch: Nur Materialien, die zu 85 Prozent aus nachwachsenden und/oder mineralischen Rohstoffen bestehen, erhalten die Auszeichnung. Am Produkt muss zudem eine Volldeklaration der Inhaltsstoffe erfolgen.

Auch der TÜV zertifiziert Baustoffe nach Umweltkriterien. Das TÜV-Umweltsiegel UT21 zeichnet nach strengen Kriterien nur solche Baustoffe aus, die während des gesamten Lebenszyklus umweltschonend sind. Das TÜV-ASG-Siegel hingegen beurteilt nur Schadstoffgehalte in den Materialien. Die Abkürzung ASG steht für »Auf Schadstoff geprüft«.

Übersicht: Werbeaussagen prüfen!

Werben Unternehmen mit Qualitäts- und Gütezeichen, bedeutet dies nicht zwangsläufig, dass auch höhere Qualitäten angeboten und eine mängelfreie Bauausführung gesichert ist. Manchmal werden nur unverbindliche Garantieversprechen gegeben oder es wird die Einhaltung gesetzlicher Vorgaben besiegelt – eine Pflicht, der jeder nachkommen muss. Deshalb ist es wichtig, nicht fraglos auf Brief und Siegel zu setzen, sondern diese Zeichen kritisch zu hinterfragen und im Bedarfsfall konkrete Forderungen zu stellen.

Wie viel kostet mein Haus?

Eine weitere Herausforderung ist die Kostenschätzung. Wie sollen Sie vorgehen, um sich eine Vorstellung darüber zu machen, was finanziell auf Sie zukommt? Dazu an dieser Stelle zunächst Grundsätzliches zum Thema Kosten.

Es gibt wohl kaum eine Branche, in der die Begriffe so durcheinandergeworfen werden wie in der Baubranche. Zum Beispiel definiert ein Verkäufer die Gesamtkosten und meint damit »inklusive Stellplatz, Grunderwerbsteuer, Notar- und Finanzierungskosten«. Ein anderer spricht zwar ebenfalls von Gesamtkosten, bei ihm sind aber weder Erschließungskosten, noch

Stellplatz oder irgendwelche Nebenkosten enthalten. Selbst die Architekten sprechen keine einheitliche Sprache: Manchmal ist bei ihnen von Baukosten die Rede und manchmal von den Herstellungskosten des Gebäudes.

Ähnliche Verwirrung stiften die Begriffe zu einzelnen Flächen. Hier wird von Wohnfläche, Hauptnutzfläche, Bruttogeschoss- und Bruttogrundfläche gesprochen. Ist Ihnen dann noch klar, welche Fläche eigentlich gemeint ist? Empfehlenswert ist es, im Wohnungsbau von der Wohnfläche nach der Wohnflächenverordnung zu sprechen. (Siehe dazu auch den Vergleich mit DIN 277 auf Seite 206).

Zur Wohnfläche gehört nicht die Grundfläche von sogenannten Zubehörräumen wie Keller oder Dachräumen. Sie genügen den Anforderungen des Bauordnungsrechts nicht, ebenso gehören Geschäfts- und Wirtschaftsräumen nicht zur Wohnfläche. Die Gesamtwohnfläche bildet eine wichtige Grundlage für die Finanzierungsplanung und die Darlehensbewilligung. Daraus ergibt sich eine aussagekräftige Grundlage für die Beurteilung der Wirtschaftlichkeit eines Bauvorhabens.

Für die Zusammenstellung der Kosten Ihres Objekts ist wiederum die Gliederung der Gesamtkosten nach DIN 276 in den sogenannten Kostengruppen 1 bis 7 zu verwenden. Bei den Kostenangaben ist dann darauf zu achten, dass sie sich inklusive Mehrwertsteuer auf den Quadratmeter Wohnfläche beziehen. Mit dieser Gliederung ermittelt auch der Architekt die Kosten eines Gebäudes. Tragen Sie in die freie Spalte der nachfolgenden Tabelle die jeweils anfallenden Kosten ein.

Tabelle 1: Gliederung der Gesamtkosten nach DIN 276

Kostengruppe	Inhalt	Angaben in Euro
1. Grundstück	Grundstückswert Grundstücksnebenkosten Freimachen	
2. Erschließung	Herrichten Öffentliche Erschließung Nichtöffentliche Erschließung Ausgleichsabgaben	

Kostengruppe	Inhalt	Angaben in Euro
3. Bauwerk	Baugrube Gründung Außenwände Innenwände Decken Dächer Sonstige Maßnahmen für Baukonstruktion	
4. Technische Anlagen	Abwasser-, Wasser-, Gasanlagen Wärmeversorgungsanlagen Lufttechnische Anlagen Starkstromanlagen Fernmelde- und informationstechnische Anlagen Förderanlagen Nutzungsspezifische Anlagen Gebäudeautomation Sonstige Maßnahmen für technische Anlagen	
5. Außenanlagen	Geländeflächen Befestigte Flächen Baukonstruktion Technische Anlagen Einbauten Sonstige Maßnahmen für Außenanlagen	
6. Ausstattung	Ausstattung Kunstwerke	

Kostengruppe	Inhalt	Angaben in Euro
7. Baunebenkosten	Bauherrenaufgaben Vorbereitung der Objektplanung Architekten- und Ingenieurleistungen Gutachten und Beratung Kunst Finanzierung Allgemeine Baunebenkosten Sonstige Baunebenkosten	

WISO rät

Mit dieser Tabelle sind die Kostenblöcke für Ihren Neubau übersichtlich gegliedert. So halten Sie fest, was in den Gesamtkostenangaben enthalten ist und was nicht. Nutzen Sie die freie Spalte auch dazu, um Bemerkungen und Fragen zu klären oder um die gemachten Angaben zu konkretisieren.

Auch die Statistik gibt Auskunft, mit welchen Baukosten Bauherren rechnen müssen, wenn Sie ein Einfamilienhaus errichten wollen.

Tabelle 2: Baukosten je Quadratmeter 2009

Bayern	1 578 Euro
Baden-Württemberg	1 468 Euro
Saarland	1 442 Euro
Rheinland-Pfalz	1 394 Euro
Hessen	1 370 Euro
Hamburg	1 289 Euro
Nordrhein-Westfalen	1 256 Euro
Thüringen	1 213 Euro

Schleswig-Holstein	1 197 Euro
Sachsen	1 145 Euro
Berlin	1 135 Euro
Brandenburg	1 113 Euro
Niedersachsen	1 092 Euro
Mecklenburg-Vorpommern	1 088 Euro
Sachsen-Anhalt	1 043 Euro
Bremen	1 082 Euro

Quelle: Statistisches Bundesamt, LBS

Bauen mit dem Architekten

Architekten haben eine lange Ausbildung absolviert und dürfen die in Deutschland geschützte Berufsbezeichnung erst nach mehreren Jahren Berufserfahrung tragen. Im Bundesland Hessen müssen sich Architekten zum Beispiel seit 2003 regelmäßig weiterbilden, um immer auf dem neuesten Stand der Bauentwicklungen zu sein.

Der Architekt koordiniert am Bau sämtliche Leistungsphasen und kontrolliert die Arbeit der Handwerker. Er kann die Lage und die Qualität des Objekts bewerten. Gerade ortsansässige, erfahrene Architekten haben einen – je nach ihrer Spezialisierung – sehr detaillierten Überblick über den Immobilienbestand und anstehende Bautätigkeiten der jeweiligen Region.

Neben den Hauptaufgaben eines Architekten, Immobilien zu planen, zu konzipieren und zu bauen, hat er noch weitere Arbeitsfelder. Beispielsweise beschäftigt er sich mit der Sanierung von Gebäuden, mit der Entwicklung von Baugebieten und ist auch bei der Stadtplanung gefragt. Er kann Sie also bei allen technischen, wirtschaftlichen, ökologischen und gestalterischen Fragen zur Planung von Bauwerken beraten. Nur wenige Beratungsstunden können ausreichen, um wertvolle Tipps für Ihre Immobilie zu erhalten oder Sie vor teuren Fehlentscheidungen zu bewahren.

WISO rät

Suchen Sie sich einen passenden Architekten. Schließlich müssen Sie über viele Monate mit ihm zusammenarbeiten. Jedes Bundesland hat eine Architektenkammer, hier sind sämtliche Architekten auch mit ihren Spezialgebieten gelistet. Auf entsprechenden Internetseiten sind sogar von einzelnen Büros detaillierte Beschreibungen auffindbar. Lassen Sie sich von schillernden und teuren Großprojekten nicht abschrecken. Die meisten Architekten backen auch kleine Brötchen und beraten Sie gerne.

So funktioniert die Zusammenarbeit

Ideal ist es, wenn Sie schon vor dem Kauf einen Architekten als Berater hinzuziehen. So kann er Sie von Anfang an bei der Planung des Bauvorhabens begleiten. Anders als beim Bauen mit dem Bauträger, wo Sie meist ein genormtes Grundstück und ein Haus von der Stange kaufen, müssen Sie sich mit dem Architekten immer wieder abstimmen. Denn Sie geben mit der Vertragsunterzeichnung nicht alles aus der Hand. Sie als Bauherr bleiben Vertragspartner gegenüber allen am Bau beteiligten Firmen. Sie sind der Chef! Das könnten Sie allerdings auch als nachteilig empfinden. Schließlich müssen Sie immer wieder eine ganze Reihe von Einzelverträgen abschließen. Auch wenn Sie der Architekt bei der Auswahl des Bauunternehmers und der Handwerker mit seiner Erfahrung unterstützt, wird Ihnen ein höherer Einsatz abverlangt als beim Bau mit einem Bauträger. Dennoch hat ein Architektenhaus am Ende mehr Vorteile.

Der Architekt plant und baut ganz individuell nach Ihren Wünschen und Bedürfnissen. Er klärt für Sie alle Rahmenbedingungen ab, indem er bei Behörden recherchiert, die Angaben sammelt und auswertet und Ihnen in der ersten Phase verschiedene Vorentwürfe und Konzepte vorlegt. Die ersten Skizzen und Zeichnungen sollten Sie aufheben, denn Sie werden sich später vielleicht gern noch einmal ansehen, wie aus einer Idee letztlich Ihr Haus wurde. Oft spielen auch Assoziationen des Bauherrn eine Rolle beim Entwurf: Fremde Länder inspirieren oder das Hobby, etwa Segeln oder Reiten. So will der eine Bauherr viel Wasser im Garten, der andere eher eine Bauernwiese. Letztlich ist es die gemeinsame Auseinandersetzung und ein hartes Stück Arbeit, die den Traum wahr werden lassen.

Der Architekt kann auch auf schwierigen, ungünstig geschnittenen oder gelegenen Grundstücken ein Traumhaus entwickeln. Er hat gelernt, bestehende Bausubstanz zu bewerten sowie Um- und Ausbaumöglichkeiten zu erkennen.

Da immer mehrere Wege zum Ziel führen, sollten Sie die Kreativität und Fachkenntnis Ihres Architekten fordern, aber auch erst einmal freien Lauf lassen. Nur so hat er eine Chance, die unterschiedlichsten Lösungsansätze aufzuzeigen und aus mehreren guten Ideen den besten Entwurf für Sie auszuwählen.

WISO rät

Überschlafen Sie die Entwürfe des Architekten. Was auf den ersten Blick begeistert, muss noch lange nicht die beste Lösung sein. Lassen Sie sich Zeit und brüten Sie am besten ein paar Tage mit der ganzen Familie über den Plänen. Änderungen im späteren Planungs- oder gar Bauablauf sind sehr aufwändig und meist kostenintensiv.

Den ausgewählten Entwurf stimmt der Architekt dann mit allen Behörden und Fachplanern ab. Wenn alles abgeschlossen ist, werden die Eingabepläne (im Maßstab 1:100) gezeichnet, der Bauantrag gestellt und die Baugenehmigung eingeholt. Ob der Plan beim Bauamt durchgeht oder nicht, hängt vor allem vom Verhandlungsgeschick und der Überzeugungskraft Ihres Architekten ab. Gibt er zu schnell nach, weil vielleicht die Ausnutzung des Grundstücks nicht in die Normen der Behörde passt oder das Haus um ein paar Zentimeter zu hoch ist, oder kann er mit seiner Erfahrung vielleicht noch eine Zustimmung erzielen oder durch ein paar Änderungen den Entwurf schließlich doch durchbringen?

WISO rät

Wählen Sie einen Architekten in Ihrer Nähe aus, der die örtlichen Verhältnisse, insbesondere die Behörden und Handwerksfirmen kennt und gute Referenzen vorweisen kann. Erkundigen Sie sich danach, ob er Mitglied in der Architektenkammer – erst dann ist er auch bauvorlagenberechtigt – und in seinem Berufsverband, Bund Deutscher Architekten (BDA), aufgenommen ist.

Die Leistungsphasen des Architekten

Architekten können für jede einzelne der insgesamt neun Leistungsphasen beauftragt werden. Das sollten Sie als Bauherr in der Regel auch ausnutzen.

Denn merkt man nach dem Entwurfsstadium, dass man nicht zusammenpasst, braucht kein Vertrag gekündigt zu werden, sondern es wird einfach kein weiterer Auftrag erteilt.

Auch die Bezahlung des Architekten richtet sich nach den Leistungsphasen. Sie sind in der Honorarordnung für Architekten und Ingenieure (HOAI) ausführlich definiert. Damit haben Sie gegenüber anderen Branchen eine sehr solide Leistungsbeschreibung und sehen, was beim Bauen alles geplant, beschrieben und beaufsichtigt werden muss. In der folgenden Tabelle sind die einzelnen Phasen, Grundleistungen und besonderen Leistungen gegenübergestellt. Für Sie ist interessant, welche vielfältigen Arbeiten mit den »Grundleistungen« von Ihrem Architekten bereits abgearbeitet und berücksichtigt werden. »Besondere Leistungen« sind Arbeiten, die bei Bedarf extra von Ihnen beauftragt und bezahlt werden müssen. Vereinbaren Sie, dass Sie vorher darauf hingewiesen werden. Dann bleiben Ihnen unangenehme Überraschungen erspart.

WISO rät

Beauftragen Sie Ihren Architekten vorerst nur für die Leistungsphasen eins und zwei: Grundlagenermittlung und Vorplanung. Sie erhalten damit erste Beratungen, mehrere Skizzen beziehungsweise Lösungsmöglichkeiten und spüren, wie gut die Zusammenarbeit funktioniert. Wenn Ihnen der Vorentwurf gefällt und sein Team zu Ihnen passt, können Sie den Architekten immer noch für die restlichen Leistungsphasen beauftragen.

Übersicht über die neun Leistungsphasen des Architekten

1. Grundlagenermittlung

- Klären der Aufgabenstellung
- Beraten zum gesamten Leistungsbedarf
- Formulieren von Entscheidungshilfen für die Auswahl anderer an der Planung fachlich Beteiligter
- Zusammenfassen der Ergebnisse

Besondere Leistungen

- Bestandsaufnahme
- Standortanalyse

- Betriebsplanung
- Aufstellen eines Raumprogramms
- Aufstellen eines Funktionsprogramms
- Prüfen der Umwelterheblichkeit
- Prüfen der Umweltverträglichkeit

2. Vorplanung (Projekt- und Planungsvorbereitung)
- Analyse der Grundlagen
- Abstimmen der Zielvorstellungen (Randbedingungen, Zielkonflikte)
- Aufstellen eines planungsbezogenen Zielkatalogs (Programmziele)
- Erarbeiten eines Planungskonzepts einschließlich Untersuchung der alternativen Lösungsmöglichkeiten nach gleichen Anforderungen mit zeichnerischer Darstellung und Bewertung, zum Beispiel versuchsweise zeichnerische Darstellungen, Strichskizzen, gegebenenfalls mit erläuternden Angaben
- Integrieren der Leistungen anderer an der Planung fachlich Beteiligter
- Klären und Erläutern der wesentlichen städtebaulichen, gestalterischen, funktionalen, technischen, bauphysikalischen, wirtschaftlichen, energiewirtschaftlichen (zum Beispiel hinsichtlich rationeller Energieverwendung und der Verwendung erneuerbarer Energien) und landschaftsökologischen Zusammenhänge, Vorgänge und Bedingungen sowie der Belastung und Empfindlichkeit der betroffenen Ökosysteme
- Vorverhandlungen mit Behörden und anderen an der Planung fachlich Beteiligten über die Genehmigungsfähigkeit
- Bei Freianlagen: Erfassen, Bewerten und Erläutern der ökosystemaren Strukturen und Zusammenhänge, zum Beispiel Boden, Wasser, Klima, Luft, Pflanzen- und Tierwelt sowie Darstellen der räumlichen und gestalterischen Konzeption mit erläuternden Angaben, insbesondere zur Geländegestaltung, Biotopverbesserung und -vernetzung, vorhandenen Vegetation, Neupflanzung, Flächenverteilung der Grün-, Verkehrs-, Wasser-, Spiel- und Sportflächen; ferner Klären der Randgestaltung und der Anbindung an die Umgebung
- Kostenschätzung nach DIN 276 oder nach dem wohnungsrechtlichen Berechnungsrecht

- Zusammenstellen aller Vorplanungsergebnisse

Besondere Leistungen

- Untersuchen von Lösungsmöglichkeiten nach grundsätzlich verschiedenen Anforderungen
- Ergänzen der Vorplanungsunterlagen aufgrund besonderer Anforderungen
- Aufstellen eines Finanzierungsplanes
- Aufstellen einer Bauwerks- und Betriebs-Kosten-Nutzen-Analyse
- Mitwirken bei der Kreditbeschaffung
- Durchführen der Voranfrage (Bauanfrage)
- Anfertigen von Darstellungen durch besondere Techniken, wie zum Beispiel Perspektiven, Muster, Modelle
- Aufstellen eines Zeit- und Organisationsplanes
- Ergänzen der Vorplanungsunterlagen hinsichtlich besonderer Maßnahmen zur Gebäude- und Bauteiloptimierung, die über das übliche Maß der Planungsleistungen hinausgehen, zur Verringerung des Energieverbrauchs sowie der Schadstoff- und Kohlendioxid-Emissionen und zur Nutzung erneuerbarer Energien in Abstimmung mit anderen an der Planung fachlich Beteiligten. Das übliche Maß ist für Maßnahmen zur Energieeinsparung durch die Erfüllung der Anforderungen gegeben, die sich aus Rechtsvorschriften und den allgemein anerkannten Regeln der Technik ergeben.

3. Entwurfsplanung (System- und Integrationsplanung)

- Durcharbeiten des Planungskonzepts (stufenweise Erarbeitung einer zeichnerischen Lösung) unter Berücksichtigung städtebaulicher, gestalterischer, funktionaler, technischer, bauphysikalischer, wirtschaftlicher, energiewirtschaftlicher (zum Beispiel hinsichtlich rationeller Energieverwendung und der Verwendung erneuerbarer Energien) und landschaftsökologischer Anforderungen unter Verwendung der Beiträge anderer an der Planung fachlich Beteiligter bis zum vollständigen Entwurf
- Integrieren der Leistungen anderer an der Planung fachlich Beteiligter

- Objektbeschreibung mit Erläuterung von Ausgleichs- und Ersatzmaßnahmen nach Maßgabe der naturschutzrechtlichen Eingriffsregelung
- Zeichnerische Darstellung des Gesamtentwurfs, zum Beispiel durchgearbeitete, vollständige Vorentwurfs- und/oder Entwurfszeichnungen (Maßstab nach Art und Größe des Bauvorhabens; bei Freianlagen im Maßstab 1:500 bis 1:100, insbesondere mit Angaben zur Verbesserung der Biotopfunktion, zu Vermeidungs-, Schutz-, Pflege- und Entwicklungsmaßnahmen sowie zur differenzierten Bepflanzung; bei raumbildenden Ausbauten: im Maßstab 1:50 bis 1:20, insbesondere mit Einzelheiten der Wandabwicklungen, Farb-, Licht- und Materialgestaltung), gegebenenfalls auch Detailpläne mehrfach wiederkehrender Raumgruppen
- Verhandlungen mit Behörden und anderen an der Planung fachlich Beteiligten über die Genehmigungsfähigkeit
- Kostenberechnung nach DIN 276 oder nach dem wohnungsrechtlichen Berechnungsrecht
- Kostenkontrolle durch Vergleich der Kostenberechnung mit der Kostenschätzung
- Zusammenfassen aller Entwurfsunterlagen

Besondere Leistungen

- Analyse der Alternativen/Varianten und deren Wertung mit Kostenuntersuchung (Optimierung)
- Wirtschaftlichkeitsberechnung
- Kostenberechnung durch Aufstellen von Mengengerüsten oder Bauelementkatalog
- Ausarbeiten besonderer Maßnahmen zur Gebäude- und Bauteiloptimierung, die über das übliche Maß der Planungsleistungen hinausgehen, zur Verringerung des Energieverbrauchs sowie der Schadstoff- und Kohlendioxid-Emissionen und zur Nutzung erneuerbarer Energien unter Verwendung der Beiträge anderer an der Planung fachlich Beteiligter. Das übliche Maß ist für Maßnahmen zur Energieeinsparung durch die Erfüllung der Anforderungen gegeben, die sich aus Rechtsvorschriften und den allgemein anerkannten Regeln der Technik ergeben

4. Genehmigungsplanung

- Erarbeiten der Vorlagen für die nach den öffentlich-rechtlichen Vorschriften erforderlichen Genehmigungen oder Zustimmungen einschließlich der Anträge auf Ausnahmen und Befreiungen unter Verwendung der Beiträge anderer an der Planung fachlich Beteiligter sowie noch notwendiger Verhandlungen mit Behörden
- Einreichen dieser Unterlagen
- Vervollständigen und Anpassen der Planungsunterlagen, Beschreibungen und Berechnungen unter Verwendung der Beiträge anderer an der Planung fachlich Beteiligter
- Bei Freianlagen und raumbildenden Ausbauten: Prüfen auf notwendige Genehmigungen, Einholen von Zustimmungen und Genehmigungen

Besondere Leistungen
Mitwirken bei der Beschaffung der nachbarlichen Zustimmung
Erarbeiten von Unterlagen für besondere Prüfverfahren
Fachliche und organisatorische Unterstützung des Bauherrn im Widerspruchsverfahren, Klageverfahren oder Ähnliches
Ändern der Genehmigungsunterlagen infolge von Umständen, die der Auftragnehmer nicht zu vertreten hat

5. Ausführungsplanung

- Durcharbeiten der Ergebnisse der Leistungsphasen 3 und 4 (stufenweise Erarbeitung und Darstellung der Lösung) unter Berücksichtigung städtebaulicher, gestalterischer, funktionaler, technischer, bauphysikalischer, wirtschaftlicher, energiewirtschaftlicher (zum Beispiel hinsichtlich rationeller Energieverwendung und der Verwendung erneuerbarer Energien) und landschaftsökologischer Anforderungen unter Verwendung der Beiträge anderer an der Planung fachlich Beteiligter bis zur ausführungsreifen Lösung
- Zeichnerische Darstellung des Objekts mit allen für die Ausführung notwendigen Einzelangaben, zum Beispiel endgültige, vollständige Ausführungs-, Detail und Konstruktionszeichnungen im Maßstab 1:50 bis 1:1, bei Freianlagen je nach Art des Bauvorhabens im Maßstab 1:200 bis 1:50, insbesondere Bepflanzungspläne, mit den erforderlichen textlichen Ausführungen

- Bei raumbildenden Ausbauten: detaillierte Darstellung der Räume und Raumfolgen im Maßstab 1:25 bis 1:1, mit den erforderlichen textlichen Ausführungen; Materialbestimmung
- Erarbeiten der Grundlagen für die anderen an der Planung fachlich Beteiligten und Integrierung ihrer Beiträge bis zur ausführungsreifen Lösung
- Fortschreiben der Ausführungsplanung während der Objektausführung

Besondere Leistungen

- Aufstellen einer detaillierten Objektbeschreibung als Baubuch zur Grundlage der Leistungsbeschreibung mit Leistungsprogramm*
- Aufstellen einer detaillierten Objektbeschreibung als Raumbuch zur Grundlage der Leistungsbeschreibung mit Leistungsprogramm*
- Prüfen der vom bauausführenden Unternehmen aufgrund der Leistungsbeschreibung mit Leistungsprogramm ausgearbeiteten Ausführungspläne auf Übereinstimmung mit der Entwurfsplanung*
- Erarbeiten von Detailmodellen
- Prüfen und Anerkennen von Plänen Dritter nicht an der Planung fachlich Beteiligter auf Übereinstimmung mit den Ausführungsplänen (zum Beispiel Werkstattzeichnungen von Unternehmen, Aufstellungs- und Fundamentspläne von Maschinenlieferanten), soweit die Leistungen Anlagen betreffen, die in den anrechenbaren Kosten nicht erfasst sind

6. Vorbereitung der Vergabe

- Ermitteln und Zusammenstellen von Mengen als Grundlage für das Aufstellen von Leistungsbeschreibungen unter Verwendung der Beiträge anderer an der Planung fachlich Beteiligter
- Aufstellen von Leistungsbeschreibungen mit Leistungsverzeichnissen nach Leistungsbereichen
- Abstimmen und Koordinieren der Leistungsbeschreibungen der an der Planung fachlich Beteiligten

Besondere Leistungen

- Aufstellen von Leistungsbeschreibungen mit Leistungsprogramm unter Bezug auf Baubuch/Raumbuch*

- Aufstellen von alternativen Leistungsbeschreibungen für geschlossene Leistungsbereiche
- Aufstellen von vergleichenden Kostenübersichten unter Auswertung der Beiträge anderer an der Planung fachlich Beteiligter

7. Mitwirkung bei der Vergabe

- Zusammenstellen der Verdingungsunterlagen aller Leistungsbereiche
- Einholen von Angeboten
- Prüfen und Werten der Angebote einschließlich Aufstellen eines Preisspiegels nach Teilleistungen
- Mitwirkung aller während der Leistungsphasen 6 und 7 fachlich Beteiligten
- Abstimmen und Zusammenstellen der fachlich Beteiligten, die an der Vergabe mitwirken
- Verhandlung mit Bietern
- Kostenanschlag nach DIN 276 aus Pauschalpreisen der Angebote
- Kostenkontrolle durch Vergleich des Kostenanschlags mit der Kostenberechnung
- Mitwirken bei der Auftragserteilung

Besondere Leistungen

- Prüfen und Werten der Angebote aus Leistungsbeschreibung mit Leistungsprogramm einschließlich Preisspiegel*
- Aufstellen, Prüfen und Werten von Preisspiegeln nach besonderen Anforderungen

8. Objektüberwachung (Bauüberwachung)

- Überwachen der Ausführung des Objekts auf Übereinstimmung mit der Baugenehmigung oder Zustimmung, den Ausführungsplänen und den Leistungsbeschreibungen sowie mit den anerkannten Regeln der Technik und den einschlägigen Vorschriften
- Überwachen der Ausführung von Tragwerken nach § 63 Abs. 1 Nr. 1 und 2 auf Übereinstimmung mit dem Standsicherheitsnachweis

* Diese besondere Leistung wird bei Leistungsbeschreibung und Leistungsprogramm ganz oder teilweise Grundleistung. In diesem Fall entfallen die entsprechenden Grundleistungen dieser Leistungsphase, soweit die Leistungsbeschreibung mit Leistungsprogramm angewandt wird.

- Koordinieren der an der Objektüberwachung fachlich Beteiligten
- Überwachung und Detailkorrektur von Fertigteilen
- Aufstellen und Überwachen eines Zeitplanes (Balkendiagramm)
- Führen eines Bautagebuches
- Gemeinsames Aufmaß mit den bauausführenden Unternehmen
- Abnahme der Bauleistungen unter Mitwirkung anderer an der Planung und Objektüberwachung fachlich Beteiligter unter Feststellung von Mängeln
- Rechnungsprüfung
- Kostenfeststellung nach DIN 276 oder nach dem wohnungsrechtlichen Berechnungsrecht
- Antrag auf behördliche Abnahmen und Teilnahme daran
- Übergabe des Objekts einschließlich Zusammenstellung und Übergabe der erforderlichen Unterlagen, zum Beispiel Bedienungsanleitungen, Prüfprotokolle
- Auflisten der Gewährleistungsfristen
- Überwachen der Beseitigung der bei der Abnahme der Bauleistungen festgestellten Mängel
- Kostenkontrolle durch Überprüfen der Leistungsabrechnung der bauausführenden Unternehmen im Vergleich zu den Vertragspreisen und dem Kostenanschlag

Besondere Leistungen
- Aufstellen, Überwachen und Fortschreiben eines Zahlungsplanes
- Aufstellen, Überwachen und Fortschreiben von differenzierten Zeit-, Kosten- oder Kapazitätsplänen
- Tätigkeit als verantwortlicher Bauleiter, soweit diese Tätigkeit nach jeweiligem Landesrecht über die Grundleistungen der Leistungsphase 8 hinausgeht

9. Objektbetreuung und Dokumentation
- Objektbegehung zur Mängelfeststellung vor Ablauf der Verjährungsfristen der Gewährleistungsansprüche gegenüber den bauausführenden Unternehmen
- Überwachen der Beseitigung von Mängeln, die innerhalb der Verjährungsfristen der Gewährleistungsansprüche, längstens jedoch bis zum Ablauf von fünf Jahren seit Abnahme der Bauleistungen auftreten

- Mitwirken bei der Freigabe von Sicherheitsleistungen
- Systematische Zusammenstellung der zeichnerischen Darstellungen und rechnerischen Ergebnisse des Objekts

Besondere Leistungen

- Erstellen von Bestandsplänen
- Aufstellen von Ausrüstungs- und Inventarverzeichnissen
- Erstellen von Wartungs- und Pflegeanweisungen
- Objektbeobachtung
- Objektverwaltung
- Baubegehungen nach Übergabe
- Überwachen der Wartungs- und Pflegeleistungen
- Aufbereiten des Zahlenmaterials für eine Objektdatei
- Ermittlung und Kostenfeststellung zu Kostenrichtwerten
- Überprüfen der Bauwerks- und Betriebs-Kosten-Nutzen-Analyse

Wichtiges Etappenziel: die Baugenehmigung

Die besten Wünsche, die perfektesten Pläne bringen nichts, wenn die Behörde nicht einverstanden ist. Gerade wenn Ihr Haus etwas Besonderes werden soll, erschließt es sich dem Betrachter in der Behörde oft nicht sofort. Für den versierten Architekten sollte das jedoch kein Hindernis sein. Ihm gelingt es in der Regel, durch den Verweis auf andere Beispiele oder eine schlüssige Argumentation auch komplizierte Entwürfe beim Bauamt durchzusetzen. Um die Baugenehmigung kommt letztlich niemand herum. Einfach loszubauen hat sich ebenfalls nicht bewährt. Die Strafen sind enorm, bis hin zum Abriss des bereits Gebauten ist alles möglich. Erst mit der Baugenehmigung erhalten Sie die Erlaubnis der Bauaufsichtsbehörde, dass Sie so bauen können wie in der Bauvorlage beschrieben. Was genau darin stehen muss, ist der jeweiligen Landesbauordnung zu entnehmen. Sie selbst können keinen Bauantrag einreichen. Dafür brauchen Sie immer einen Architekten oder einen Ingenieur. Die Genehmigung ist zeitlich befristet, mit Auflagen verbunden und muss auf der Baustelle verfügbar sein.

In der Regel fallen private Baugenehmigungen unter das vereinfachte Verfahren. In einigen Landkreisen, Städten und Gemeinden können sogenannte vereinfachte Berechnungen des umbauten Raumes (DIN 277) und das Rohbau- und Herstellungswertverfahren zur Anwendung kommen. Etwa bei Wohngebäuden bis zu drei Vollgeschossen und eingeschossigen Gebäuden bis zu 200 Quadratmetern Grundfläche. Ebenso für die Stellplätze, Garagen und Nebenanlagen zu diesen Gebäuden. Die Bearbeitungszeit sollte nicht länger als drei Monate dauern.

WISO rät

Bei dem Architektenvertrag handelt es sich rechtlich um einen Werkvertrag im Sinne des §631 BGB. Der Architekt ist danach verpflichtet, einen bestimmten Erfolg zu erreichen. Es reicht zum Beispiel nicht aus, dass der Architekt einen Bauantrag einreicht, der dann abgelehnt wird. Er ist verpflichtet, ihn so zu gestalten, dass er auch genehmigungsfähig ist. Hat etwa der Architekt im Bauantrag irgendwelche Bauvorschriften nicht eingehalten und wurde deshalb der Antrag abgelehnt, bekommt er sein vollständiges Honorar erst nach der Berichtigung und Genehmigung des Bauantrags.

Jetzt geht's los

Liegt die Baugenehmigung am Ende der vierten Leistungsphase vor, wird der Architekt in der nächsten Phase mit der sogenannten Ausführungsplanung beginnen. Dafür erstellt er unter Beachtung der behördlichen Auflagen die Werkpläne und Detailzeichnungen (mindestens im Maßstab 1:50) sowie für alle Bauleistungen die Leistungsverzeichnisse und verschickt sie an mehrere Handwerker. Diese schicken die Ausschreibungen mit ihren Preisen wieder zurück. Der Architekt wählt die geeigneten Betriebe aus, die sowohl in Ihr Budget passen als auch für Qualität und Zuverlässigkeit stehen. Wenn Sie die Ausschreibung selbst in die Hand nehmen wollen, weil Sie die Kosten dafür sparen möchten, ist das prinzipiell möglich. Mit kaufmännischer Vorbildung können Sie auch selbst die eingehenden Angebote vergleichen und auswerten. Muten Sie sich jedoch nicht zu viel zu: Es empfiehlt sich, zumindest mit dem Architekten abzuklären, inwieweit die Angebote auch technisch gleichwertig sind und ob es Vorbehalte gegen einzelne Firmen gibt.

Im Rahmen der achten Leistungsphase, Objektüberwachung, werden vom Architekten durch ständige und gründliche Überwachung die Handwerksleistungen auf Qualität und Umfang geprüft und auf die Einhaltung der vereinbarten Termine gemäß dem Bauzeitenplan geachtet.

Das gibt Ihnen als Bauherr eine große Sicherheit. Denn der Architekt muss Sie bei sichtbar gewordenen Baumängeln, im Rahmen seines jeweils übernommenen Aufgabengebiets, unverzüglich und umfassend über die Ursache aufklären. Er ist zudem verpflichtet den Bauherrn sachkundig vom Ergebnis der Untersuchung und der sich daraus ergebenden Rechtslage zu unterrichten. Das gilt auch dann, wenn die Mängel ihre Ursache in Planungs- oder Aufsichtsfehlern des Architekten haben. Kommt der Architekt dem nicht nach, kann er zu Schadensersatz verpflichtet sein. Dabei ist eine Berufung auf Verjährung nicht möglich. Das ergibt sich aus einem neueren Urteil des Bundesgerichtshofs (BGH), mit dem das Gericht die Pflichten eines Architekten näher bestimmt hat (Urteil vom 26. Oktober 2006, Aktenzeichen: VII ZR 133/04).

Ein weiterer Vorteil beim Bauen mit einem Architekten ist die Rechnungsprüfung. Alle Rechnungen von Handwerkern und anderen Firmen, die auf der Baustelle tätig sind, gehen über den Tisch des Architekten, bevor sie zur Bezahlung an den Bauherrn weitergeleitet werden. Er vertritt die Interessen des Bauherrn auch auf der Baustelle vor Ort, wenn er mit der Bauleitung beauftragt wurde. Zusammen mit dem Bauherrn wird die Abnahme sämtlicher Bauleistungen vorgenommen. Sie ist besonders wichtig, um später Gewährleistungsansprüche geltend zu machen und eine Mängelbeseitigung durchzusetzen. Wollen Sie Ihren Bau ganz allein überwachen, um das Honorar für die Bauleitung einzusparen, geht das gesetzlich in den meisten Bundesländern nicht. Der Bauleiter muss ein Fachmann sein. Hier an den Kosten für den Architekten sparen zu wollen, macht auch keinen Sinn. Mit einer guten Bauüberwachung sparen Sie mehr Zeit und Geld, als das Honorar für den Architekten ausmacht. Das belegen auch Untersuchungen in der Praxis: Durch eine firmenunabhängige Baubeaufsichtigung in Verbindung mit einer Kosten- und Qualitätskontrolle können ganz erhebliche Summen eingespart beziehungsweise Mängel, Schäden und Ärger vermieden werden.

Was kostet der Architekt?

Bei kurzen Beratungen und sehr kleinen Bauvorhaben können Sie den Architekten nach Stunden bezahlen. Dies kostet weniger, als man vorerst denkt: circa 90 Euro pro Stunde. Für die gesamte Planung und Bauleitung eines Einfamilienhauses richtet sich das Honorar nach den anrechenbaren Baukosten (Bauwerk mit Haustechnik). Ein Beispiel: Für Grundlagenermittlung, Vor-, Entwurfs- und Genehmigungsplanung gilt die Honorarzone IV. Daraus stehen ihm

27 Prozent zu. Bei angenommenen 250 000 Euro anrechenbaren Kosten und einem vereinbarten Mittelsatz wären dies rund 10 000 Euro Honorar zuzüglich Mehrwertsteuer und Nebenkosten. Gar nicht so viel, wenn Sie bedenken, dass der Architekt für dieses Honorar bei einem Neubau ein bis zwei Jahre bis zur Schlussrechnung des letzten Handwerkers für Sie da ist. Zum Vergleich: Ein Makler würde bei der Vermittlung einer gebrauchten Immobilie im Wert von 200 000 Euro etwa 6 Prozent Provision kassieren, dass sind immerhin 12 000 Euro, die Sie manchmal nur für die Schlüsselübergabe bezahlen müssen.

Die Honorierung des Architekten ist durch die sogenannte Honorarordnung für Architekten und Ingenieure (HOAI) geregelt. In die Abrechnung nach der HOAI gehen mehrere Faktoren ein: die anrechenbaren Kosten nach § 10 HOAI, die Honorarzone nach §§ 11, 12 HOAI, die Honorartafel nach § 16 HOAI, das Leistungsbild nach § 15 HOAI.

Das Honorar richtet sich in Deutschland nach den anrechenbaren Baukosten und ist in die neun Leistungsphasen aufgeteilt, die unterschiedliche Anteile am Gesamthonorar haben und auch getrennt beauftragt werden können.

Übersicht: Die Kosten für die Leistungsphasen im Einzelnen

1. Grundlagenermittlung	3 %
2. Vorplanung	7 %
3. Entwurfsplanung	11 %
4. Genehmigungsplanung	6 %
5. Ausführungsplanung	25 %
6. Ausschreibung	10 %
7. Vergabe	4 %
8. Bauüberwachung	31 %
9. Dokumentation (Gewährleistung)	3 %

Die Bauüberwachung ist der größte Einzelposten, es liegt also nahe, hierbei zu sparen. Doch gerade hier kann der Architekt einiges für Sie herausholen, nämlich Geld und Qualität. Wird beispielsweise auf der Baustelle vom Handwerker mangelhaft gearbeitet, kann der Architekt die gestellte Rechnung korrigieren beziehungsweise bis zur Behebung des Mangels zurückhalten.

Je nach Schwierigkeitsgrad Ihres Bauvorhabens wird eine von insgesamt fünf Honorarzonen gewählt, wobei für Einfamilienhäuser in der Regel die Zonen drei und vier infrage kommen. Insgesamt muss man die Architektenkosten in Höhe von 10 bis 15 Prozent der Baukosten ansetzen.

Bei der Honorierung von Architekten können Sie durchaus kreativ sein. Mit einem anteiligen Erfolgshonorar in Aussicht wird ein guter Architekt noch das letzte Kostensenkungspotenzial ausschöpfen. Deshalb empfiehlt es sich mitunter, den Architekten zuerst mit einigen Teilleistungen zu beauftragen, zum Beispiel mit der Voranfrage beim Bauamt oder einem Vorentwurf mit Kostenschätzung. Vielleicht lässt sich hier auch ein Pauschalpreis aushandeln. Selbstverständlich darf Ihr Verhandlungsgeschick nicht zum Eigentor werden und auf Kosten der Qualität geschehen.

Beispiel

Sie machen die Beauftragung des Architekten davon abhängig, ob er Ihr Wiesengrundstück zu Bauland machen kann. Gelingt es ihm, bekommt er auch den Zuschlag für die Bebauung. Oder Sie vereinbaren mit Ihrem Architekten ein Erfolgshonorar, das an die Baukosten gekoppelt ist. Kann er die gesetzte Kostenuntergrenze sogar noch unterschreiten, bekommt der Architekt bis zu 20 Prozent der eingesparten Summe honoriert. Das darf selbstverständlich nicht auf Kosten der Qualität gehen.

WISO rät

Beauftragen Sie einen erfahrenen Architekten mit der Bauleitung und Rechnungsprüfung Ihres Bauvorhabens. Alleine durch eine sorgfältige, korrekte Prüfung aller Rechnungen kann das gesamte Bauleitungshonorar des Architekten wieder hereingeholt werden.

In der sogenannten Honorartafel finden Sie Höchst- und Mindestsätze in den Schwierigkeitszonen I bis V. Je höher die anrechenbaren Kosten auf die Bausumme desto höher auch das Honorar. Bei einfachen Wohnbauten gilt die Zone III, bei sehr schwierigen Wohnbauten gilt die Zone V.

Damit will der Gesetzgeber die Bauherren einerseits vor überhöhten Preisen schützen und andererseits eine ruinöse Konkurrenz zwischen den Architekten verhindern. Diese könnten sich durch Qualitätseinbußen negativ auf die Bauwerke auswirken.

Innerhalb der Zonen lässt sich das Honorar mit Ihrem Architekten verhandeln. Hilfe bei Fragen zur Honorarordnung bieten auch die Architektenkammern.

Honorartafel zu § 16 Abs. 1 (Objektplanung Gebäude)

Anrechenbare Kosten/Euro	Zone I von – bis		Zone III von – bis		Zone V von – bis	
		Zone II von – bis		Zone IV von – bis		
25565	1984	2413	2991	3855	4433	4862
30000	2325	2826	3497	4498	5169	5670
35000	2719	3299	4075	5236	6012	6593
40000	3101	3762	4647	5968	6853	7513
45000	3494	4234	5221	6702	7689	8429
50000	3881	4697	5780	7413	8496	9312
100000	7755	9278	11311	14360	16393	17916
150000	11635	13753	16578	20818	23644	25761
200000	15510	18115	21586	26792	30263	32868
250000	19385	22384	26380	32373	36369	39368
300000	22484	25983	30650	37643	42309	45808
350000	25060	29131	34561	42700	48131	52201
400000	27272	31922	38127	47432	53637	58287
450000	29144	34382	41362	51840	58820	64059
500000	30671	36488	44243	55876	63631	69447
1000000	55293	65535	79193	99682	113340	123582
1500000	80167	94804	114317	143592	163105	177742
2000000	105005	124033	149401	187455	212823	231851
2500000	129845	153271	184503	231352	262584	286006
3000000	155660	182183	217541	270581	305940	332462
3500000	181605	211053	250321	309221	348488	377937
4000000	207550	239927	283101	347856	391030	423407
4500000	233491	268798	315877	386495	433574	468881
5000000	259435	297672	348656	425135	476119	514356
10000000	518870	589823	684426	826334	920937	991890
15000000	778305	877041	1008690	1206165	1337814	1436550
20000000	1037740	1159131	1320989	1563771	1725629	1847020
25000000	1297175	1442062	1635242	1925012	2118192	2263075
25564594	1326470	1474024	1670759	1965861	2162596	2310145

Was tun, wenn es mit dem Architekten nicht klappt?

Nicht immer läuft die Zusammenarbeit so, wie man es sich vielleicht gewünscht hat, manchmal stimmt die Chemie auch nicht. Was dann? Die gute Nachricht: Sie können aus dem Vertrag jederzeit vorzeitig aussteigen. Im Vertrag ist unter dem Punkt Kündigung üblicherweise auch die Vergütung geregelt. Pauschalierte Aufwendungssätze sind jedoch rechtlich unwirksam. So warnen die Verbraucherzentralen vor Vertragsformulierungen bei Architekten, wie »40 Prozent des durch die Kündigung entgangenen Honorars werden für ersparte Aufwendungen in Ansatz gebracht«.

Jeder Architekt ist durch die jeweilige Landesbauordnung dazu verpflichtet, eine Berufshaftpflichtversicherung abzuschließen. Sollte bei Ihrem Bauvorhaben etwas schiefgehen, zum Beispiel durch Planungs- oder Überwachungsfehler oder wirtschaftlich, wenn das Kostenlimit nicht eingehalten wird, haftet der Architekt oder seine Versicherung. Erkundigen Sie sich nach den Deckungssummen!

Wollen Sie Ansprüche gegenüber dem Architekten geltend machen, haben Sie zunächst ein Recht auf Nacherfüllung. Der Architekt kann zwischen Nachbesserung und Neuherstellung wählen. Kommt der Architekt seiner Verpflichtung nicht nach, haben Sie als Bauherr das Recht zur Selbstvornahme, zum Rücktritt vom Vertrag, zur Minderung und eventuell auch Anspruch auf Schadensersatz.

Häufig ist nicht leicht zu klären, warum es zu einem Fehler gekommen ist. Zum Beispiel nimmt der beauftragte Handwerker minderwertigen Estrich, der nicht gut zu verarbeiten ist und schlecht trocknet. Der Architekt unterlässt die von Ihnen geforderte Überwachung und lässt den Estrich nicht wieder herausreißen. Wer trägt nun die Schuld: der Architekt oder der Handwerker? Häufig landen solche Streitigkeiten vor Gericht.

WISO rät

Wollen Sie Schadensersatzansprüche durchsetzen, sollten Sie frühzeitig einen auf Baurecht spezialisierten Anwalt einschalten. Es müssen Fristen und andere gesetzliche Rahmenbedingungen eingehalten werden, damit Ihre Forderungen genau definiert werden und Sie Erfolg haben können.

Bauen mit dem Bauträger

Bauen zu Schnäppchenpreisen ist in Deutschland kaum mehr möglich: Grundstücke sind teuer und die Baukosten hoch. Deshalb ist das Bauen mit einem Bauträger für viele die Qual der Wahl. Sie schießen wie Pilze aus dem Boden und verschwinden genauso schnell wieder in der Versenkung. Um das Geschäft mit dem »Traum vom Eigenheim« ist ein Preiskampf entbrannt. Doch welcher Bauträger bringt die beste Leistung, wem können Sie vertrauen und Ihr Geld überlassen?

Die Angebote klingen verlockend: schlüsselfertig, schnelle Bauzeit, beste Materialien. Doch stimmt das auch? Gerade Bauträger stehen unter einem enormen finanziellen Druck. Sie müssen mit Kosten in Vorlage treten, bevor sie von ihren Bauherrn Geld gesehen haben. Das Beste ist deshalb kaum finanzierbar. Das sollten Sie wissen, wenn Sie mit einem Bauträger bauen.

Es gibt aber auch viele Vorteile: Wer »schlüsselfertig« baut, muss sich nicht mit dem Architekten herumplagen, hat keinen Ärger mit der Baubehörde und muss sich auch nicht um Handwerker und deren Rechnungen kümmern. So weit die Hoffnung eines jeden Bauherrn, der seine Immobilie vom Bauträger bauen lässt, aber die Realität sieht oft anders aus.

Kennzeichnend für einen Bauträgervertrag ist zunächst einmal, dass er ein schlüsselfertiges Gebäude anbietet. Der Bauträger baut ein Typenhaus in eigenem Namen oder lässt es durch einen Subunternehmer errichten. Im Idealfall sind die Kaufverträge für das Haus oder einzelne Wohnungen schon vorab unterzeichnet, bevor der erste Spatenstich erfolgt. Das entlastet seine Kasse, denn eigentlich müssen erst mit dem Beginn der Erdarbeiten die ersten Gelder fließen. Läuft alles glatt und kann der Bau erfolgreich abgeschlossen werden, steht am Ende der Kette der Käufer. Er ist verpflichtet, das fertige Gebäude oder eine der fertigen Wohnungen als Eigentümer zu übernehmen und den restlichen Kaufpreis zu entrichten. Das sollte aber keinesfalls vor der Endabnahme geschehen!

Übersicht: Der Begriff »schlüsselfertig« ist rechtlich ungeschützt

Der Begriff »schlüsselfertig« ist weder verbindlich definiert, noch sagt der Begriff etwas über die Bauweise aus. Dagegen bezeichnet der Begriff »bezugsfertig« den Abschluss wesentlicher Arbeiten, wie

Begehbarkeit des Wohnraums und das Vorhandensein der sanitären Einrichtungen. Außenputz oder Außenanlagen können aber noch fehlen. Schlüsselfertige Häuser werden als massives Typenhaus, als Fertighaus in Holzbauweise oder als Architektenhaus angeboten. Eine exakte Festlegung der Leistung des Bauunternehmers, konkrete Angaben zur Bauweise, etwa zum Wärme- und Schallschutz, zur Ausstattung des Hauses und zur möglichen Eigenleistung müssen in der Bau- und Leistungsbeschreibung detailliert festgehalten werden. Sie ist Bestandteil des Bauvertrags, der mit dem Bauträger oder Generalunternehmer abgeschlossen wird. Beim Architektenhaus gibt das Leistungsverzeichnis Auskunft über die einzelnen Gewerke.

In der Praxis wird häufig eine schlüsselfertige Übergabe versprochen. Definieren Sie mit dem Anbieter genau, was darunter zu verstehen ist. Sie können verlangen, dass Ihnen alles in einem einwandfreien Zustand übergeben wird. Steht beispielsweise nach dem Umzug noch Schutt und anderes Gerümpel auf dem Grundstück, kann die Zahlung der noch ausstehenden letzten Rate verweigert werden. Mit der letzten Rate haben Sie ein Druckmittel gegen die Baufirma in der Hand. Im § 641 BGB ist festgeschrieben, dass man in solch einem Fall mindestens das Dreifache des voraussichtlichen Mängelbeseitigungsbetrags vom Werklohn einbehalten kann.

Seien Sie schon bei der Auswahl des Bauträgers gründlich. Erkundigen Sie sich zunächst nach den Fakten. Ist er im Handelsregister eingetragen, und welcher Geschäftszweck ist eingetragen? Wie sehen die Mehrheits- und Beteiligungsverhältnisse aus? Seit wann existiert das Unternehmen? Die sogenannte Schufa für Unternehmer sind die Creditreform, Auskunftei Bürgel und andere Gesellschaften, die Daten über Bonität und Zahlungsverhalten zusammentragen und daraus ihr Urteil ableiten. Lassen Sie sich vom Bauträger eine solche Eigenauskunft vorlegen. Für seriöse Unternehmer kein Problem. Beantwortet werden sollten auch Fragen nach der konkreten Tätigkeit.

- Welche Baustellen sind zurzeit in Betrieb?
- Wie viel wurde bereits gebaut?
- Wo sind Bauten zu besichtigen?
- Wie sehen die Haftungsregelungen aus?
- Gibt es eine Referenzliste von Bauherren?

WISO rät

Schauen Sie sich bereits gebaute Häuser unbedingt an. Reden Sie mit den Bauherren. Scheuen Sie sich nicht, zu klingeln oder anzurufen. Es geht schließlich um viel Geld. Erkundigen Sie sich nach den aufgetretenen Problemen und wie der Bauträger mit der Mängelbeseitigung umgegangen ist.

Schwarze Schafe erkennen

Vorsicht ist geboten, wenn der Bauträger die Unterschrift unter zwei Verträgen verlangt, zum einen unter dem Bauvertrag und zum anderen für den Grundstückskauf beim Notar. Klappt es wider Erwarten nicht mit dem Grundstückskauf, bleibt grundsätzlich der Bauvertrag bestehen, da es sich um zwei getrennte Verträge handelt.

Große Probleme gibt es, wenn Sie als Käufer den Bauträger bezahlen, noch bevor Sie als Eigentümer im Grundbuch eingetragen sind, und dann der Bauträger Konkurs anmelden muss. Sie haben zwar im Prinzip einen Anspruch auf Fertigstellung des Baus oder auf Rückzahlung der bereits gezahlten Summe an den Bauträger – doch wenn dieser Konkurs anmelden muss, ist häufig nichts mehr zu holen. Wer dann noch nicht einmal das Bauland besitzt (Eintrag im Grundbuch) und keinen Pleiteschutz vereinbaren konnte, hat schlechte Karten. Da diese rechtlichen Zusammenhänge sehr unübersichtlich sind, nutzen einige Betrüger die Unwissenheit von Bauherren und gestalten die Verträge allein zu ihren Gunsten. Sie vereinnahmen zu hohe Anzahlungen und strenge Zahlungspläne, geben das Geld aber nicht oder nur mit Verzögerung an die Handwerker weiter. Im schlimmsten Fall sitzt der Käufer allein auf der Baustelle, die Handwerker kommen nicht mehr, weil kein Geld mehr fließt, und der Bauträger verschwindet ins Ausland. Kein Einzelfall!

WISO rät

Achten Sie darauf, dass die Verträge der Makler- und Bauträgerverordnung (MaBV) entsprechen. Darin geregelt ist zum Beispiel eine feste Ratenzahlung nach Baufortschritt, eine Pflichtversicherung, die im Pleitefall für den Bauträger einspringt und Ihre Immobilie fertigstellt. Auch eine sogenannte Bankbürgschaft schützt. Damit wird die Hausbank des Bauunternehmers verpflichtet, im Insolvenzfall das Haus fertigzustellen.

Übersicht: Keine Vorauskasse ohne Sicherheiten!

Eine Versicherungspflicht für den Pleitefall gilt nicht, wenn der Bauträger neben der Errichtung des Hauses oder der Wohnung auch die Übereignung des Grundstücks beziehungsweise eines Erbbaurechts schuldet (§ 2 Abs. 1 Satz 1 2. Hs. MaBV). In diesen Fällen beugt die MaBV dem Insolvenzfall des Bauträgers dadurch vor, dass der Bauträger Gelder (Vermögenswerte) des Käufers erst entgegennehmen darf, wenn bestimmte Voraussetzungen geschaffen sind. Dazu gehört zum einen der Baufortschritt, den der Käufer regelmäßig prüfen sollte. Zum anderen müssen rechtliche Voraussetzungen vorliegen, die den Erwerb lastenfreien Eigentums sichern. Hierzu schaltet das Gesetz den Notar als unparteilichen Betreuer des Käufers und Verkäufers ein, der die Wirksamkeit des Vertrages zu bestätigen hat und regelmäßig die Eintragung der Eigentumsvormerkung und das Vorliegen der Lastenfreistellungsvoraussetzungen überwacht (§ 3 Abs. 1). Erst dann wird der Kaufpreis fällig gestellt. Alternativ kann eine Sicherung über Bankbürgschaft erfolgen (§ 7 MaBV). Die MaBV mildert damit die Risiken des Käufers im Insolvenzfall des Bauträgers. Jedem Käufer muss dennoch klar sein, dass er ein nicht unerhebliches und nicht versichertes wirtschaftliches Risiko trägt, wenn der Bauträger – aus welchen Gründen auch immer – nicht zu Ende oder qualitativ schlecht baut. Mehr zur MaBV finden Sie auf den folgenden Seiten.

Vertrauen ist gut – Kontrolle immer besser

Grundstück, Haus, Finanzierung – alles aus einer Hand, klingt gut, aber ist es das auch? Ein gesundes Misstrauen sollten Sie schon mitbringen. Schließlich verkaufen Bauträger etwas, was es noch gar nicht gibt. Das Reihenhaus oder die Eigentumswohnung irgendwo auf der grünen Wiese existiert nur auf dem Papier, und bis zum ersten Spatenstich kann es noch lange dauern. Oft liegt nur eine Bauvoranfrage vor, und die Baugenehmigung ist noch nicht erteilt.

Selbstverständlich sollten Sie sich auch rechtzeitig um die Finanzierung Ihres Eigenheims kümmern. Doch ob das Angebot des Bauträgers wirklich das günstigste ist, muss bezweifelt werden. In der Regel arbeiten Bauträger mit Finanzierungsvermittlern zusammen, die eine Provision von der Bank oder Bausparkasse erhalten, wenn sie neue Kunden bringen. Die Provision, von der auch der Bauträger in irgendeiner Form profitiert, erhöht Ihre Kosten. Wie Sie die Finanzierung angehen sollten, erfahren Sie im Kapitel »Finanzieren – richtig rechnen vor dem Kauf«.

Klären Sie vor Vertragsabschluss alle wesentlichen Details und halten Sie die Punkte schriftlich fest. Zum Beispiel muss aus dem notariellen Kaufvertrag hervorgehen, dass Sie das Grundstück nur dann kaufen, wenn auch das Haus darauf steht. Die Verträge für Haus und Grundstück sind sonst voneinander unabhängig. Unbedingt notwendig ist eine genaue Bau- und Leistungsbeschreibung. Achten Sie hier auf allzu allgemeine Formulierungen wie »Einbau brauner Fenster« oder »Armaturen der Firma Select oder gleichwertig«. Schließlich gibt es Holz- oder Kunststofffenster, mit oder ohne Sprossen, lasiert oder lackiert, und teure Modelle sind abschließbar. Verlangen Sie Herstelleradressen und genaue Artikelnummern.

Vor der Beurkundung sollten Sie sich vom Bauträger unbedingt eine Vorabkopie sämtlicher Verträge sowie der Bau- und Leistungsbeschreibung zusenden lassen, um diese zusammen mit dem Notar, Rechtsanwalt oder einem Verbraucherschützer überprüfen zu können.

WISO rät

Kann Ihnen der Bauträger die notwendigen Informationen und Unterlagen nicht vorlegen, verspricht er viel und kann letztlich schriftlich nichts vorweisen, existieren nur Hochglanzprospekte und keine Architektenzeichnungen und Werkpläne, unterschreiben und vor allem zahlen Sie nichts!

Auf die Baubeschreibung kommt es an

Glauben Sie beim Kauf einer Eigentumswohnung oder eines Hauses nie den Angaben im Prospekt. Die blumigen Formulierungen der meisten Baubeschreibungen, etwa hochwertiges Parkett und Marmorfensterbänke, sind ohne Bemusterung, genaue Hersteller-, Produkt- und Preisangaben gegenstandslos. Legen Sie alles in der sogenannten Bau- und Leistungsbeschreibung fest. Sie ist Bestandteil des Bauvertrags. Mehr dazu finden Sie unter »Die Bau- und Leistungsbeschreibung: der Schlüssel zum Erfolg« auf Seite 147.

In der Baubeschreibung sollte zwar alles aufgeführt sein, was Ihnen wichtig ist, dennoch kommt es in der Praxis immer wieder zu Problemen. Die Fliesen, die darin aufgelistet sind, werden plötzlich nicht mehr hergestellt und es sollen andere verlegt werden, oder Sie wollen noch einmal das Holz für das Parkett ändern. Diese und andere Änderungen führen häufig zum Streit und anschließenden Mehrkosten. Deshalb ist es ratsam, die Baustelle regelmäßig zu besuchen. Kommt es vor Ort zu neuen Absprachen und Änderungen, sollten Sie diese unbedingt aufzeichnen:

Halten Sie alle mündlichen Absprachen in einer Art Bautagebuch schriftlich fest, und lassen Sie wichtige Entscheidungen vom Bauträger oder einem Handwerker auf der Baustelle abzeichnen.

Gehen Sie regelmäßig auf die Baustelle und nehmen Sie den Baufortschritt in Augenschein. Fehlen Arbeiter, arbeitet der Handwerker mangelhaft oder haben Sie Reklamationen, sollten Sie diese Vorkommnisse direkt melden.

Vergleichen Sie den Stand der Bauarbeiten mit der Planung. Ist alles noch im Zeitplan?

Vereinbaren Sie regelmäßige, gemeinsame Begehungen.

Haben Sie Sonderwünsche, zum Beispiel, weil Sie jetzt doch die teureren Sicherheitsfenster haben wollen, wird immer wieder Geld im Voraus verlangt.

Achtung!
Zahlen Sie grundsätzlich nur für Leistungen, die auch tatsächlich erbracht wurden, nicht mehr! Denn nur wenn alles wie vereinbart bleibt, ist der Unternehmer an den Festpreis gebunden.

Kaufen Sie eine schlüsselfertige Immobilie zum Festpreis, dann sollte dieser Preis bis zum Ende der Bauzeit garantiert sein. Lassen Sie sich nicht auf sogenannte Preisgleitklauseln ein. Wenn doch, werden Lohnerhöhungen, Preissteigerungen und Inflationsraten an Sie weitergegeben. Das kann den Festpreis zum Teil stark erhöhen. Zahlen Sie die Baukosten nicht auf einmal, sondern in Raten, je nach Baufortschritt. (Lesen Sie dazu den Abschnitt »Ratenzahlung nach Baufortschritt« auf Seite 112.) In der Makler- und Bauträgerverordnung sind bis zu 15 Stufen vorgesehen. Zum Beispiel können mit Fertigstellung der Rohbauarbeiten einschließlich Zimmerarbeiten 40 Prozent der Bausumme verlangt werden. Ziehen Sie Eigenleistungen vom

Festpreis ab. Achten Sie darauf, dass Ihnen neben den eingesparten Materialkosten auch der Lohnkostenanteil gutgeschrieben wird.

Achtung!
Eigenleistungen, zum Beispiel für Fliesen- oder Tapezierarbeiten, die später vereinbart werden, führen in der Regel nicht zu angemessenen Einsparungen. Oft reicht das Geld nicht einmal für den Kauf des billigsten Baumarktmaterials. Im Garantie- und Gewährleistungsfall gehen Sie bei Eigenleistung fast immer leer aus.

Übersicht: Mit Eigenleistung Kosten senken

Die Idee ist gut, aber die Umsetzung oft schwierig. Wer mit Eigenleistung Geld sparen will, sollte sein Vorhaben eher vorsichtig kalkulieren. Mehr als 10 Prozent Ersparnis ist für Berufstätige nicht realistisch. Der Grund: Da selbst handwerklich geschickte Bauherren annähernd doppelt so lange für die Arbeiten benötigen wie Profis, können leicht mehrere Hundert Arbeitsstunden zusammenkommen. Am meisten sparen Sie, wenn Sie Arbeiten mit hohem Lohnkostenanteil übernehmen.

Bevor Sie Eigenleistungen einplanen, sollten Sie sich jedoch gut überlegen, ob Sie fachlich und zeitlich dazu zuverlässig in der Lage sind. Sie müssen jedoch nicht alles alleine stemmen, engagieren Sie sich Helfer. Nachbarn, Freunde und Verwandte, die auf der Baustelle mit anpacken, müssen jedoch vom Bauherrn bei der Berufsgenossenschaft der Bauwirtschaft (BG BAU) innerhalb einer Woche nach Beginn der Bauarbeiten angemeldet werden. Dies gilt unabhängig davon, ob mithelfende Personen unentgeltlich arbeiten oder gegen Bezahlung. Das kostet den Bauherren regional unterschiedlich zwischen 1,73 und 2,21 Euro pro Helfer und Arbeitsstunde.

Wer der Melde-, Nachweis- und Aufzeichnungspflicht nicht nachkommt, riskiert ein Bußgeld bis zu 2500 Euro. Die Beitragspflicht entfällt allerdings bei kurzfristigen Gefälligkeitsleistungen von Verwandten oder wenn alle Helfer zusammen nicht mehr als 39 Stunden arbeiten.

Der Bauherr ist auch für die Sicherheit auf der Baustelle verantwortlich: Die Baustelle muss mit Gerüsten abgesichert sein, und die Helfer müssen Schutzkleidung tragen. Für Schäden, die der Bauherr selbst verursacht, übernimmt der Bauträger keine Gewährleistung. Hat dagegen ein Handwerker gepfuscht, kann dieser zur Kasse gebeten werden.

Lassen Sie sich schon vor Vertragsabschluss von der Baufirma eine Aufstellung der Material- und Lohnkosten für die Eigenleistungen unterbreiten. Versuchen Sie, die Baustoffe günstig über die Baufirma zu beziehen, bevor Sie selbst einkaufen gehen. Übernehmen Sie grundsätzlich nur Tätigkeiten, die sich von den Vertragsleistungen der Hausbaufirma oder des Bauträgers konkret abgrenzen lassen. Vermeiden Sie, dass es durch Ihre Eigenleistung zur Verzögerung am Bau und damit zum Handwerkerstau auf der Baustelle kommt. Achten Sie darauf, dass der vertraglich vereinbarte Fertigstellungstermin durch die Erbringung Ihrer Eigenleistung nicht gefährdet wird.

Stimmen Sie Arbeiten und Termine für Ihren Eigeneinsatz mit dem Architekten, der Hausbaufirma oder dem Bauträger genau ab. Die vereinbarte Eigenleistung und die damit verbundenen Gutschriften sollten Sie in den Vertrag aufnehmen.

Bei einem Festpreis sollten Sie bei einem Neubauvorhaben überprüfen, ob alle wichtigen Punkte in der Baubeschreibung aufgelistet sind. Dabei kommt es auf die Details an. Fragen Sie vor allem, welche Leistungen sich hinter den Stichwörtern Baustelleneinrichtung, Erdaushub und Hausanschlüsse verbergen. Immer wieder versuchen Handwerksfirmen, Bauträger und Fertighaushersteller, schon vor dem eigentlichen Baubeginn über eine mangelhafte Beschreibung des Leistungsumfangs zusätzliche Kosten abzurechnen.

Baustelleneinrichtung Klären Sie Art und Umfang der damit verbundenen Leistung ab. Nur so können Sie unberechtigte Forderungen von Baubeginn an abwehren. Erkundigen Sie sich, ob folgende Arbeiten im Festpreis inbegriffen sind:

- Baustrom und Bauwasser (wenn das Grundstück noch nicht erschlossen ist, können gerade für Provisorien zusätzliche Kosten entstehen)
- Bauschuttcontainer, Baureinigung und Container zur Entsorgung

- Baustellentoilette, Bauschild, Baucontainer
- Befestigung, Standort für Baukran und Schwerlastfahrzeuge
- Baugerüst

Erdarbeiten Lassen Sie Mutterboden und Teile des Erdaushubs wenn möglich auf Ihrem Grundstück fachgerecht lagern. Der Bodengutachter gibt Ihnen die entsprechenden Angaben, welches Material zum Wiederverfüllen geeignet ist. Erkundigen Sie sich danach, ob Sie, falls die Muttererde wegtransportiert wird, dafür extra zahlen müssen. Bestehen Sie darauf, dass Sie Ihren Aushub wiederbekommen.

Hausanschlüsse Zu unterscheiden ist zwischen den öffentlichen Erschließungskosten für Straßen, Wege oder Grünflächen, dem Verlegen der Hauptkanäle für Wasser und Abwasser sowie den Hauptleitungen für Gas, Strom und Telefon. Die Erschließungskosten und die Hausanschlusskosten sollten zumindest beim Kauf vom Bauträger enthalten sein.

WISO rät

Erkundigen Sie sich bei Ihrer Gemeinde, welche Erschließungskosten bei Ihrem Bauvorhaben anfallen. Holen Sie außerdem die entsprechenden Angebote von den ortsansässigen Versorgungsunternehmen ein. Lassen Sie sich die Angaben schriftlich geben. Vergessen Sie diese Kosten nicht bei Ihren Kalkulationen.

Alle Verbraucherschutzorganisationen warnen vor unpräzisen und unvollständigen Formulierungen in der Baubeschreibung. Außerdem werden von jedem Fertighaushersteller, Bauträger und Generalunternehmer unterschiedliche Vorlagen verwendet, deren Umfang und Qualität sehr verschieden sind. Oft wird darin von hochwertigen Baustoffen gesprochen, ohne diese genau zu definieren oder präzise Produktangaben zu machen.

Doch nur was darin angegeben ist, wird auch vom Unternehmer ausgeführt. Was nicht aufgelistet ist, können Sie später nur schwer durchsetzen. Vor allem sind dadurch höhere Kosten und ein Zeitverlust programmiert.

Bislang gibt es keine gesetzliche Vorlage für private Bauherren und auch keine entsprechende Richtlinie für eine Baubeschreibung. Der Bundesverband der Verbraucherzentralen (www.vzbv.de) ringt jedoch zusammen mit dem Kompetenzzentrum (www.kompetenzzentrum-iemb.de) seit Jahren darum. Mehr Informationenfinden finden Sie dazu im Kapitel »Der Bauvertrag«.

Die Makler- und Bauträgerverordnung (MaBV)

Schließen Sie als Bauherr einen Vertrag nach der Makler- und Bauträgerverordnung ab. Damit hat der Gesetzgeber eine wesentliche Gesetzeslücke geschlossen. Nach der »Verordnung über die Pflichten der Makler, Darlehens- und Anlagenvermittler, Bauträger und Baubetreuer« muss der Bauträger grundsätzlich Versicherungen abschließen oder Sicherheiten leisten, bevor er von den Käufern Vermögenswerte vereinnahmen darf. Also erst die Leistung, dann das Geld. Zu versichern sind auch etwaige Schadensersatzansprüche der Käufer gegen den Bauträger beziehungsweise seine Mitarbeiter, falls diese gegen die Vermögenswerte der Käufer vorsätzlich und unerlaubt handeln. Mit anderen Worten: Es gibt eine Versicherung gegen die gängigen Arten von Betrügereien. Sollte sich nämlich herausstellen, dass Mitarbeiter oder Geschäftsführer der Bauträgergesellschaft das Geld der Kunden unterschlagen oder veruntreut haben, sind die geprellten Kunden um eine Erfahrung reicher, haben aber finanziell nichts verloren. Die Versicherungsgesellschaft muss den entstandenen Schaden ersetzen.

WISO rät

Bestehen Sie auf einem Vertrag mit der Baufirma nach der Makler- und Bauträgerverordnung. Sie schützt den Bauherrn davor, hohe Abschlagsraten zu zahlen, ohne im Besitz des Grundstücks zu sein. Die MaBV schreibt zwingend die Höhe der Abschlagszahlungen entsprechend dem Baufortschritt vor. Denn der Bauträger überreicht das Grundstück grundsätzlich erst nach vollständiger Zahlung aller Abschlagszahlungen. Wird die Vorschrift nicht beachtet, besteht das Risiko, dass die Baufirma die Abschlagszahlungen für sich günstiger gestaltet.

Ratenzahlung nach Baufortschritt

Haben Sie die Verträge nach der MaBV unterschrieben und liegen alle Voraussetzungen für den Baubeginn vor, darf der Bauträger nicht den gesamten

Baupreis auf einmal verlangen. Nach der Makler- und Bauträgerverordnung kann der Bauträger nur in Teilbeträgen und zu den jeweils angegebenen Terminen Zahlungen vom Bauherrn entgegennehmen:

- 30 Prozent von der Vertragssumme nach Beginn der Erdarbeiten; wird kein Grundstück verkauft, sondern nur ein Erbbaurecht eingeräumt, reduziert sich dieser Anteil auf 20 Prozent.
- 40 Prozent der Vertragssumme können vom restlichen Teil mit der Rohbaufertigstellung einschließlich Zimmerarbeiten eingefordert werden.

Die weiteren Prozentsätze sind jeweils von dem Teil der Vertragssumme zu berechnen, der nach Abrechnung der ersten Rate verbleibt. In der Praxis sind Raten nach folgenden Anteilen zu bilden:

- 8 Prozent für die Herstellung der Dachflächen und Dachrinnen,
- 3 Prozent für die Rohinstallation der Heizungsanlagen,
- 3 Prozent für die Rohinstallation der Sanitäranlagen,
- 3 Prozent für die Rohinstallation der Elektroanlagen,
- 10 Prozent für den Fenstereinbau einschließlich Verglasung,
- 6 Prozent für den Innenputz, ausgenommen Beiputzarbeiten,
- 3 Prozent für den Estrich,
- 4 Prozent für die Fliesenarbeiten im Sanitärbereich,
- 12 Prozent nach Bezugsfertigkeit und Zug um Zug gegen Besitzübergabe,
- 3 Prozent für die Fassadenarbeiten,
- 5 Prozent nach vollständiger Fertigstellung.

Achtung!
Immer wieder wird versucht, im Bauvertrag Vereinbarungen zu treffen, die den Käufer benachteiligen. So soll etwa nur in sieben Raten gezahlt werden. Oder es wird verlangt, dass die Raten entsprechend dem tatsächlichen Bauablauf vom Bauträger nach billigem Ermessen abgerufen werden können, wovon dringend abzuraten ist.

In individuell ausgehandelten Verträgen sind viele Zahlungsvarianten möglich. Es empfiehlt sich jedoch, einen Zahlungsplan zu wählen, der von Verbraucherschützern erarbeitet wurde. Bei individuell ausgehandelten Verträgen stehen die Chancen im Streitfall immer schlechter. Der Gesetzgeber geht nämlich davon aus, dass bei Individualverträgen ausführliche Gespräche zwischen Käufer und Bauträger stattgefunden haben und deshalb beide Parteien wussten, was sie unterschrieben haben. Das kann sogar so weit gehen, dass der Bauträger seine Haftung nach der Endabnahme völlig ausschließt.

Bankbürgschaften

Die meisten Hausanbieter bestehen darauf, dass Ihre Zahlungen durch eine Bankbürgschaft sichergestellt werden müssen. Zum Beispiel legen Ihnen Bauträger dazu Formulare vor, die Ihr Kreditgeber in Absprache mit Ihnen unterschreiben soll. Mit dieser Bürgschaft, also einem Schuldversprechen, erhalten die Firmen einen Anspruch auf Auszahlung durch das Kreditinstitut, wenn Sie zahlungsunfähig werden sollten. Die Banken lassen sich diese Leistung mit ein bis drei Prozent der Kreditsumme bezahlen. Kosten, die nicht der Bauträger, sondern Sie als Bauherr bezahlen müssen.

Diese Zusatzkosten können Sie vermeiden, wenn Sie der Baufirma eine sogenannte Finanzierungsbestätigung vorlegen. Das heißt, die Bank bestätigt, dass sie Ihre finanziellen Verhältnisse geprüft hat und sich bereiterklärt, einen Darlehensvertrag mit Ihnen abzuschließen. Das kostet nichts und reicht vielen Verkäufern auch aus.

Manche Vertragspartner verlangen, dass Sie beim Notartermin einen mit Ihrer Bank geschlossenen Darlehensvertrag vorlegen und eine Abtretungserklärung Ihrer Bank übergeben. Sie gewährleistet ebenfalls, dass die Zahlungen Ihrer Bank direkt an den Unternehmer oder auf ein von ihm benanntes Konto fließen werden. Dies bietet zum Beispiel einem Hausverkäufer ausreichende Sicherheit und verursacht bei Ihnen keine zusätzlichen Kosten. Großer Nachteil: Zahlungen können möglicherweise gegen Ihren Willen erfolgen. Vorsicht auch bei Bankbürgschaftsformularen, in denen Ihnen das Leistungsverweigerungs- und Zurückbehaltungsrecht aberkannt werden soll. Danach können Sie in Anerkennung dieser Bürgschaft auch dann kein Geld zurückbehalten, wenn die vereinbarte Bauleistung nicht erbracht ist oder wenn Mängel auftreten. Solche Klauseln sollten Sie streichen.

Nicht nur Bauherren können zahlungsunfähig werden, sondern auch Baufirmen. Lassen Sie sich deshalb auch von Ihrem Vertragspartner eine Bankbürgschaft beziehungsweise eine Sicherheitsleistung für die Fertigstellung und die Gewährleistungszeit geben. Damit können Sie sich im Pleitefall des Bauträgers vor hohen Verlusten schützen. Eine Bürgschaft, die der Bauträger zu Ihrer Sicherheit vorlegen soll, muss von ihm abgeschlossen, nachgewiesen und bezahlt werden. Er wird jedoch versuchen, diese Kosten auf Sie als Bauherrn abzuwälzen.

Statt einer Gewährleistungsbürgschaft kann im Einzelfall ausnahmsweise eine Versicherung gegen Mängelansprüche akzeptiert werden. Eine gute Absicherung bringt die sogenannte Vertragserfüllungsbürgschaft, die am besten 15 bis 20 Prozent über der Bausumme liegt. Mit ihr ist man hinsichtlich entsprechender Schadensersatzansprüche aus dem Bauvorhaben sowie bei einer eventuellen Pleite der Baufirma abgesichert.

Immer wieder wird auch versucht, dem Bauherrn Vorauszahlungen abzuringen. Das sollten Sie nicht tun. Es wird nur nach Baufortschritt in Raten gezahlt: Erst die Leistung, dann das Geld. Geht der Bauunternehmer Pleite und Sie haben bereits im Voraus bezahlt, ist das Geld weg. Eine Absicherung kann auch hier nur eine Bürgschaft – in diesem Fall eine sogenannte Vorauszahlungsbürgschaft – bieten, die von der Hausbank des Bauunternehmers gestellt werden muss. Damit haben Sie als Bauherr bei zweckwidriger Verwendung des Geldes oder bei Nichtleistung der Firma einen Anspruch gegenüber der Bank. Weigert sich der Unternehmer, auf solch eine Verfahrensweise einzugehen, sollten bei Ihnen alle Alarmglocken läuten.

Kein Bauunternehmer wird von einem solchen Ansinnen gerne hören. Denn er muss solche Absicherungen und Bürgschaften mit seiner Bank aushandeln. Dies ist teuer und setzt ebenfalls in den meisten Fällen ein entsprechendes Bankvermögen voraus. Auch die Bank als Bürge will ihr Risiko begrenzen. Sie wird mindestens die ausgereichte Bürgschaft auf die Kreditlinie des Bauträgers anrechnen. Seine Liquidität wird damit erheblich geschmälert. Dennoch sollte man als Bauherr zur Absicherung des Insolvenz- und Fertigstellungsrisikos hartnäckig bleiben. Insbesondere bei kleinen und jungen Bauträgerfirmen, erst recht bei Firmen, die sich ausschließlich nur zur Erstellung dieses Bauvorhabens gegründet haben. Das gilt vor allem, wenn der Bauträger in Form einer GmbH oder einer Ltd. (Limited company) auftritt. Denn dann ist die Haftung begrenzt. Eine GmbH haftet im Zweifel nur mit dem Gesellschaftsvermögen, also mit einer gesetzlichen Stammeinlage von 25 000 Euro. Die Ltd. benötigt nicht einmal diese Stammeinlage. Damit fangen Sie Ihre Probleme bei einem »Stau am Bau« aber in keiner Weise ab. Außerdem müssen Sie davon ausgehen, dass Sie im Insolvenzfall nicht der einzige Gläubiger sind, der von dem insolvent gegangenen Bauträger etwas zu bekommen hat.

WISO rät

Zur Absicherung Ihres Bauvorhabens sollten Sie unbedingt auf einer Fertigstellungs- und einer Gewährleistungsbürgschaft des Bauunternehmers bestehen. Als Bürgen sollten nur seriöse Partner wie Großbanken akzeptiert werden.

Die Risiken beim Bau mit Bauträger

Vom Bauträger kaufen heißt, dass Sie Ihr Haus inklusive Grundstück erwerben. Als Bauträger können Wohnungsbaugesellschaften, Bauunternehmer, Architekten, Baubetreuer, Immobiliengesellschaften, Makler, selbst Unternehmer mit fachfremder Ausbildung auftreten. Der Begriff ist rechtlich nicht geschützt. Der Bauträger selbst koordiniert meist nur das Gesamtbauvorhaben als Kaufmann. Die fachlichen Aufgaben delegiert er oft an Subunternehmer. Fachliche Qualifikationen werden nicht verlangt oder geprüft.

Wenn Sie sich dennoch mit dem Gedanken tragen, Ihr Haus mit einem Bauträger, Fertighaushersteller oder Generalunternehmer zu bauen, dann geht es Ihnen wie den meisten. Inzwischen werden schätzungsweise 70 bis 80 Prozent aller Ein- und Zweifamilienhäuser schlüsselfertig vom Bauträger erstellt. Oft geht alles gut, aber tatsächlich stecken vor allem in der Bonität des Bauträgers, in den Verträgen und im Bauablauf ungeahnte Risiken.

Wer mit einem Bauträger baut, sollte deshalb so gut es geht vorbeugen. In der Regel hat man zwei Möglichkeiten, mit dem Bauträger ins Geschäft zu kommen. Entweder Sie sind ab Projektbeginn in das Bauvorhaben involviert, die Planung erfolgt also in enger Abstimmung zwischen Bauherr und Bauträger, der Ihnen dann das schlüsselfertige Gebäude übergibt oder in einem festgelegten Ausbauzustand erstellt. Das ist fast ideal, denn Sie haben als Bauherr größere Einflussmöglichkeiten. Oder Sie erwerben eine fertige Immobilie, was gerade bei Kapitalanlegern üblich ist. Lage, Konzeption und Preis stehen hier fest. Sie können die Immobilie in Augenschein nehmen und bewerten. Allerdings ist der Putz dann auch schon drauf. Das heißt, wenn darunter gepfuscht wurde, zum Beispiel in Form von schiefen Mauern oder zu breiten Fugen, bleibt Ihnen das verborgen.

Ihre Vorteile beim Kauf des fertigen Objekts: Sie kaufen eine fix und fertige Eigentumswohnung, ein Reihenhaus oder gar das freistehende Einfamilienhaus. Das Kaufrisiko ist begrenzt, denn Sie können die fertiggestellte

Immobilie in Ruhe bewerten und müssen den Kaufpreis erst bei Übergabe der Immobilie bezahlen.

Nachteile beim Kauf eines fertigen Objekts: Mitgestaltung, Sonderwünsche und Eigenleistungen sind in der Regel nur noch sehr eingeschränkt möglich.

Bauen Sie mit dem Bauträger gemeinsam, sind die finanziellen Risiken größer. Auch bei vereinbarter Teilzahlung nach Baufortschritt können Sie bei Insolvenz des Bauträgers finanzielle und terminliche Schwierigkeiten bekommen. Die Baustelle steht still, sobald der Bauträger Ihr Geld nicht an die Handwerker weitergibt. Wenn Sie aus Ihrer derzeitigen Wohnung ausziehen und Miete sowie Zwischenfinanzierungen zahlen müssen, kann das Ihre sorgfältigen Kalkulationen erheblich durcheinanderbringen. Bereits bezahltes Geld kann für immer verloren sein. Das Risiko besteht ohne vertragliche Absicherung, zum Beispiel durch eine Bürgschaft, immer.

WISO rät

Im Fall eines Konkurses müssen Sie mit einem vereidigten Sachverständigen eine umfassende Bestandsaufnahme der Leistungen des Bauträgers vornehmen. Nur so können Sie Ihre Forderungen beziffern und bei Gericht durchsetzen – vorausgesetzt, es ist noch etwas zu holen.

Wenn es finanziell eng wird, sparen die meisten Bauträger zuerst an der Qualität. Das ist verständlich, schließlich will der Bauträger seine Investitionen und Risiken minimieren. Investiert er zu viel in ein Bauvorhaben und kann er die entsprechenden Verkaufspreise nicht erzielen, droht den meisten Bauträgern durch ein einziges schlechtes Projekt die Insolvenz.

Übersicht: Pfusch ist ein erstes Warnsignal

Pfusch am Bau ist ein häufiges Problem, wenn Bauunternehmen in Insolvenz gehen, wie sich in der Beratungspraxis beim Verein *wohnen im eigentum* gezeigt hat. Deshalb empfiehlt der Verbraucherschutzverein allen Baukunden, sich beim ersten Anzeichen von Liquiditätsproblemen ihres Auftragnehmers einen fachkundigen Architekten oder Bauingenieur zur Seite zu holen. So kann oft noch rechtzeitig die Mängelbeseitigung durchgesetzt werden. Bei baubegleitenden Qualitätskontrollen kommen immer wieder gravierende Mängel zutage, die von Firmen erledigt wurden, die während der Bauphase Konkurs anmelden mussten. In einem Fall wurden schiefe Außenwände hinterlassen, die nicht lotrecht (senkrecht) gemauert waren, die Abweichungen betrugen bis zu fünf Zentimeter. Diesen Abstand versuchten andere Handwerker mit dem Wärmedämmverbundsystem auszugleichen, ohne jedoch vorher auf den Mangel hinzuweisen. So wurden die Dämmplatten lotrecht auf dem Mauerwerk aufgeklebt, mit dem Ergebnis, dass die Platten oben einen Abstand zum Mauerwerk von bis zu vier Zentimeter aufwiesen. Die Folgen: Solch ein großer Abstand kann einerseits zu einem Kaltluftstrom hinter der Dämmung führen, zum anderen besteht die Gefahr der späteren Aufschüsselung und Verformung der Platten durch Winddruck.

Weitere Mängel: An den Anschlüssen zu anderen Bauteilen wurden keine Kompri-Bänder eingebaut. Dies verstößt gegen die anerkannten Regeln der Technik und entspricht auch nicht den Herstellerempfehlungen. Die Trennfuge zwischen den beiden Häusern war nicht fachgerecht, im oberen Bereich nicht vorhanden und so weiter. Der Bauleiter wurde nach der Erstellung des Rohbaus ausgetauscht, es stellte sich heraus, dass er – ebenso wie die Handwerker – nicht ausreichend qualifiziert war. Die gesamte Wärmedämmung musste entfernt und neu aufgebracht werden.

Vorher Expertenrat einholen

Etwa ein Prozent der Bausumme sollte für Bausachverständige, Gutachten und Vertragsprüfung ausreichen, um sich beim Bau vor den schlimmsten Risiken zu schützen. Hier lohnt Sparen nicht. Seriöse Berater, wie vereidigte Bausachverständige oder Fachanwälte für Baurecht und Architekten, nehmen dafür ein nachvollziehbares Honorar. Bauherrenschutzgemeinschaften arbeiten ähnlich wie der Mieterbund, also nur für Mitglieder. In der Aufnahmegebühr und einem monatlichen Beitrag sind bestimmte Leistungen abgegolten, andere müssen extra bezahlt werden. Zu den inkludierten Leistungen gehören Beratung beim Kauf, beim Grundstückserwerb, bautechnische Prüfung der

Vertragsunterlagen, Baustellenprotokolle, Hilfestellung bei der Finanzierung und bei Bauproblemen sowie fachliche Betreuung in der Gewährleistungszeit.

Übersicht: Ein Blick in die Mängelstatistik

Aus den Erfahrungsberichten von Verbraucherschutzverbänden lässt sich erkennen, dass es vor allem mit Bauträgern und Schlüsselfertiganbietern immer wieder zu Problemen kommt. Etwa ein Drittel aller Verträge und Leistungsbeschreibungen wurde vom Verband der Privaten Bauherren als mangelhaft eingestuft. Bei Neubauten seien vor allem die Ausführungen von Außenwänden und den Kellern zu beanstanden gewesen. Die beauftragten Sachverständigen gaben an, dass 87 Prozent der von ihnen begutachteten Fälle davon betroffen waren. Fast drei Viertel aller Häuser hätten eine schlechte Dämmung, und 60 Prozent der Außenwände seien bautechnisch nicht korrekt ausgeführt. Kältebrücken oder nicht winddichte An- und Abschlüsse könne ein Laie aber kaum oder nicht erkennen. Bei fast drei Vierteln aller Altbauten war die Haustechnik veraltet, und die Wärmedämmung entsprach zu 70 Prozent nicht den heutigen Standards. Bei zwei Dritteln war der Keller und bei mehr als der Hälfte der begutachteten Häuser das Dach zu beanstanden.

Außerdem sollte sich der Käufer zur Beurkundung an einen Notar seines Vertrauens wenden. Wird Ihnen der Notar vom Bauträger quasi aufgedrängt, kann man davon ausgehen, dass beide bereits miteinander gearbeitet haben und schon alte Hasen auf dem Gebiet sind. Da schneiden Sie als Neuling im Zweifelsfall immer schlechter ab. Sollten sich bei den Vertragsverhandlungen oder nach Vertragsabschluss Schwierigkeiten ergeben, ist zu vermuten, dass dieser Notar dann dem Bauträger nähersteht.

WISO rät

Da der Käufer in der Regel die Notarkosten trägt, hat er auch das Recht, sich einen Notar seiner Wahl zu suchen. Nur dann kann er sich darauf verlassen, mit einem neutralen Notar zu tun zu haben. Um den richtigen Notar zu finden, sollten Sie sich zum Beispiel bei den anderen Bauherren, die mit dem Bauträger bauen, nach deren Erfahrungen erkundigen. Bei der Vermittlung von Adressen helfen auch die Verbraucherzentralen und die ortsansässigen Notarkammern.

Darauf sollten Sie vor Vertragsabschluss achten!

Notar Die Beurkundung durch einen Notar ist, wie immer bei Grundstücksangelegenheiten, auch beim Bauträgervertrag vorgeschrieben. Sie ist jedoch keine Garantie dafür, dass die Interessen des Käufers optimal gewahrt sind. Der Notar hat die Pflicht, unparteiisch zu beurkunden, muss also beiden Seiten gerecht werden. Doch gerade darin besteht so manche Schwierigkeit. Der Notar darf nicht wie ein Rechtsanwalt nur eine Partei intensiv beraten, sonst würde er riskieren, gegen seine Unparteilichkeit zu verstoßen. Viele trauen sich auch nicht, am Beurkundungstag bei jedem Satz, den der Notar vorliest, nachzufragen, um Erläuterungen zu bitten und Änderungen zu verlangen. Der notarielle Kaufvertrag ist tatsächlich für Unkundige schwer verständlich. Deswegen sollten Sie sich vorbereiten. Dazu gehört, dass Sie sich rechtzeitig vor dem Notartermin die Verträge in Kopie zuschicken lassen, um sie gegebenenfalls mit einem Anwalt zu überprüfen. Achten Sie beim Unterzeichnen darauf, dass der Vertrag auch der Kopie entspricht, die Sie zuvor erhalten und geprüft haben.

Prospekt Verlassen Sie sich nicht darauf, was im Prospekt steht oder versprochen wurde. Es gilt nur, was im Vertrag und der dazugehörigen Bau- und Leistungsbeschreibung steht.

Klauseln Vorsicht ist bei Klauseln geboten, die eine Abweichung von der Baubeschreibung gestatten. Es sollte geregelt sein, dass jede nachträgliche Abweichung wirtschaftlich und architektonisch der vorherigen Regelung gleichwertig entspricht.

Festpreis Als Käufer eines Hauses vom Bauträger sollten Sie auf folgende Formulierung im Vertrag bestehen: »Der im Kaufvertrag genannte Festpreis für Haus und Grundstück entspricht den Gesamtbaukosten. Dazu gehören sämtliche Kosten nach DIN 276 einschließlich aller Nebenkosten. Zusatzkosten werden nachfolgend aufgeführt: …«

Fertigstellungstermin Im Vertrag sollten in jedem Fall Baubeginn und Fertigstellungstermin des Objekts enthalten sein. Bei Eigentumswohnungen kann es dabei zu unterschiedlichen Daten für das Wohneigentum und für das Gemeinschaftseigentum kommen. Zum Beispiel werden für Flure, Waschküchen, technische Einrichtungen und Außenanlagen spätere Fertigstellungstermine vereinbart. Vorsicht bei Formulierungen wie »Fertigstellung 180 Tage nach Erhalt der Baugenehmigung«. Dann ist für den Bauherrn das Bauende völlig ungewiss. Termintreue bietet der Bauträger aber nicht ohne Druck. Deshalb sollten Sie auf jeden Fall Verzugsstrafen festsetzen.

Sicherheitsleistungen Bestehen Sie auf Sicherheitsleistungen. Das gilt für Geldzahlungen, aber auch für die Gewährleistung. Sie sollten sich die Gewährleistungsansprüche des Bauträgers gegen die Baufirma und gegen den Architekten als zusätzliche Sicherheit abtreten lassen. Dies darf nicht anstelle, sondern nur neben die Bauträgerhaftung treten.

Gewährleistung Der Bauträger ist verpflichtet, Ihnen eine Aufstellung zu übergeben, woraus ersichtlich wird, welche Firmen welche Leistungen ausgeführt haben und wie die Gewährleistungsfristen aussehen.

Handwerker Meist ist vorgesehen, dass Handwerker direkt vom Bauherrn mit nachträglichen Sonderwünschen beauftragt werden. Davon ist abzuraten, weil sich dadurch die Verjährungsfristen aufspalten und die Abgrenzung, wer einen späteren Mangel zu vertreten hat, schwierig werden kann.

Vollmacht Seien Sie vorsichtig bei Vollmachten! Zum Beispiel sollten Sie eine vorgedruckte Formulierung zur Teilungserklärung (beschreibt das Rechtsverhältnis innerhalb der Wohnanlage), die dem Bauträger eine nachträgliche Änderung erlaubt, unbedingt im Vertrag streichen.

Altbauten Bei sanierten Altbauten sind die Haftungsausschlüsse beziehungsweise Haftungsbeschränkungen zu prüfen. Die in diesem Zusammenhang oft unwirksamen »Schiedsgutachterklauseln« bergen das Risiko, dass Rechtsfragen von einem Sachverständigen wegen fehlender juristischer Kompetenz falsch entschieden werden.

Abnahme Eine sogenannte stillschweigende Abnahme sollte ausgeschlossen werden. Auch vor der Erteilung einer Abnahmevollmacht an Dritte, zum Beispiel an einen vom Bauträger bestimmten Verwalter oder unbenannten Sachverständigen, ist zu warnen.

Zahlungsplan Abweichungen vom Zahlungsplan nach der Makler- und Bauträgerverordnung sind zwar unzulässig, aber in der Praxis immer wieder zu finden. Zahlen Sie nur, wenn die Leistung auch erbracht ist. Eine schlichte Mitteilung des Bauträgers oder des Architekten als Nachweis für den Baufortschritt sollten Sie nicht akzeptieren.

Vorauszahlung Immer häufiger werden mit Vertragsunterzeichnung auch Vorauszahlungen verlangt. Im Gegenzug sollte der Bauträger eine Bankbürgschaft vorweisen. Damit können Sie sich Ihre Rückzahlungsansprüche sichern. Als Käufer sollten Sie die Bürgschaft genau überprüfen. Handelt es sich um eine Privatperson, sollten Sie diese Regelung ablehnen. Eine solche Bürgschaft sichert nicht alle juristisch denkbaren Ansprüche ab, und wenn es ernst wird, ist ein Streit mit den Bürgen programmiert. Halten Sie sich an die Ratenzahlung, dann bleibt Ihnen in jedem Fall ein Zurückbehaltungsrecht, wenn die Leistung nicht dem Vereinbarten entspricht.

Viele Verbraucherzentralen prüfen Kaufverträge und Bauleistungsbeschreibung gegen ein geringes Entgelt. Hier einige nützliche Adressen:

Verbraucherzentrale Bundesverband e. V.
»Pillbox« – Markgrafenstraße 66
Besuchereingang: Rudi-Dutschke-Straße 17 (ehemals Kochstraße 22)
10969 Berlin
Tel.: 030/25800-0
Fax: 030/25800-218
E-Mail: info@vzbv.de
www.vzbv.de

Bauherren-Schutzbund e. V.
Bundesbüro: Kleine Alexanderstraße 9-10
10178 Berlin
Tel.: 030/3128001
Fax: 030/31507211
E-Mail: office@bsb-ev.de
www.bsb-ev.de

Verband Privater Bauherren e. V.
Bundesbüro: Chausseestraße 8
10115 Berlin
Tel.: 030/278901-0
Fax: 030/278901-11
E-Mail: info@vpb.de
www.vpb.de

wohnen im eigentum e. V.
Thomas-Mann-Straße 5
53111 Bonn
Tel.: 0228/7215861
Fax. 0228/7215873
E-Mail: info@wohnen-im-eigentum.de
www.wohnen-im-eigentum.de

Bauen mit dem Generalunternehmer

Generalunternehmer (GU) nennt man die Bauunternehmer, die sämtliche Bauleistungen anbieten. Das bedeutet jedoch nicht, dass sie alle Leistungen selbst erbringen müssen. Vielmehr beauftragen sie Subunternehmen, die einzelne Gewerke ausführen. Der Generalunternehmer übernimmt, im Gegensatz zum Generalübernehmer (GÜ) jedoch keine Planungsleistungen. Wichtig für die Bauherren ist, dass der Generalunternehmer der Vertragspartner ist, der für die komplette bauliche Ausführung verantwortlich ist.

Sie wollen Ihre Immobilie von einem Architekten planen lassen, spielen aber mit dem Gedanken, das Bauvorhaben an einen Generalunternehmer weiterzuleiten? Das ist möglich. Sie können beispielsweise den Entwurf bis zur Genehmigungsplanung in die Hand des Architekten geben, die Ausführung ihres Bauvorhabens bis zur Fertigstellung erledigt dann für Sie der Generalunternehmer. Ihr Architekt sollte dann den Generalunternehmer während der Bauphase überwachen.

Generalunternehmer werden vor allem beim schlüsselfertigen Bauen beauftragt, auch im privaten Bereich, zum Beispiel für ein Fertighaus. Vorwiegend sind sie jedoch bei größeren Bauten und bei der ständig wachsenden Zahl der Instandhaltungen und Sanierungen von älteren Gebäuden gefragt. Derzeit werden etwa 50 Prozent des gesamten Bauvolumens im Hochbau durch Generalunternehmen abgewickelt.

Der Unterschied zum Bauen mit dem Bauträger liegt darin, dass Bauträger sowohl die Beschaffung des Grundstücks, die Planung und den kompletten Bau des Hauses anbieten. Bei dieser Form gibt es für den Bauherrn in der Regel nur einen einzigen Vertragspartner.

Beispiel

Ein Schreinermeister übernimmt mit seinem Betrieb für Sie die Errichtung eines Holzhauses sowie dessen Ausbau. Für den Keller und die Elektroinstallationen möchte er andere Handwerksbetriebe im eigenen Namen beauftragen. Sie als Bauherr schließen jedoch nur einen Vertrag mit ihm als Generalunternehmer ab und müssen sich um die anderen Handwerker nicht kümmern. Der Generalunternehmer ist für die ordnungsgemäße Erbringung der vereinbarten Gesamtleistung verantwortlich.

Für die Planung, den Bauantrag, die Ausschreibungen (sogenannte Leistungsverzeichnisse), die Auftragsvergabe und die Bauleitung haben Sie zuvor einen freischaffenden Architekten oder Bauingenieur beauftragt.

Typisch für einen Generalunternehmer ist der Bau von Häusern auf eigenen Grundstücken. Es handelt sich dabei oft um Häuser in Holzbauweise oder massive Typenhäuser. Sie werden nach der Fertigstellung schlüsselfertig zu einem garantierten Festpreis verkauft. Vorteil: Sie brauchen sich um nichts zu kümmern, denn Sie zahlen erst, wenn alles fertig ist. Nachteil: Von dem vom Generalunternehmer vorgegebenen Raster kann nicht abgewichen werden.

Wenn die Grundstücke Eigentum des Generalunternehmers sind, müssen Sie sich dabei auf seine Angaben verlassen können. In den Angeboten von Generalunternehmern oder Baufirmen werden oft ungeprüft günstige Gelände- und Grundwasserverhältnisse angenommen. Werden später zusätzliche Maßnahmen zur Sicherung erforderlich, müssen Sie teilweise mit dramatischen Mehrkosten rechnen.

Achtung!

Das Baugrundrisiko liegt letztlich beim Bauherrn.

Lassen Sie vorsorglich ein Bodengutachten durchführen und machen Sie dieses zum Vertragsbestandteil. Dazu gehören alle Grundstücksteile, also auch die Zu- und Abfahrten.

Wird Ihnen von einem Generalunternehmer ein Typenhaus ohne Grundstückskauf angeboten, wird dem Käufer in der Regel ein vorformulierter Vertrag vorgelegt. Dieser muss, anders als der Grundstücksvertrag, nicht von einem Notar beglaubigt werden. Er hat in der Regel verschiedene Vertragsbestandteile:

- die Kauf- beziehungsweise Bau- und Liefervereinbarung (Formularvertrag) mit ergänzenden, vertraglich ausgehandelten Zusatzvereinbarungen
- die Allgemeinen Geschäftsbedingungen des Anbieters oder die Verdingungsordnung für Bauleistungen VOB (Teil B)
- die Bau- und Leistungsbeschreibung
- die Vereinbarung mit den Sonderwünschen des Käufers
- die technischen Merkblätter.

WISO rät

Jegliche weitere Absprachen sollten immer schriftlich in den Vertrag aufgenommen werden. Mündliche Absprachen und Vereinbarungen sind am Bau am Ende nichts wert.

Bauen mit dem Generalübernehmer

Der Generalübernehmer erstellt Ihnen ein Wohngebäude (meist Fertighäuser) auf Ihrem Grundstück. Er verpflichtet sich nur zum Hausbau, ist aber relativ häufig an der Vermittlung der Baugrundstücke beteiligt. Das Haus plant und errichtet der Generalübernehmer nicht selbst, das heißt, er selbst erbringt, im Gegensatz zum Generalunternehmer, keinerlei eigene Leistung, sondern beauftragt immer Fremdfirmen, die als seine Subunternehmer in Erscheinung treten. Die technische und wirtschaftliche Leistungsfähigkeit der Generalübernehmer ist daher deutlich geringer als bei den Generalunternehmern.

Der Werkvertrag für den Bau des Hauses muss nicht notariell beurkundet werden, da mit der Erstellung des Hauses kein Grundstückskauf verbunden ist. Die Kostenkalkulation ist schwieriger als beim Haus vom Bauträger, da diverse Kostenpunkte in den Festpreisen nicht enthalten sind, besonders solche, die das Grundstück betreffen oder von der Grundstückssituation abhängig sind. Dies gilt auch für Generalunternehmer und Baubetreuer.

Bauen mit dem Baubetreuer

Eine weitere Variante beim Eigenheimbau ist die Baubetreuung. Allerdings kommt sie in der Praxis recht selten vor. Baubetreuer ist derjenige, der in Ihrem Namen und auf Ihrem Grundstück ein Bauvorhaben vorbereitet und durchführt. Die Besonderheit der Baubetreuung besteht darin, dass der Baubetreuer nicht unbedingt Planungsleistungen und keine Bauleistungen erbringt. Vielmehr schließen Sie mit dem Baubetreuer einen Vertrag, aufgrund dessen der Baubetreuer die wirtschaftliche Organisation, die Koordination und die Überwachung des Bauvorhabens übernimmt. Im Unterschied zum Architekten tritt der Baubetreuer als Ihr Vertreter auf und besitzt eine Vollmacht, mit der er selbst die für das Bauvorhaben notwendigen Verträge abschließt. Er übernimmt somit die Vorbereitung und Durchführung von Bauvorhaben im fremden Namen und auf fremde Rechnung. Trotzdem tragen Sie als Bauherr die wirtschaftlichen Risiken des Bauvorhabens.

Übersicht: Der kleine Unterschied

Ein Bauträger ist, wer gewerbsmäßig

- als Bauherr im eigenen Namen auf eigene oder fremde Rechnung Baumaßnahmen vorbereitet oder durchführt
- und dazu Vermögenswerte von Erwerbern, Mietern, Pächtern oder sonstigen Nutzungsberechtigten oder von Bewerbern um Erwerbs- oder Nutzungsrechte verwendet.

Ein Baubetreuer ist, wer gewerbsmäßig Bauvorhaben im fremden Namen auf fremde Rechnung wirtschaftlich vorbereitet oder durchführt.

Wer als Bauträger oder Baubetreuer tätig werden will, benötigt eine Erlaubnis nach § 34 c Gewerbeordnung. Die Voraussetzungen für die Erteilung einer solchen Erlaubnis sind:

- vollendetes 18. Lebensjahr
- Zuverlässigkeit
- persönliche Eignung und
- der Nachweis über geordnete Vermögensverhältnisse.

Mit wem bauen Sie am besten?

Alle Varianten haben ihre Vor- und Nachteile, egal, ob Sie mit dem Architekten, Bauträger, Generalunter- oder -übernehmer bauen. Denn auch die Vertragsgestaltung hängt im Wesentlichen von Ihrem Bauvorhaben und von dem ausgesuchten Gebäude ab. Die folgende Tabelle, die von den Verbraucherzentralen entwickelt wurde, kann Ihnen bei der Entscheidung helfen.

Tabelle 3: Mit wem bauen Sie am besten?

	Bauen mit dem Architekten	Erwerb vom Bauträger	General-unter- oder -übernehmer	Fertighaus-erwerb
Gestaltungsfreiheit	unbeschränkt	eingeschränkt	unbeschränkt	sehr eingeschränkt
Kostensicherheit	nur in begrenztem Umfang	sehr hoch	hoch	sehr hoch
Bauherrenrisiko	Bauherr	Bauträger	Bauherr (eingeschränkt)	Bauherr (eingeschränkt)
Notarielle Beurkundung	nur Grundstückskauf	erforderlich	nur Grundstückskauf	nur Grundstückskauf
Eigenleistung	ja	teilweise	teilweise	eingeschränkt (Ausbauleistung)
Sonderwünsche möglich?	uneingeschränkt	eingeschränkt	uneingeschränkt	sehr eingeschränkt
Verträge	Bauvertrag, Handwerkerverträge, Architektenvertrag, Grundstückskaufvertrag	Bauträgervertrag	Grundstückskaufvertrag, GÜ/GU-Vertrag, Architektenvertrag	Grundstückskaufvertrag, Fertighausvertrag

Quelle: Verbraucherzentralen

Der Bauvertrag

Vor Abschluss eines Bauvertrags sollten Sie sich überlegen, wie Sie die Errichtung Ihres Eigenheims organisieren wollen. Soll zum Beispiel ein Haus nach Ihren individuellen Wünschen entsprechend den Planungen eines Architekten errichtet werden, könnten die Bauausführungsleistungen durch einen einzigen Unternehmer, zum Beispiel den Generalunternehmer oder gewerkeweise durch eine Anzahl an Handwerksbetrieben erfolgen. Die unterschiedlichen Organisationsformen haben Auswirkungen auf die Gestaltung des Bauvertrags. Die Risiken und Vorteile der unterschiedlichen Formen der Ausführung sind im Vertrag zu berücksichtigen. Wird ein Haus als Fertig- oder Typenhaus errichtet, erfolgt regelmäßig die Beauftragung eines Generalunternehmers. Verträge über Selbstbauhäuser sind wiederum anders gestaltet, weil dort regelmäßig das kaufrechtliche Element im Vertrag überwiegt.

Bauvertrag nach BGB

Unterschreiben Sie den Bauvertrag – im juristischen Sinne meist ein Werkvertrag nach dem Bürgerlichen Gesetzbuch – für ein Haus erst, wenn Sie das Baugrundstück erworben haben, der Grundstückskauf notariell beurkundet, die Auflassungsvormerkung ins Grundbuch eingetragen und die Finanzierung gesichert ist. Ist dies nicht möglich, sollten Sie zumindest ein kostenloses Rücktrittsrecht im Bauvertrag vereinbaren, falls der geplante Grundstückskauf nicht zustande kommt oder die beantragte Förderung nicht genehmigt wird.

Bis zum Vertragsabschluss haben Sie alle Trümpfe in der Hand. Zugeständnisse in Preis, Gewährleistung, Lieferzeit, Ausführung und dergleichen können Sie nur erwarten, solange Sie den Vertrag noch nicht unterzeichnet haben. Unterschreiben Sie den Bauvertrag auch deshalb nicht zu schnell, weil es kein generelles Rücktrittsrecht gibt. Sollten Sie nach dem Kauf vom Vertrag zurücktreten wollen oder müssen, zum Beispiel wegen Nichterteilung der Baugenehmigung, können hohe Rücktrittskosten (für die Erstellung der Baugenehmigungsunterlagen oder Schadensersatzansprüche) anfallen.

WISO rät

Schließen Sie den Bauwerksvertrag immer schriftlich ab. Ihre Unterschrift erzeugt rechtliche Bindung. Änderungen und Rücktritt sind nur in Ausnahmefällen möglich.

Achten Sie unbedingt darauf, dass die Vertragsgestaltung für Sie übersichtlich bleibt. Verwendet der Anbieter Standardformulare mit diversen Anlagen (wie Merkblätter für die Herrichtung der Baustelle beziehungsweise für den Kellerbau), können die Merkblätter ebenfalls vertragliche Verpflichtungen enthalten. Dann kann es vorkommen, dass sich durch die Vielzahl unterschiedlicher Anlagen Widersprüche in den Vertragsklauseln ergeben. Achten Sie deshalb darauf, dass die Verträge Vorrangklauseln enthalten, mit denen eine Rangfolge der Vertragsbestandteile festgelegt wird, um klarzustellen, welcher Vertragsbestandteil bei widersprüchlichen Regelungen vorrangig gilt.

Grundsätzlich gelten für den Bauvertrag die Bestimmungen des BGB. Da das BGB aber nur die wesentlichsten Pflichten der Vertragspartner regelt, geben Hausanbieter in den meisten Fällen zusätzliche Vertragsbedingungen vor, die als Einzelklauseln im Formularvertrag enthalten oder auch als Allgemeine Geschäftsbedingungen gekennzeichnet und gesondert beigefügt sind.

Die Allgemeinen Geschäftsbedingungen

Die Allgemeinen Geschäftsbedingungen (AGB) eines Hausverkäufers gelten nur dann, wenn sie wirksam in den Vertrag einbezogen sind. Nach Paragraf 305 Abs. 2 BGB muss der Anbieter auf seine AGB vor Vertragsabschluss hinweisen. Sie müssen also die Möglichkeit gehabt haben, sie zu lesen, und Sie müssen damit einverstanden sein. Werden keine Allgemeinen Geschäftsbedingungen vereinbart, gilt das BGB. Die hierbei vorgegebenen, wesentlichen Pflichten sollten Sie durch Ihre konkreten Vorstellungen vertraglich ergänzen. Nach den Paragrafen 307 ff BGB sind solche Klauseln unwirksam, die den Vertragspartner, also Sie als Hauskäufer, unangemessen benachteiligen. So erklärte zum Beispiel der Bundesgerichtshof 1991 eine Klausel für unzulässig, nach der ein Anbieter 60 Prozent des Kaufpreises für ein Fertighaus am Aufstellungstag, weitere 30 Prozent bei Inbetriebnahme der Heizungsanlage und die restlichen 10 Prozent nach Fertigstellung des Hauses verlangte. Hier wurde eine Vorauszahlung in Höhe von 100 Prozent des Kaufpreises vor der Abnahme gefordert. Das ist unzulässig!

Damit es erst gar nicht zum Rechtsstreit über die Wirksamkeit einzelner Klauseln kommt, sollten Sie die einzelnen Vertragsbestandteile und -klauseln unbedingt vor Unterzeichnung des Vertrages genau prüfen und, falls Sie mit bestimmten Punkten nicht einverstanden sind, verhandeln. Sind Sie bei einzelnen Klauseln unsicher, so legen Sie den Vertragsentwurf einem auf privates Baurecht spezialisierten Rechtsanwalt vor und besprechen Sie, welche Folgen und Verpflichtungen die einzelnen Vertragsklauseln für Sie haben können.

WISO rät

Die Allgemeinen Geschäftsbedingungen müssen wirksam vereinbart werden und dürfen den Bauherrn nicht unangemessen benachteiligen.

Bauvertrag nach VOB

In vielen Fällen sehen Hausanbieter und Baufirmen vor, dem Bauvertrag die Verdingungsordnung für Bauleistungen, VOB Teil B, zugrunde zu legen. Dahinter verbergen sich die »Allgemeinen Vertragsbedingungen für die Ausführung von Bauleistungen (VOB/B)«.

Die VOB besteht insgesamt aus drei Teilen: Teil A behandelt die Allgemeinen Bestimmungen über die Vergabe von öffentlichen Bauleistungen, Teil B die Allgemeinen Vertragsbedingungen und Teil C die Allgemeinen Technischen Vorschriften (das sind DIN-Normen und so weiter). Den Bauverträgen eines Typenhauses wird in der Regel nur Teil B zugrunde gelegt.

Die VOB Teil B ist als Allgemeine Geschäftsbedingung unter Fachleuten anerkannt. Sie ist kein Gesetz, hat aber einen besonderen Status. Sie gilt als ausgewogenes Vertragswerk, das beiden Vertragspartnern gerecht wird – allerdings unter der Voraussetzung, dass es sich bei beiden um fachkundige Vertragspartner für Bauleistungen handelt. Dies ist für Sie problematisch, da die VOB in vielen Bereichen erhebliche Kenntnisse der Vertragspartner voraussetzt, also den Verbrauchern Mitwirkungspflichten auferlegt und Verhandlungsspielräume bietet, die Sie in der Regel nicht kennen und deshalb auch nicht erfüllen oder nutzen können.

Die VOB/B muss außerdem individuell vereinbart werden, das heißt, sie gilt nur dann, wenn Sie ausdrücklich auf sie hingewiesen wurden, von ihrem

Inhalt »in zumutbarer Weise« Kenntnis nehmen konnten und sie akzeptieren. Sonst gilt ebenfalls nur das BGB.

Im Vergleich zum Werkvertragsrecht des BGB regelt die VOB die Auftragsabwicklung detaillierter. In mehreren Bestimmungen weicht sie, wie bereits erwähnt, von den gesetzlichen Regelungen des BGB ab.

WISO rät

Lassen Sie als Immobilienkäufer oder Bauherr den VOB-Vertrag von Fachleuten prüfen, zum Beispiel von der Verbraucherzentrale, und ziehen Sie im Zweifel auch einen Rechtsanwalt zurate, der sich mit dem Baurecht auskennt.

Die VOB bringt privaten Bauherren auch Nachteile

Ob Sie einen Bauvertrag nach dem Bürgerlichen Gesetzbuch (BGB) oder nach der Verdingungsverordnung (VOB) abschließen, hängt vom konkreten Bauvorhaben ab und mit wem Sie bauen. Für private Bauherren können sich aus der VOB jedoch unzulässige Nachteile ergeben, wie der Bundesverband der Verbraucherzentrale (VZBV) anmahnt.

Streitpunkt ist die für Laien komplizierte VOB/B. Wenn diese mit privaten Bauherren vereinbart wird, müssen die Vertragsbedingungen zwar vollständig ausgehändigt werden, was zunächst aber nicht weiterhilft. Besser ist es, eine zusätzliche Erläuterung zu verlangen. Der Hinweis »Die VOB kann im Büro eingesehen werden« ist nicht ausreichend.

Zwei Drittel der Bauverträge mit Privatleuten basieren auf der VOB/B. Eine Novelle der Verordnung trat 2006 in Kraft. Die Nachteile für die Bauherren, die im Zuge der Schuldrechtsreform aus 2002 in die VOB einflossen, wurden damit aber nicht behoben. Auch die Fassung der VOB/B von 2009 hat keine inhaltliche Verbesserung mit sich gebracht. Die Veränderung gegenüber der Vorversion besteht lediglich darin, dass die Untergliederung der einzelnen Paragrafen geändert wurde.

Verantwortlich für die Gestaltung der VOB/B ist der Deutsche Vergabe- und Vertragsausschuss für Bauleistungen. Vertreter aus Bundes- und Landesministerien, kommunalen Spitzenverbänden, Bauindustrie und Unternehmensverbänden feilen ständig an dem Regelwerk.

In den vergangenen Jahren gelang es den Verbraucherschützern bereits erfolgreich gegen zahlreiche Klauseln in privaten Bauverträgen vorzugehen, die die Bauherren benachteiligten. Doch trotz der juristischen Erfolge fehlt weiterhin eine angemessene Rechtsgrundlage, die gewährleistet, dass private Bauherren für die größte Investition in ihrem Leben, Qualität zu einem kalkulierbaren Preis und Zeitpunkt bekommen.

Gefordert wird ein Widerrufsrecht für private Bauverträge von mindestens einem Monat, eine Verlängerung der Gewährleistungsfrist für wesentliche Bauteile auf zehn Jahre und eine Verpflichtung der Vertragsparteien, verbindliche Festlegung bezüglich des Bau- und Leistungsumfangs, der Bauzeiten und der Vertragsfristen zu vereinbaren. Die VZBV fordert ein eigenständiges Bauvertragsrecht. Es könne Investitionssicherheit schaffen und das Vertrauen privater Bauherren in die Leistungsfähigkeit von Bauwirtschaft und Handwerk fördern.

Hier die wichtigsten Nachteile, die sich für private Bauherren aus der VOB/B ergeben:

Verkürzte Verjährung von Gewährleistungsrechten Normalerweise muss ein Bauunternehmen fünf Jahre lang für Mängel an Bauwerken einstehen. Sobald man einen Mangel beanstandet, beginnt die Frist von vorne. Laut VOB/B verjährt der Anspruch auf Gewährleistung aber schon in vier Jahren beziehungsweise nach Beseitigung eines Mangels in zwei Jahren.

Erschwerter Vertragsausstieg Gilt die VOB/B, darf ein Bauherr einem Unternehmen, das eine Frist zur Mängelbeseitigung versäumt hat, erst nach ausdrücklicher Androhung kündigen. Ohne VOB/B ist die Kündigung schon bei erfolglosem Ablauf der Mängelbeseitigungsfrist möglich.

Erleichterte Abnahme Bei VOB/B-Verträgen gilt eine Bauleistung unter Umständen schon als abgenommen, wenn der Bauherr keine Mängel moniert hat. Abnahme bedeutet: Der Bauherr erkennt Bauleistungen als ordnungsgemäß erbracht an.

Irreführende Bauzeitangaben Wer in einem Vertrag nach dem BGB Bauzeiten nennt, muss sich auch daran halten. Bei einem VOB/B-Vertrag sind die Zeitangaben des Unternehmers in einem Bauzeitplan nur verbindlich, wenn dies ausdrücklich vereinbart wird.

Preise ohne Sicherheit Bei Verträgen nach VOB/B kann das Bauunternehmen bei Vereinbarung eines sogenannten Einheitspreises am Ende deutlich höhere Kosten in Rechnung stellen. Das Unternehmen ist nicht verpflichtet, die Kosten transparent auszuweisen und Bauherren auf mögliche Zusatzkosten hinzuweisen.

Gefahr tragen Nach VOB/B trägt der Bauherr schon vor Abnahme des Werkes die Gefahr, das heißt, er muss gegebenenfalls für die schon ausgeführten Teile der Leistung zahlen, auch wenn er nichts davon hat. Wird etwa ein zur Hälfte errichtetes Gebäude durch ein Unwetter zerstört, hat der Unternehmer trotzdem Anspruch auf Vergütung der bisher erbrachten Leistungen. Dies ist im Vergleich zur BGB-Regelung erheblich ungünstiger, denn nach dem Willen des Gesetzgebers muss der Bauherr erst bezahlen, nachdem er die Leistung abgenommen, also gebilligt, hat.

Änderungen Vertrag ist Vertrag. Deshalb braucht der Unternehmer nachträgliche Änderungswünsche des Bauherrn üblicherweise nicht zu akzeptieren. Bei der VOB/B sind solche Bitten allerdings verpflichtend und Änderungen im Bauentwurf entsprechend auszuführen. Im Vergleich zum BGB ist das für den Verbraucher günstiger, da er flexibel bleibt.

Auf bereits abgeschlossene Bauverträge wirken sich die Streitpunkte um die VOB/B nicht aus. Auch bei neu abgeschlossenen Verträgen gelten die VOB/B-Bedingungen, wenn dies im Vertrag vereinbart wird. Private Bauherren haben praktisch keine Chance, einzelne Klauseln vor Gericht anzugreifen, solange die VOB/B im Ganzen in den Vertrag einbezogen wurde. Neue Hoffnung gibt es allerdings für Bauherren mit Verträgen, bei denen Modifikationen zur VOB/B vereinbart wurden. Nach einer Grundsatzentscheidung des Bundesgerichtshofs (AZ: VII ZR 419/02) führt jede Abweichung von der VOB/B dazu, dass die übrigen Klauseln der strengen Fairnesskontrolle unterliegen.

Übersicht: Tipps der Verbraucherzentralen zum Umgang mit VOB-Verträgen

Ob Sie einen Vertrag nach VOB wählen oder besser davon Abstand nehmen sollten, lässt sich nicht pauschal beantworten, zumal bei Vertragsschluss nicht absehbar ist, ob und wo es später Ärger geben wird.

Da die VOB-Bestimmungen sowohl gravierende Nachteile als auch gewisse Vorteile mit sich bringen können, sollten Sie sich unbedingt durch einen Spezialisten, zum Beispiel einen Baufachmann oder einen sachkundigen Rechtsanwalt, beraten lassen.

Die VOB/B ist nur für umfangreiche Bauleistungen konzipiert. Für kleinere Reparaturen oder einzelne Gewerke hält das Gesetz ausreichende Regelungen bereit.

- Besteht der Unternehmer auf einem Vertragsabschluss nach VOB, sollten Sie versuchen, bestimmte verhandelbare Regelungen zu Ihren Gunsten zu ändern.
- Vereinbaren Sie bei Bauwerken auf jeden Fall eine fünfjährige Gewährleistungsfrist, wie sie auch im BGB vorgesehen ist. Das ist insbesondere bei teuren und langlebigen Bauteilen, etwa einer Kellerabdichtung, wichtig.
- Die Verbraucherzentralen beraten lediglich zu der Frage, ob die VOB wirksam in den Vertrag einbezogen, nicht aber zu Verträgen über Bauleistungen, in welche die VOB/B wirksam einbezogen wurde.

Sind Festpreise wirklich fest?

Der Festpreis wird bei Vertragsabschluss festgelegt. Je nach den Veränderungen am Haustyp, an der Grundfläche, Dachform, Ausbaustufe und so weiter, weicht er mehr oder weniger vom Preis des ausgewählten Musterhauses ab. Mit dem Festpreis sollen Hauskäufer einen Überblick über die Gesamtkosten ihres Hauses erhalten, um einen realistischen Finanzierungsplan erstellen und, so sagen die Anbieter, genauer kalkulieren zu können, als bei einem frei geplanten Haus. Gleichzeitig erhalten die Käufer damit eine Preisgarantie, die Festpreisbindung, für meistens vier bis zwölf Monate. Allerdings verspricht der Festpreis oft mehr, als er hält. Da es sich hierbei um keinen geschützten Begriff mit einheitlicher Definition handelt, sind somit auch die dem Festpreis zugrunde liegenden Kostengruppen beziehungsweise der Leistungsumfang nicht einheitlich vorgegeben. Daher sind Preisvergleiche mit erheblichem Aufwand verbunden. Erkundigen Sie sich deshalb genau, ob etwa die vollständigen Gebäudekosten und auch die Planungsleistungen im Festpreis enthalten sind und welche zusätzlichen Kosten noch hinzukommen.

Die Festpreisbindung ist bei verschiedenen Herstellern unterschiedlich befristet oder wird von Vorleistungen des Hauskäufers abhängig gemacht. Auflagen im Kleingedruckten wie »Der Festpreis gilt für 72 Monate, wenn der Auftraggeber die Liefervoraussetzungen jeweils vier bis fünf Monate im Voraus erfüllt hat und sich in diesem Zeitraum die Listenpreise nicht erhöht haben« können bei Ihnen zu erheblichen Mehrkosten führen. Verhandeln Sie! Das Ziel muss sein, dass Sie beim schlüsselfertigen Hauskauf beziehungsweise beim Ausbauhaus eine bedingungslose Festpreisbindung möglichst bis zur Abnahme, mindestens aber für 15 Monate erhalten. Beim Kauf von Bausätzen sollte die Festpreisbindung bis zur letzten Teillieferung gelten. Vereinbaren Sie notfalls auch, wie viel maximal mehr gezahlt werden muss, falls der Festpreis vorher seine Gültigkeit verliert.

WISO rät

Erkundigen Sie sich genau, was im Festpreis enthalten ist und was nicht. Die Festpreisbindung sollte bis zur Abnahme vereinbart werden, mindestens jedoch für 15 Monate nach dem Abschluss des Vertrags gelten.

Der Fertigstellungstermin

Nicht nur wenn Sie unter Zeitdruck stehen, sollte ein verbindlicher Fertigstellungstermin ausdrücklich und vertraglich vereinbart werden. Es empfiehlt sich grundsätzlich, einen solchen Termin zu fixieren, da es gerade am Bau immer wieder zu ausufernden Verzögerungen kommt. Der Fertigstellungstermin Ihrer Immobilie hängt auch von verschiedenen unkalkulierbaren Faktoren ab, wie dem Zeitpunkt der Baugenehmigung oder dem Wetter. Jeder, der am Bau arbeitet, weiß, in welche Schwierigkeiten man mit festen Terminzusagen kommen kann, und wird erst einmal zurückschrecken. Hilfreich sind dabei Formulierungen wie zum Beispiel: Baubeginn ist spätestens »acht Wochen nach Erhalt der Baugenehmigung«.

Einen notwendigen Druck können Sie ausüben, indem Sie eine Vertragsstrafe festlegen. Üblich sind täglich 0,25 Prozent der vereinbarten Vergütung oder ein pauschaler Betrag, zum Beispiel in Höhe von 200 Euro pro Tag. Lassen Sie sich beim Liefertermin nicht auf Circa-Angaben und Nachfristen ein. Der Fertigstellungstermin hängt im Wesentlichen vom Baufortschritt ab, deshalb sollten Sie auf die folgenden Knackpunkte achten.

Übersicht: Betreten der Baustelle verboten!

In vielen Bauträgerverträgen ist Ihr Besuch auf der Baustelle ausgeschlossen oder stark eingeschränkt. Grundsätzlich kann der Bauträger ein Hausrecht geltend machen, da er noch Eigentümer des Grundstücks ist. Damit Sie aber den Baufortschritt kontrollieren und auch die Raten danach bezahlen können, müssen Sie die Baustelle betreten. Lassen Sie eine solche Klausel aus dem Vertrag streichen.

Zahlungsraten

Achten Sie darauf, dass im Vertrag die Zahlungsraten so bemessen sind, dass sie wirklich dem Baufortschritt entsprechen, also nicht an Liefertage gekoppelt sind. Vermeiden Sie Voraus- oder Anzahlungen. Vereinbaren Sie für jede Zahlung eine Teilabnahme, damit Sie prüfen können, ob die Leistung mängelfrei erbracht wurde. Sie können auf jede Abschlagszahlung einen Sicherheitseinbehalt von 5 Prozent vereinbaren, der mit der Schlussrechnung verrechnet wird. Achten Sie darauf, dass die Schlussrate bei Übergabe so bemessen ist, dass Sie auch noch bei der Endabnahme einen nennenswerten Betrag für die Mängelbeseitigung einbehalten können. Dies sollten etwa 10 bis 15 Prozent des Kaufpreises sein.

> **WISO rät**
> Vereinbaren Sie für die Zeit der Gewährleistung einen Sicherheitseinbehalt von etwa 2 bis 3 Prozent des Kaufpreises oder lassen Sie sich vom Anbieter über diesen Betrag eine entsprechende Bankbürgschaft geben, damit Sie Mängelbeseitigungen während der Gewährleistungsfrist ohne Schwierigkeiten verlangen und durchsetzen können.

Abnahme und Mängelansprüche

Grundsätzlich kann das Hausbauunternehmen die Abnahme erst dann verlangen, wenn das Bauwerk fertiggestellt, also wenn es vertragsgerecht und mängelfrei vollendet ist. Sie müssen dann eine schriftliche Mitteilung der Fertigstellung und/oder eine Schlussrechnung erhalten.

Abnahme bedeutet, dass Sie die erbrachten Leistungen des Unternehmers prüfen und als »im Wesentlichen vertragsgerecht« anerkennen. Die Abnahme ist entscheidend für Sie, weil damit eine Reihe von Pflichten und Rechtsfolgen auf Sie zukommen:

- Mit der Abnahme wird der Anspruch des Unternehmers auf Bezahlung fällig, wenn nichts anderes vereinbart ist.
- Vor der Abnahme besteht für den Hauskäufer der Anspruch auf Neuherstellung bei mangelhaften Leistungen, in Verträgen unter Hinzuziehung der VOB allerdings nur unter der Voraussetzung, dass der Mangel erheblich ist und eine sachgerechte Nachbesserung keinen hinreichend sicheren Erfolg verspricht. Ein Beispiel: Ein Fenster schließt nicht ordentlich, eine Reparatur würde Undichtigkeiten zurücklassen.
- Vor der Abnahme muss der Hausverkäufer beziehungsweise der Bauunternehmer beweisen, dass er die vereinbarte Bauleistung ordnungsgemäß ausgeführt hat. Nach der Abnahme tritt eine »Umkehr der Beweislast« ein, dann muss der Hauskäufer nachweisen, dass ein Mangel vorliegt, den der Anbieter zu vertreten hat.
- Gewährleistungsansprüche auf bekannte Mängel entfallen, wenn sie bei der Abnahme nicht beanstandet werden. Sie dürfen also bei der Abnahme nicht vergessen, einen bereits bekannten Mangel in das Protokoll mit aufzunehmen.
- Mit der Abnahme beginnt die Gewährleistungsfrist. Solange Mängel vorliegen, können Sie die Abnahme verweigern.

In der VOB wird darüber hinaus zwischen einer förmlichen und einer sogenannten fiktiven Abnahme unterschieden (VOB/B, § 12). Die förmliche Abnahme beinhaltet, dass beide Vertragspartner (vor Ort) die Übergabe des Hauses, »den Befund«, »in gemeinsamer Verhandlung schriftlich niederlegen«. Wird keine förmliche Abnahme vereinbart und durchgeführt, so kommt die fiktive Abnahme zum Tragen. Reagiert der Hauskäufer nach schriftlicher Mitteilung über die Fertigstellung des Hauses oder Vorlage der Schlussrechnung nicht innerhalb von zwölf Werktagen durch Verweigerung der Abnahme oder durch das Verlangen einer förmlichen Abnahme, dann gilt die Leistung nach zwölf Werktagen als abgenommen. Sie gilt sogar schon nach sechs Werktagen als abgenommen, wenn der Hauskäufer das Haus bereits »in Benutzung genommen« hat, also eingezogen ist. Diese Fristen sind unbedingt zu beachten! Sicherer ist es, Sie vereinbaren im Vertrag ausschließlich eine förmliche Abnahme.

Jede Abnahme, sei es – soweit vereinbart – die Zwischen- oder Teilabnahme einzelner Bauschritte oder die Schlussabnahme, sollte in Form einer gemeinsamen Hausbegehung durch Sie, den Bauleiter und einen unterschriftsberechtigten Beauftragten des Bauunternehmens durchgeführt werden. Sie sollten sich bei der Prüfung gegebenenfalls durch einen Bausachverständigen oder eine sonstige fachkundige Person Ihres Vertrauens unterstützen lassen. Vereinbaren Sie sicherheitshalber bereits im Bauvertrag, dass Sie eine solche Vertrauensperson hinzuziehen werden, um einen späteren Streit über das Mitspracherecht dieser Person von vornherein auszuschalten. Lassen Sie über diese Begehung ein schriftliches Protokoll anfertigen. Dies ist üblicherweise die Aufgabe des Bauleiters beziehungsweise des Architekten. Nehmen Sie in das Abnahmeprotokoll all das auf, was Ihnen auffällt, missfällt und gegebenenfalls noch nachgebessert werden muss, auch Bagatell-Beanstandungen. Auf Zusicherungen des Bauleiters, diese oder jene Punkte würden »selbstverständlich« noch erledigt, das bräuchte man nicht extra aufzuschreiben, sollten Sie sich nicht einlassen. Das Abnahmeprotokoll muss von allen Beteiligten unterschrieben werden.

Vor dem Abnahmetermin sollten Sie das Haus selbst schon einmal kritisch unter die Lupe genommen haben. Nehmen Sie dazu, wenn Sie schlüsselfertig kaufen, Fachleute oder besser noch einen erfahrenen Architekten oder Bauingenieur mit. Die für eine professionelle Hilfe anfallenden Kosten rentieren sich angesichts der zusätzlichen Sicherheit bei der Abnahme schnell, wenn auch nur ein nennenswerter Mangel zusätzlich aufgedeckt wird. Suchen Sie nicht nur nach Baumängeln, sondern überprüfen Sie die Funktionstüchtigkeit der Bauteile und haustechnischen Anlagen: Lassen sich Fenster und Türen einwandfrei öffnen und schließen, funktioniert die Heizung, läuft das Wasser zu und ab? Mängelansprüche kommen im Rahmen der Gewährleistungsfristen zum Tragen, wenn auch nach der Abnahme noch Mängel festgestellt werden. Mängel liegen vor, wenn das Haus nicht die vereinbarte Beschaffenheit aufweist. Zum Beispiel wenn ein Flachdach undicht wird und sich Feuchtigkeitsflecken unter der Decke bilden.

Verjährungsfristen

Die Verjährungsfrist für Mängelansprüche beim Kauf von Sachen, die entsprechend ihrer üblichen Verwendungsweise für ein Bauwerk verwendet werden, und bei Bauwerken beträgt nach BGB fünf Jahre (§§ 428 Abs. 1 Nr. 2 und 634a). Für Verträge auf der Grundlage der VOB gilt die Verjährungsfrist für Mängelansprüche von vier Jahren für Bauwerke sowie von zwei Jahren für Arbeiten am Grundstück und für die »vom Feuer berührten Teile von Feuerungsanlagen«. Sie können und sollten allerdings auch bei einem VOB-Vertrag über eine Gewährleistung von fünf Jahren verhandeln. Im Unterschied zur BGB-Regelung beginnt nach der VOB bereits mit der schriftlichen Aufforderung zur Mängelbeseitigung eine neue Verjährungsfrist von zwei Jahren – unabhängig davon, ob eine Mängelbeseitigung in Betracht kommt. Damit soll für die Mängelprüfung ausreichend Zeit zur Verfügung stehen.

Werkvertrag

Sie haben nach Werkvertragsrecht Anspruch auf eine vertragsgemäße Leistung. Wird ein Mangel beanstandet, so können Sie Nacherfüllung verlangen (§ 635 BGB). Erst wenn der Unternehmer nicht innerhalb einer angemessenen Frist, die Sie gesetzt haben, nacherfüllt, können Sie den Mangel selbst beseitigen lassen und Ersatz für die hierfür erforderlichen Aufwendungen verlangen (§ 637 BGB). Alternativ können Sie nach Ablauf dieser Frist auch vom Vertrag zurücktreten (§§ 636, 323, 326 Abs. 5 BGB) oder die Vergütung des Bauunternehmers mindern (§ 638 BGB) oder Schadensersatz statt der Leistung verlangen (§§ 636, 280, 281, 283 und 311a BGB). Die Fristsetzung ist nur unter bestimmten Voraussetzungen entbehrlich, zum Beispiel, wenn der Unternehmer die Nacherfüllung endgültig verweigert hat. Wurde ein Bauvertrag nach der VOB geschlossen, so müssen Sie die Mängelbeseitigung schriftlich verlangen. Falls eine Mängelbeseitigung unmöglich erscheint oder einen unverhältnismäßig hohen Aufwand bedeuten würde, ist nach VOB nur ein Preisnachlass möglich. Schadensersatz kann nur bei wesentlichen Mängeln verlangt werden. Ein Anspruch auf Rücktritt vom Vertrag besteht nicht.

WISO rät

Achten Sie darauf, dass der Hausanbieter Ihre Mängelansprüche nicht an die Subunternehmer abtritt, weil er sich zum Beispiel nicht selbst darum kümmern will. Sie hätten es dann mit einer Vielzahl von Handwerkern zu tun, die Sie bisher nicht kannten, die sich die Mängel vielleicht gegenseitig in die Schuhe schieben und dann die Mängelbeseitigung verweigern könnten.

Die Bau- und Leistungsbeschreibung: der Schlüssel zum Erfolg

Die Bau- und Leistungsbeschreibung hält fest, welche Lieferungen und Leistungen, zum Beispiel für den ausgehandelten Festpreis, zu erwarten sind. Sie wird dem Bauherrn von seinem Bauunternehmer ausgehändigt. Das kann ein Bauträger, ein Fertighaushersteller oder ein Generalunter- oder Generalübernehmer sein. Die Bau- und Leistungsbeschreibung ist der wichtigste Bestandteil des Bauvertrags. In ihm sollten enthalten sein:

- der Haus- oder Wohnungsvertrag/Kaufvertrag,
- die Bau- und Leistungsbeschreibung,
- vollständige Zeichnungen mit allen Maßen (Grundrisse, Schnitte, Ansichten, Maßstab 1:100),
- die Wohnflächenberechnung.

Leider gibt es kein einheitlich aufgebautes Formular, sodass sie Angebote nicht miteinander vergleichen können. Häufig sind die Angaben ungenau und unvollständig, zum Beispiel können Preise nicht einer bestimmten Leistung zugeordnet werden.

Es kommt vor, dass Leistungen, die für den Hausbau eigentlich notwendig sind, nicht im Standardangebot und im Festpreis enthalten sind. Denn jeder Anbieter macht in der Bau- und Leistungsbeschreibung nur die Angaben, die er für notwendig hält. Deshalb gibt es Bau- und Leistungsbeschreibungen, die nur zwei Seiten umfassen, während andere das Musterhaus auf zehn Seiten beschreiben. Wenn Sie also Überraschungen während der Bauzeit vermeiden wollen, müssen Sie die Vollständigkeit und Qualität der Bau- und Leistungsbeschreibung genau unter die Lupe nehmen.

Häufig fehlt die vollständige Benennung der Hauptleistungen, zum Beispiel das System des Wand- und Dachaufbaus wird nicht beschrieben, auch nicht in einer Zeichnung. Die quantitativen Leistungsangaben sind ungenau. Etwa reine Mengenangaben, die bei der Wärmedämmung nicht weiterführen. Hier ist es weniger wichtig wie viele Platten verarbeitet werden, sondern wie dick die Platten in Zentimetern sind. Erst die exakte Produktbezeichnung gibt Aufschluss darüber, wie gut die Wärmeleitfähigkeit ist.

Formulierungen in Bau- und Leistungsbeschreibungen, wie »hochwertige Bauausstattung« oder »Verwendung von Markenprodukten« sind zu schwammig. Auch ein weit auslegbarer Begriff wie »Energiesparhaus« ist wenig hilfreich – besser sind konkrete Angaben zum Heizenergiebedarf. Lassen Sie sich nicht von der Angabe »nach DIN-Norm« oder »DIN-gerecht« blenden. Damit ist kein Qualitätsstandard garantiert, sondern lediglich eine Mindestanforderung!

Verlangen Sie möglichst genaue Material-, Mengen- und Qualitätsangaben, den Namen des Herstellers, das Fabrikat mit Artikel- und Farbnummern oder Typenbezeichnungen. Fordern Sie auch eine Deklaration der Inhaltsstoffe der verwendeten Materialien und Bauteile getrennt für die einzelnen Gewerke.

Die Bau- und Leistungsbeschreibung bildet im Streitfall die Grundlage für die gerichtliche Urteilsfindung sollten Sie sich über Liefer- und Leistungsumfang uneinig sein. Lassen Sie sich alles schriftlich geben und drängen Sie darauf, dass eine standardisierte Bau- und Leistungsbeschreibung an Ihr zukünftiges Haus angepasst wird.

Die Verbraucherzentralen empfehlen, das Exemplar, das Sie vom Bauunternehmer erhalten, nur als eine erste Information zu werten und sich dann an die Muster-Bau- und Leistungsbeschreibung zu halten, wie sie vom Verbraucherzentrale Bundesverband (VZBV) herausgegeben wird. Verwenden Sie das Muster wie einen Leitfaden oder eine Checkliste. Für den Bauunternehmer ist das Ausfüllen einfach. Er kann weitgehend mit Ankreuzen oder Weglassen alle wesentlichen Punkte abarbeiten. So lassen sich viele unterschiedliche Fragen klären und herausfinden, ob noch etwas fehlt.

Mit dem Muster des VZBV kann ich mehrere Angebote miteinander vergleichen.

Mit dem vom Bauunternehmer ausgefüllten Muster kann ich kontrollieren, ob er seine Zusagen auch einhält.

Welche Leistungen sind im Angebot enthalten, welche fehlen mir?

Wo kommen zusätzliche Kosten auch mich zu?

Fachleute können anhand der angebotenen Leistungen und Bauprodukte die Qualität beurteilen.

WISO rät

Folgen Sie der Empfehlung der Verbraucherzentralen, den Bauvertrag vor der Unterschrift überprüfen zu lassen. Außerdem finden Sie auf Seite 152 die »Mindestanforderungen an Bau- und Leistungsbeschreibungen für Ein- und Zweifamilienhäuser«, wie sie derzeit vom Gesetzgeber empfohlen wird.

Übersicht: Kostenexplosion durch fehlerhafte Bau- und Leistungsbeschreibung!

Die Verbraucherzentralen haben herausgefunden, dass es durch eine fehlerhafte Baubeschreibung immer wieder zu ungewollten Kostensteigerungen kommt. Doch Unwissenheit schützt vor Schaden nicht. Deshalb ist es ratsam, vorher abzuklären, was im Preis enthalten ist und was nicht. Zum Beispiel kann der Satz »Die Unterlagen, die für den Bauantrag erforderlich sind, müssen noch erarbeitet werden.« bedeuten, dass Sie die Kosten für die Bereitstellung oder Beschaffung des amtlichen Lageplans bezahlen müssen. Das kann 2000 bis 3000 Euro kosten. Das Abstecken des Gebäudes sollte darin allerdings enthalten sein. Die Kosten für die Werk- oder Ausführungsplanung liegen bei Baukosten von circa 100000 Euro zwischen 2800 und 3700 Euro. Klären Sie vorher, wer diesen Betrag zahlen muss. Der Prüfstatiker verlangt circa 800 bis 1000 Euro. Eventuell sind die Kontrollen auf der Baustelle darin noch nicht enthalten. »Bereitstellung eines baureifen Grundstücks durch den Bauherrn« kann bedeuten, dass Sie die Kosten für die Rodung des Grundstücks, das Einebnen des Geländes, das Anlegen von Zufahrtswegen und Lagerflächen tragen müssen. Je nach Grundstückssituation und Lage kann Sie das bis zu 10000 Euro kosten. Unter dem Stichwort Baustelleneinrichtung kann man Bautoilette, Absperrung, Bauschuttcontainer und vieles mehr verstehen. Bei circa sechs Monaten Bauzeit kommen Kosten bis zu 2000 Euro auf Sie zu. Manchmal ist dieser Posten auch im Festpreis enthalten, aber gehen Sie auf Nummer sicher!

Hilfestellungen im Internet für private Bauherren

Weitere Informationen zum Thema Bauvertrag und Bauleistungsbeschreibung finden Sie beim Kompetenzzentrum. Es wendet sich insbesondere an Bauinteressierte und private Bauherren und erfüllt deren Wunsch nach einer transparenten und zuverlässigen Information. Das Arbeitsfeld umfasst den Wohnungsbau, den Eigenheimbau wie den Mietwohnungsbau, aber auch Fragestellungen im Zusammenhang mit baulichen Veränderungen in bereits bestehenden Gebäuden.

Kompetenzzentrum kostengünstig qualitätsbewusst Bauen
Fasanenstraße 87
10623 Berlin
Tel.: 03018/401-3444
Fax: 03018/401-3449
E-Mail: kompetenzzentrum@ibbr.bund.de
Internet: www.kompetenzzentrum-bauen.de

Beim »Initiativkreis Neue Qualität des Bauens« (www.inqa-bauen.de) wurde »check-bauen« zusammengestellt, eine Praxishilfe für Bauherren. In zehn Schritten wird insbesondere kleineren Bauherren bei einer systematischen Planung und Ausführung eines Bauvorhabens geholfen. »check-bauen« gibt es kostenlos als Broschüre (www.check-bauen.de).

Die Website www.baufoederer.de entstand in Kooperation mit der Kreditanstalt für Wiederaufbau (KfW). Sie bildet eine Beratungsplattform für alle, die eine Immobilie erwerben oder bauen wollen. Sie finden hier nicht nur einen Baurechner, der Ihnen eventuelle Fördermöglichkeiten ausrechnet, sondern auch vielfältige und detaillierte Informationen zu Fragen der Baufinanzierung, des Baurechts und der Bauberatung.

Häufig wissen private Bauherren nicht, welche Leistungen sie für welchen Preis erhalten können. Die Bau- und Leistungsbeschreibungen sind oft unklar und unübersichtlich. Das kann Anlass zu Auseinandersetzungen zwischen Bauunternehmen und privaten Bauherren geben. Unter der Federführung des Bundesministeriums für Verkehr, Bau- und Wohnungswesen wurden deshalb die Mindestanforderungen an Bau- und Leistungsbeschreibungen für Ein- und Zweifamilienhäuser entwickelt. Diese sollen dazu beitragen, mehr Markttransparenz zu schaffen und die Sicherheit privater Bauherren zu erhöhen.

Bau- und Leistungsbeschreibungen für Angebote von Wohnhäusern müssen demnach stärker den Umfang der Leistungen bei der Planung und der Ausführung beschreiben. Auch Art und Qualität der Bauprodukte und der technische Ausstattungsgrad müssen eindeutig und übersichtlich dargestellt werden. So haben die Bauherren endlich die Möglichkeit, Angebote zu vergleichen.

Die Mindestanforderungen können sowohl für Ein- als auch für Zweifamilienhäuser verwendet werden, unabhängig von Bauart und Ausbaustufe (mit oder ohne Keller, schlüsselfertig oder Ausbauhaus). Damit wird der Vergleich von Hausangeboten verschiedener Anbieter – sowohl von Generalunternehmern, Generalübernehmern als auch Bauträgern – unterstützt. Zu beziehen als Download im Internet unter www.kompetenzzentrum-bauen.de oder als Broschüre, beides kostenlos.

Geschäftsstelle der
»Initiative kostengünstig qualitätsbewusst Bauen«
Bundesamt für Bauwesen und Raumordnung
Deichmanns Aue 31–37
53179 Bonn
Tel.: 01888/401-2211
Fax: 01888/401-1219 oder 401-1519
E-Mail: guenstig.bauen@bbr.bund.de

Übersicht: Mindestanforderungen an Bau- und Leistungsbeschreibungen für Ein- und Zweifamilienhäuser

Planung und Bauleitung

Angaben zu den Planungsleistungen (nach HOAI, »Honorarordnung für Architekten und Ingenieure«), die Bestandteil des Angebots sind und damit vom Anbieter erbracht werden sowie detaillierte Darstellung der vom Erwerber zu erbringenden Leistungsteile.

- Die allgemein anerkannten Regeln der Technik und spezielle Regelwerke, sowie ggf. Abweichungen sollten als Vertragsgrundlagen vereinbart werden.

Zu den Planungsleistungen zählen dabei insbesondere:

Amtlicher Lageplan

- Erstellen eines Lageplans mit Hinweisen auf rechtliche Gegebenheiten und Beschränkung durch eine amtliche Vermessungsstelle oder ein dazu öffentlich bestelltes Vermessungsbüro

Entwurfs- und Genehmigungsplanung

- Planung des Gebäudes mit grundstücksbezogenen Parametern wie Erschließung, Gebäudeausrichtung, Schallschutzvorgaben
- Gründung auf der Basis des vom Bauherrn zu liefernden Baugrundgutachtens, Abdichtungsart nach dem im Baugrundgutachten ermittelten Lastfall
- Zeichnungen, Statik
- Planung des baulichen Wärmeschutzes und der Heizungsanlage nach der Energieeinsparverordnung

Ausführungsplanung

- Erstellen von Konstruktionsplänen (Werkpläne) im Maßstab 1:50 mit allen zur Bauausführung nötigen Details
- Werkplanung Sanitär/Heizung/Lüftung/Elektro

Bauleitung

- Bauleitung gemäß Landesbauordnung (z.B. namentliche Benennung des Bauleiters)

Versicherungsschutz während der Bauphase

- Bauleistungsversicherung
- Bauherrenhaftpflichtversicherung
- Feuerrohbauversicherung (ggf. im Rahmen der Wohngebäudeversicherung)
- Bauhelfer-Unfallversicherung

Allgemeine Angaben zum Bauvorhaben

Objektbeschreibung

- Haustyp (z.B. freistehendes Haus, Doppelhaus, Reihenhaus)
- Planer/Hersteller/Vertragspartner, Herstellerbezeichnung
- Bauweise (z.B. Massivbauweise, Holzbauweise, andere Bauweise (jeweils vorgefertigt/nicht vorgefertigt)
- Beschreibung der Bau- bzw. Ausbaustufen (z.B. schlüsselfertiges Haus, voll ausgebaut, Bausatzhaus, Eigenleistungen)
- *Nutzergruppengerechte Lösungen* (z.B. Lösungen zur barrierefreien Nutzung für Kinder, ältere Menschen und Menschen mit Behinderungen) Hier können ggf. Maßnahmen gemäß DIN 18025, Teil 1 und 2 dargestellt werden, z.B.
- – Barrierefreier Zugang zum Haus
- – Wohnebenen barrierefrei erreichbar
- – *Barrierefreie Wohnungsgrundrisse, Einrichtungen*

Detaillierte Gebäudedaten

- Gebäudeabmessungen (Länge, Breite, Höhe)
- Flächenangaben (Brutto-Grundfläche [BGF], Wohnfläche [Wfl], Nutzfläche [NF])
- Anzahl Vollgeschosse, Kellergeschoss, Dachgeschoss (ausgebaut/nicht ausgebaut)
- Anzahl der Räume, davon Wohnräume
- Raumhöhen (Wohnräume, Keller, Dachgeschoss)

Darstellung des Objektes

- Gesamtansichten, Fassaden
- Grundrisse und Schnitte (jeweils mit Bemaßung)

Energiebedarf und Bauphysik

- Energiekennwerte/Wärmeschutz
- – Erstellung eines Energieausweises
- – Jahres-Primärenergiebedarf nach Energieeinsparverordnung (EnEV)
- – Spezifischer, auf die wärmeübertragende Umfassungsfläche bezogener Transmissionswärmeverlust des Gebäudes (angegeben als: HT' in $W/(m^2 \cdot K)$)
- – Wärmedurchgangskoeffizienten (U-Werte) der Bauteile
- – Kompaktheit des Gebäudes (A/V_e-Verhältnis)
- – Luftdichtheit des Gebäudes (Prüfung sollte vereinbart werden)
- Schallschutz
- – Schallschutz, Aussagen zum möglichen Standort des Objekts
- – Tatsächlich erreichbare Klassifikation:
- – rechtlich verbindlich vorgeschriebene Mindestanforderungen nach DIN 4109:1989-11
- – privatrechtlich vereinbarter erhöhter Schallschutz nach DIN 4109, Beiblatt 2 oder
- – Angabe der Schallschutzstufe (I, II, III) nach VDI 4100:1994-09
- – Schallschutz im eigenen Wohnbereich
- – Anforderungen nach DIN 4109, Beiblatt 2
- – Sonstige Vereinbarungen, Sonderleistungen

Herrichten des Grundstücks, Baustelleneinrichtung

Vorbereitende Arbeiten
- Boden (Aushub, Gründung auf der Grundlage des Baugrundgutachtens)
- Erschließung (Installation der Anschlüsse an Ver- und Entsorgungsleitungen von Verbrauchs- bzw. Anschlussstellen im Haus bis zum Anschluss an Medienträger außerhalb des Grundstücks, betriebsfertig)
- Herstellen und Unterhalten der Zufahrten während der Bauzeit

Umfang der Baustelleneinrichtung
- Baustelleneinrichtung
- Geräte zur Ausführung, Lagerplätze auf dem Grundstück
- Zufahrten, Kranstandplätze
- Absperrmaßnahmen
- Zwischenlager für Bodenaushub
- Bereitstellung von Baustrom und Wasser, WC-Anlage
- Bauschuttbeseitigung

Beschreibung der Baukonstruktion

Erdarbeiten
- Einmessen
- Aushub der Baugrube, Bodenarten nach den Ermittlungen des Baugrundgutachtens
- Baugrubensicherung, einschließlich Sicherung gegen Tagwasser
- Abfuhr des Bodenaushubs bzw. Zwischenlagerung
- Anfuhr von Füllboden
- Verfüllung der Baugrube einschließlich Verdichtung
- Herstellung des geplanten Geländeniveaus durch Auffüllung mit dem zwischengelagerten Mutterboden (Rohplanung)

Gründung / Abdichtung
- Fundamentarten (z.B. Streifenfundament, Plattenfundament)
- Wenn erforderlich, dann Angaben zur Ausführung von Dränagen einschließlich Versickerungseinrichtungen
- Angaben für welche Feuchtebelastung die Abdichtung gemäß DIN 18195 vorgesehen ist, z.B.
  – Bodenfeuchte und nicht stauendes Sickerwasser
  – drückendes Wasser oder aufstauendes Sickerwasser

Kelleraußenwände/Lichtschächte
- Material der Kelleraußenwände (z.B. KS-Mauerwerk, Ziegelmauerwerk, Porenbetonmauerwerk, Beton, andere Wandkonstruktion, vorgefertigte Teile)
- Ausführung der Abdichtung (z.B. weiße Wanne, schwarze Wanne), Mischkonstruktion (auf Basis eines Baugrundgutachtens), Angaben über das Abdichtungsmaterial einschließlich Schutz bzw. Zusatzdämmung
- Wärmedämmung der Kelleraußenwände (Art, Material, Dicke, Wärmeleitgruppe)
- Ausführung der Lichtschächte (z.B. massiv, Kunststoff) sowie weitere Angaben (z.B. abgedichtet, an Entwässerung angeschlossen)

Außenwände
- Konstruktion und Material der Au-

ßenwände
- Konstruktive Beschreibung (z.B. Mauerwerk mit Wärmedämmverbundsystem)
- Beschreibung des Materials (z.B. Kalksandsteinmauerwerk, Ziegelmauerwerk, Porenbetonmauerwerk, Holztafelbauweise, Holzrahmenkonstruktion, Beton)
- Putzsystem, einschließlich Angaben zu Detaillösungen Sockel, Anschlüsse etc.
- Wärmedämmung der Außenwände (Art, Material, Dicke)
- Oberflächengestaltung der Außenwände auf der Innenseite (z.B. Maler- und Tapezierarbeiten), ggf. abhängig von der unterschiedlichen Raumnutzung (z.B. Wohnzimmer/andere Zimmer, Küche, Bad/WC, Diele)
- Detaillierte Angaben zu Fliesen, Wandbelägen (Materialpreise, zu fliesende Flächen etc.)

Innenwände
- Konstruktion und Material der Innenwände
- tragende Innenwände z.B. Kalksandsteinmauerwerk, Ziegelmauerwerk, Porenbetonmauerwerk, Holztafelbauweise, Holzrahmenkonstruktion, Beton)
- nichttragende Innenwände (z.B. massive Mauerwerkswand, Ständerwand)
- Wanddicken
- Oberflächengestaltung, Material/Art abhängig von der unterschiedlichen Raumnutzung (z.B. Wohnzimmer/andere Zimmer, Küche, Bad/WC, Diele)
- Fliesen, Wandbeläge (Materialpreise, zu fliesende Flächen etc.)

Geschossdecken/Fußböden
- Konstruktiver Aufbau der Decken
- Massivdecken (z.B. Vollbetondecken, Fertigteil-Hohlraumdecke, Fertigteil-Rippendecke, Filigrandecke)
- leichte Deckenkonstruktion (z.B. Holzbalkendecke, Fertigteil-Holzdecke)
- Oberflächengestaltung der Deckenunterseite, Material/Art (Putz, tapeziert, gestrichen etc.)
- Fußbodenkonstruktion
- Aufbau oberhalb tragender Deckenkonstruktion, z.B. Aufbau und Material des Estrichs abhängig von der vorgesehenen Raumnutzung (z.B. Wohnzimmer/andere Zimmer, Küche, Bad/WC, Diele)
- Trittschalldämmung
- Abdichtung in Feuchträumen
- Angaben zu Bodenbelägen (Art, Materialpreise)

Innentreppen
- Wohngeschosstreppe
- Ausführungsart (z.B. massiv, Holz, Stahl)
- Oberflächengestaltung/Belag (Material/Art)
- Abmessungen, Steigungen
- Kellertreppe
- Ausführungsart (z.B. massiv, Holz, Stahl)
- Oberflächengestaltung/Belag (Material/Art)
- Geländer
- *Bei gewünschter barrierefreier Ausführung Eignung für Einbau von Treppenlift*

Dach (einschließlich Dachentwässerung)
- Dachkonstruktion (z.B. Flachdach/

Steildach, Sparren, Pfettendach etc.) sowie zum Material (z.B. Holz, massiv, Stahl), Dachneigung, Dachüberstand
- Dachdeckung bei Steildächern (z.B. Tonziegel, Dachstein aus Beton, Faserzement, Schiefer, Metall)
- Dachabdichtung bei Flachdächern (Bitumenbahnen, Kunststoff-/Kautschukbahnen, Flüssigkunststoff)
- Wärmedämmung (z.B. Zwischensparrendämmung, Aufsparrendämmung, Dämmung über Abdichtung, Dämmung unter Abdichtung)
- Qualität der Dämmung (Art, Material, Dicke)
- Holzschutz (z.B. konstruktiver oder chemischer Holzschutz)
- Dachentwässerung (innenliegende/außenliegende Entwässerung, Material von Dachrinne/Dacheinläufen/Fallrohren z.B. Zink, Kupfer, Kunststoff)
- *Wenn als Sonderlösung vorgesehen, dann Angaben zur Dachbegrünung (z.B. extensiv, intensiv)*

Fenster/Fenstertüren

- Material der Fensterrahmen und -flügel (z.B. Holz, Kunststoff, Aluminium, Aluminium-Holz-Verbund etc., thermisch getrennt)
- Art und Anzahl der Fenster
- Art der Oberflächenbehandlung (z.B. lasiert, lackiert, foliert, eloxiert)
- Sicherheitsanforderungen (z.B. einbruchhemmend, Widerstandsklasse (EF))
- Sonderverglasungen (z.B. Sicherheits-Isolierglas, Sonnenschutzglas)
- Beschreibung des Zubehörs einschließlich der Angaben zum Material (z.B. Rollläden, Klappläden, Sonnenschutz)
- Montageverfahren (z.B. Einbau nach Richtlinie der Bundesverbände)
- Fenstergriffe
- Fenster- und Solbänke

Türen

- Außentüren
  - Material von Türrahmen und -flügel (z.B. Holz, Kunststoff, Aluminium thermisch getrennt, Stahl, Iso-Glas (Füllung)
  - Einbruchschutz
  - Art der Oberflächenbehandlung (z.B. lasiert, lackiert, foliert, eloxiert)
  - Qualität der Drückergarnituren
  - Breite/Höhe (lichtes Maß) Innentüren
  - Anzahl der Innentüren
  - Angaben zum Material von Türrahmen und -flügel (z.B. Holz, Kunststoff, Stahl, Glas (Füllung) Konstruktion (z.B. Wabentüren etc.)
  - Art der Oberflächenbehandlung (z.B. lasiert, lackiert, foliert, eloxiert)
  - Qualität der Drückergarnituren
  - Breite/Höhe (lichtes Maß)

Balkone, Loggien, Terrassen, Wintergarten

- Balkone, Loggien, Terrassen
  - Art der Konstruktion und gewähltes Material (z.B. selbsttragend, thermisch entkoppelt, Stahlbeton, Holz, Metall)
  - Art und Material des Bodenbelags, Ausführung der Abdichtung sowie Ausbildung der Brüstungen
- Wintergarten
  - Art der Konstruktion und gewähltes Material (z.B. Holz, Metall)
  - Material/Art des Bodenbelags, Ausführung der Abdichtung
  - Unterscheidung in beheizt/unbeheizt

Außentreppen
- Hauseingangstreppe
  - Art der Ausführung und Oberflächengestaltung/Belag (z.B. Beton, Naturstein, Stahl etc.)
  - Geländer
- Kelleraußentreppe
  - Art der Ausführung und Oberflächengestaltung/Belag (z.B. Beton, Naturstein, Stahl etc.)
  - Geländer
  - Entwässerung

Beschreibung der haustechnischen Anlagen
Heizungsanlage und Trinkwassererwärmung

Wärmeversorgung
- Heizungssysteme (z.B. Nah- oder Fernwärme, Niedertemperatur oder Brennwertkessel), Hersteller
- Vorgesehene Energieträger/Brennstoffe (z.B. Öl, Gas, Flüssiggas, feste Brennstoffe, Elektro, regenerative Energie)
- Nennwärmeleistung
- Wirkungsgrad

Bei einer vorgesehenen Nutzung regenerativer Energien
- *Solaranlagen (gehören diese zum Standardangebot oder ist eine Nachrüstung möglich, technische Ausführung, Wirkungsgrad etc. (z.B. Installation vorbereitet, bereits installiert, Flachkollektoren, Röhrenkollektoren, Solarspeicher, bivalenter Solarspeicher))*
- *Wärmepumpe (Art und technische Ausführung, z.B. Luft/Wasser-Wärmepumpe, Luft/Luft-Wärmepumpe, Wasser/Wasser-Wärmepumpe, Sole/Wasser-Wärmepumpe)*

Heizung
- Ort der Aufstellung/Anschlussraum (z.B. Keller, beheizt/unbeheizt, Dachgeschoss, beheizt/unbeheizt, Wohnbereich)
- Ggf. Angaben zu weiteren Zusatzheizungen (z.B. Kachelofen, offener Kamin, Kaminofen), Aufstellorte, Materialqualität und Ausführung
- Art und Material der Abgasanlage/Schornstein (z.B. Abgasleitung, Schornstein, zweiter Zug, Material wie Metall, Keramik)
- Wärmeverteilung, dabei Anzahl der Heizkreise, Material der Rohrleitungen (z.B. Edelstahl, Kupfer, Kunststoff), Wärmedämmung nach EnEV
- Wärmeabgabe (z.B. Radiatoren, Flachheizkörper, Konvektoren, Fußbodenheizung, Luftheizung), technische Ausführung, Material
- Regelung der Heizungsanlage (z.B. Abhängigkeit von Außentemperatur)
- Regelung der Raumtemperatur (z.B. Thermostatventile, Einzelraumregelung (elektronisch), Einzelraumregelung mit Optimierungsfunktion)

Trinkwassererwärmung
- Art der Versorgung (zentral/dezentral)
- Beschreibung des Systems und der eingesetzten Technik (z.B. Ladespeicher, Durchflusssystem, Zirkulationsleitung, elektrische Begleitheizung,

Gastherme, Elektrospeicher, Elektro-/Gas-Durchlauferhitzer
- Wärmedämmung der Rohrleitungen nach EnEV

Parameter Heizung und Trinkwassererwärmung

Konkrete Angaben zur vorgesehenen technischen Ausführung
- Anschluss-/Kesselleistung
- Brennstofflagerung, Art der Lagerung (z.B. Tank im Keller, Erdtank, Flüssiggastank, Fassungsvermögen)
- Trinkwassererwärmung
- Speicherinhalt
- *Wenn vorgesehen: Angaben zur Solaranlage (wirksame Fläche, Speicher, Deckungsrate)*

Lüftungstechnische Maßnahmen

- Art der Lüftung
  - Freie (natürliche) Lüftung (mit/ohne Außenwanddurchlass)
  - Kontrollierte Be-/Entlüftung (ggf. mit Wärmerückgewinnung)
  - Einsatz weiterer Lüftungstechnik (z.B. Abluft-Dunstabzugshaube in der Küche)
  - *Falls vorgesehen, Angaben zu Sonderlösungen (z.B. Luftheizgeräte, Erd-Wärmeübertrager, solare Luftvorwärmung)*
  - *Sicherstellung der Verbrennungsluftzufuhr für Zusatzheizungen*

Sanitäranlage, Installation

Installation
- Hausanschlussstation/Hauswasserstation (Art, Hersteller)
- Ausstattung mit Anschlüssen (z.B. Waschmaschine, Geschirrspülmaschine (ggf. als Warmwasseranschluss), Gartenbewässerung etc.)
- weitere Anlagen oder Einrichtungen (z.B. Feinfilter, Druckminderer/Druckerhöhung, Zirkulationsleitung (Zeitschaltuhr gesteuert/bedarfsgesteuert), Fußbodenabläufe)
- *Falls vorhanden, Angaben zur Regenwassernutzungsanlage (Art und Lage)*
- Art der Installation (z.B. Vorwand- oder Sockelinstallation, schallentkoppelte Leitungsbefestigung und -verlegung)
- Material der Warm- und Kaltwasserleitungen sowie Abflussrohre/Schmutzwasserleitungen in Abhängigkeit von der Trinkwasserbeschaffenheit (z.B. verzinkte Stahlrohre, Kupferrohre, Kunststoffrohre, Edelstahlrohre, Gussrohre)
- Verlegeart der Wasserleitungen (unter Putz, auf Putz, im Fußboden, schallgedämmte Leitungen etc.)

Sanitärobjekte und Armaturen/Ausstattung
- Geplante Ausstattung (Anzahl, Abmessungen)
- Objekt- und Armaturenqualität (z.B. Hersteller, Serie)
- Wassersparende Ausführung

Elektroanlage, Installation

Detaillierte Beschreibung der Elektroanlage, dazu gehören Aussagen zu:

- Anschlussleistung/Einspeisung, Anzahl der Stromkreise (davon Gerätestromkreise, Steckdosenstromkreise, Drehstromkreise), ggf. BUS-Installation, Schutzsysteme (TN-C, FI-Schalter)
- Angaben zur Ausstattung der einzelnen Räume (Anzahl Lichtauslässe, Schalter, Steckdosen etc.)
- ggf. Leerrohrsystem
- Lage der Lichtauslässe, Schalter und Steckdosen
- Angaben zum Schalterprogramm (Design, Preisgruppe)
- *Bei Nutzung regenerativer Energien z.B. Photovoltaikanlage, Angaben zur eingesetzten Technik und Leistung sowie zur aktiven Fläche*

Informationsanlage

- Qualität und Umfang der Fernmeldeanlage (z.B. analog/digital (ISDN), Lage und Anzahl der Gerätedosen), Leerrohrsystem
- Antennenanlage (Kabelanschluss, Satellitenanlage, Hausanlage (Art, Anzahl und Verteilung der Anschlussdosen)
- Qualität und Umfang der Kommunikationsanlage (z.B. Klingelanlage, Gegensprechanlage, Videoanlage)
- *Wenn vorhanden, Angaben zur Gefahrenmeldeanlage, Art und Umfang sowie technische Beschreibung (Brandmeldeanlage, Einbruchmeldeanlage)*

Außenanlagen

- Grünflächen (Bodenarbeiten, Bepflanzungen)
- Geh- und Fahrwege, Terrassen
- – Material
- – Qualitäten (z.B. Preis pro qm)
- Stellplatz/Garage
- Einfriedung (z.B. Zäune einschl. Tore), Stützmauern
- Versorgungsanlagen auf dem eigenen Grundstück (z.B. Wasser, Abwasser, Strom, Gas, Telekom)
- Falls Erdwärmenutzung vorgesehen Bohrungen für Sonde oder Kollektor
- Müllstandplatz

Abnahmen und technische Nachweise

Es muss vereinbart werden, welche Abnahmeunterlagen und technischen Nachweise nach Abschluss des Bauvorhabens übergeben werden. Dazu gehören im Wesentlichen:

- Baugenehmigungsunterlagen
- Nachweise von Fachingenieuren (z.B. Statik etc.)
- Bescheinigungen für alle Gewerke über die fachgerechte mangelfreie Ausführung der Bauleistungen (Gewährsbescheinigung)
- Protokolle der bauaufsichtlichen Gebrauchsabnahme

- Energieausweis
- Schornsteinfegerabnahmeprotokoll
- Garantieurkunden für die Haustechnik (Elektro, Sanitär, Heizung, ggf. Lüftung etc.), Bedienungsanleitungen
- Bestandszeichnungen der technischen Gebäudeausrüstung
- Nachweise über die Unbedenklichkeit verwendeter Baustoffe und Materialien
- Gebäudeeinmessung: Zwischenzeitliches Baufluchtlinien- und ggf. Höhenattest des Vermessungsingenieurs je nach Landesrecht
- Nachweis über Güte- oder Qualitätsüberwachungssysteme

Entscheidungen vor einem Erwerb – was Sie sonst noch berücksichtigen sollten

Stichworte für wichtige Überlegungen, die grundsätzlich vor einem Erwerb geklärt und entschieden werden sollten.

- Kostengünstig qualitätsbewusst Bauen
- Barrierefrei und altersgerecht Bauen
- Gesund Bauen und Wohnen
- Energiegerecht Bauen
- Finanzierung und staatliche Förderung
- Erforderliche Versicherungen
- Vertragsgestaltung
- Grundstücksauswahl und Standortfaktoren
- Planungsverfahren und Vertragspartner
- Der Bauherr als Auftraggeber – Rechte, Aufgaben und Pflichten
- Referenzen des Anbieters

Quelle: Der Abdruck erfolgt mit freundlicher Genehmigung der »Initiative kostengünstig qualitätsbewusst Bauen«.

Neu oder gebraucht: So finden Sie die richtige Immobilie!

Bei der Suche nach einer Bestandsimmobilie werden Sie nicht nur gebrauchte, sondern auch viele Neubauten finden. Etwa solche, die der Bauträger während der Bauphase nicht verkaufen konnte und die jetzt leer stehen. Diese Häuser und Wohnungen können ein Schnäppchen sein, wenn die Preise ordentlich gepurzelt sind – oder auch nicht. Wie lassen sich Ladenhüter von echten Schnäppchen unterscheiden? Wie findet man ein passendes Objekt, in gewünschter Lage und in bestem Zustand? Zeitung, Makler und Internet können Ihnen helfen, schnell die eigenen vier Wände zu finden. Doch bleiben Sie wachsam, damit der Weg Sie nicht nur schnell, sondern auch sicher ans Ziel zu Ihrer Wunschimmobilie führt.

Ein Umzug gehört zu unserer mobilen Gesellschaft dazu. Entweder weil man beruflich flexibel ist oder weil sich die Lebensumstände verändert haben. Die Familie vergrößert oder verkleinert sich, und dadurch verrändern sich auch die Bedürfnisse an den Wohnraum. Sind Sie unter Zeitdruck, weil Sie zum Beispiel beruflich umziehen müssen, ist an dieser Stelle guter Rat teuer. Mit anderen Worten, Sie werden für die Suche vermutlich die Dienste eines Maklers in Anspruch nehmen müssen. Seine Provision kann Ihr Vorhaben noch einmal gründlich verteuern. Trotz Zeitdruck sollten Sie sich niemandem blind anvertrauen. Erkundigen Sie sich vorab nach seinem Ruf, lassen Sie sich Referenzen zeigen und welche anderen Objekte von ihm vermakelt werden. Machen Sie sich auch vorab selbst ein Bild davon, wo in der Stadt Ihrer Wahl die geeignete Wohngegend für Sie liegt, wie es um die Infrastruktur und die Erreichbarkeit von Schulen und Arbeitsstätte bestellt ist.

Wollen Sie Ihr Budget klein halten und haben Sie es nicht eilig, können Sie versuchen, auch ohne Makler ans Ziel zu kommen. In der Zeitung stehen in der Wochenendausgabe genügend Anzeigen, und auch im Internet werden die Chancen, die richtige Immobilie zu finden, immer größer.

> **WISO rät**
>
> **Meiden Sie unbedingt Affektkäufe. Erteilen Sie nicht gleich nach der ersten Besichtigung den Zuschlag, wenn Sie noch unerfahren sind. Verschaffen Sie sich erst einen Überblick, schauen Sie sich mehrere Objekte an. Lassen Sie sich nicht unter Druck setzen. Gerade als Einsteiger reagiert man viel zu leicht auf unseriöse Angebote oder Verkaufsmethoden.**

Bei Ihrer Suche muss klar sein, welche Immobilienkategorien infrage kommen, zum Beispiel eine Eigentumswohnung in einem Hochhaus oder in einer kleinen Wohnanlage. Kommt bei der Suche nach einem Haus nur ein freistehendes Einfamilienhaus infrage, oder können Sie sich auch mit einem Reihenhaus, Doppelhaus oder vielleicht sogar einem sanierungsbedürftigen Haus anfreunden, wenn die Lage stimmt? Je weniger Sie festgelegt sind, desto einfacher wird es sein, etwas Passendes zu finden.

Sie müssen überlegen, ob Sie abgelegen in einer ruhigen Wohnlage leben wollen oder ob ein Neubaugebiet oder der alte Ortskern besser zu Ihnen passt. Das hängt auch davon ab, was Sie bereit sind auszugeben. Wenn Sie die Kriterien festgelegt haben, beziehen Sie am besten die ganze Familie bei der Suche mit ein. Schließlich soll sich jeder nach dem Umzug wohlfühlen. Wenn Sie die nachfolgenden, unterschiedlichen Suchsysteme kennen gelernt haben, werden Sie von Woche zu Woche schneller und geübter – und zielsicher fündig.

In der Zeitung suchen

Die Immobilienanzeigen in der Zeitung können einem gleich zu Beginn die Laune verderben: zu klein geschrieben, zu wenig konkrete Informationen, zu viele Makler. Außerdem muss man die Sprache verstehen. Unkundige und ungeübte Interessenten haben es schwer, hinter den blumigen Beschreibungen der Profis die Wahrheit herauszulesen. Die knuffige Dachgeschosswohnung ist garantiert schräg und nicht möblierbar, die zentrale Lage spricht für eine Hauptverkehrsstraße, und in zwölf Minuten in der Stadt heißt vermutlich, dass das Haus direkt an der Autobahn steht. Doch Übung macht bekanntlich den Meister. Sie werden schnell herausfinden, was sich wirklich hinter und zwischen den Zeilen verbirgt.

Sollten Sie nicht schon die entsprechende Tageszeitung abonniert haben, gehen Sie mittwochs oder samstags an den nächsten Kiosk, noch besser an den nächsten Stadtbahnhof. Gerade an großen Bahnhöfen werden Sie über das umfangreiche Angebot an regionalen, überregionalen, internationalen Tageszeitungen und Wochenmagazinen staunen. Spezialisieren Sie sich erst einmal auf eine Immobiliensorte. Versuchen Sie ein Gefühl dafür zu bekommen, was ein Objekt in den verschiedenen Kategorien, Größen und Lagen überhaupt kosten kann. Nehmen Sie sich ein paar Stunden Zeit, um den Immobilienteil zu studieren. Bewaffnen Sie sich mit unterschiedlichen Markierstiften und durchforsten Sie die Inserate. Zum Beispiel könnten rot markierte Telefonnummern bedeuten: sofort anrufen, die gelben sind von privat, die blauen vom Makler, und Chiffreanzeigen werden grün unterlegt.

Achten Sie darauf, ob es sich um gewerbliche Angebote, zum Beispiel von einem Makler, oder private Verkäufe handelt. Dies muss aus den einzelnen Anzeigen eigentlich klar ersichtlich sein, aber Vorsicht: Hier wird auch gerne getrickst. Steht zum Beispiel nur die Telefonnummer oder die Handynummer unter der Anzeige, sollte die erste Frage beim Anruf immer lauten: »Sind Sie ein Makler?«

WISO rät

Die Telefonnummern in Zeitungsinseraten können Sie oft vorab überprüfen. Suchen Sie im Internet unter www.dasoertliche.de durch die Eingabe der Telefonnummer den Namen und die Adresse heraus. Alternativ können Sie auch im Adressbuch Straße und Hausnummer nachschlagen und so Bewohner und Nachbarn binnen Sekunden finden.

Einen großen Teil der Inserate machen Makleranzeigen aus, die Bauträgerobjekte vermakeln. Häufig steht dabei: ohne Provision, keine Maklercourtage, direkt vom Hersteller. Natürlich vermittelt der Makler nicht umsonst, seine Provision ist bereits im Kaufpreis enthalten. Da es dafür keinen einheitlichen Betrag gibt, sollten Sie von 5 bis 7 Prozent ausgehen. So haben Sie einen Anhaltspunkt dafür, was der Vermittler für seine Dienste bekommt und wie viel Verhandlungsspielraum noch drin ist. Verhandeln Sie auf jeden Fall; keine Immobilie geht zu dem Preis weg, der in der Zeitung steht.

Werden Sie aktiv und inserieren Sie selbst in den entsprechenden regionalen Tageszeitungen. Fangen Sie dabei nicht mit dem Wort »Suche« an, das ist unattraktiv, und Ihre Anzeige steht sowieso schon in der richtigen Rubrik. Beginnen Sie mit etwas, was die Aufmerksamkeit bindet, zum Beispiel »junge Familie«, »Arzt«, »Älteres Ehepaar«, und beschreiben Sie, was und wo Sie suchen. Etwa »Einfamilienhaus, kein Reihenhaus, in östlichen Vororten«. So weiß der Leser gleich, worum es geht.

Anzeigen können Sie telefonisch oder per E-Mail bei der Zeitung aufgeben. Dort erfahren Sie auch die Kosten der Anzeige, Auflage der Zeitung, Annahmeschluss und Erscheinungstag. Der Samstag eignet sich nach wie vor am besten, um die meisten Menschen zu erreichen.

Je größer die Anzeige und die Auflage der Zeitung, desto teurer wird sie. Leicht kommen zwei- oder sogar dreistellige Eurobeträge zusammen. Da Ihre erste Anzeige nicht gleich die erwartete Resonanz bringen muss, müssen Sie sich Gedanken machen, wie viel Geld Sie in Zeitungsinserate investieren wollen.

> **WISO rät**
> Legen Sie ein Budget für Ihre Zeitungsinserate fest. Wenn Sie zum Beispiel ohne Makler eine Immobilie kaufen möchten, kalkulieren Sie 5 bis 10 Prozent von einer zu sparenden Maklerprovision, dann haben Sie ein auskömmliches Budget für Zeitungsanzeigen. Wenn Sie das Geld für Anzeigen komplett sparen wollen, inserieren Sie in kostenlosen Anzeigenblättern, die ein- bis zweimal wöchentlich erscheinen. Hier zahlt nicht der Inserent, sondern ausschließlich der Zeitungskäufer.

Chiffreanzeige

Wenn Sie selbst als kaufwilliger Interessent eine Chiffreanzeige aufgeben, schützt Sie das leider nicht vor Maklern. Denn sobald eine Anzeige von privat erscheint, werden sie versuchen, ihre Dienste anzubieten: In der Maklerkartei gäbe es viele Verkaufsangebote und man werde Ihnen geeignete Angebote machen können. Ärgerlich ist das, vor allem dann, wenn man über eine Chiffreanzeige versuchen möchte, von privat zu kaufen.

Antworten Sie selbst auf eine Chiffreanzeige, kann das spannend werden. Sie wissen nicht, ob und wer antwortet. Denn Chiffreanzeigen verraten weder Telefonnummer noch Adresse des Verkäufers. Das kann verschiedene Gründe haben. Der Verkäufer will erst einmal im Verborgenen bleiben oder herausfinden, ob es für seine Immobilie überhaupt Interessenten gibt. Außerdem muss er nicht das ganze Wochenende neben dem Telefon sitzen. Er kann potenzielle Interessenten erst einmal sammeln, sortieren und überprüfen, um dann gezielt mit einzelnen Personen Kontakt aufzunehmen.

Wie sollten Sie vorgehen, wenn Sie eine interessante Chiffreanzeige entdeckt haben? Schreiben, klar – aber was? Verfassen Sie ein kurzes, individuelles Anschreiben. Nehmen Sie Bezug auf die Anzeige, stellen Sie sich und gegebenenfalls Ihre Familie kurz vor und bekunden Ihr Interesse an dem beschriebenen Objekt. Selbstverständlich vergessen Sie nicht Ihren Absender, Telefon-, Handynummer und E-Mail-Adresse anzugeben. Beschreiben Sie kurz, wann und wo Sie am besten zu erreichen sind. Adressiert wird der Brief an die Anzeigenabteilung der entsprechenden Tageszeitung unter Angabe der Chiffrenummer – selbstverständlich schon im Adressfeld. So kann der Zeitungsverlag den Umschlag ungeöffnet an den Inserenten weitergeben.

Wenn Sie sich etwas Routine im Umgang mit Chiffreanzeigen angeeignet haben und Ihre Standardbriefe im PC abgespeichert sind, kostet Sie jeder weitere Brief nur wenige Minuten und eine Briefmarke. Mit etwas Glück finden Sie auf diesem Wege Ihre Traumimmobilie und können dadurch mehrere (Zehn)tausend Euro Maklerprovision sparen.

Anzeigen im Internet

Immer erfolgreicher wird die Immobiliensuche im Internet. Sie können dort selbst eine Anzeige aufgeben oder die Angebote anklicken. Zunächst sollten Sie herausfinden, welche Internetseiten überhaupt für die Immobiliensuche in der betreffenden Region geeignet sind. Das werden in der Regel die Seiten der regional vertretenen Tageszeitungen sein. Fast alle stellen ihre Immobilieninserate mittlerweile ins Netz. Erkundigen Sie sich nach den Klicks, also danach, wie oft die Seite am Samstag, wenn die meisten Inserate geschaltet werden, aufgerufen wird. Entscheiden Sie sich für das auflagenstärkste Blatt. Meist sind Internetanzeigen günstiger als der Abdruck in der Zeitung.

Das Internet ist eine wahre Fundgrube für jeden, der auf Immobiliensuche geht. Schauen Sie auch auf die Seiten der Makler, der Banken und der städtischen Liegenschaftsämter. Bei der überregionalen Suche lohnt ein Blick auf

Betriebs- und Bundesimmobilien, die von den staatlichen Liegenschaftsverwaltungen angeboten werden.

Leider hat die Suche im Internet auch einige Nachteile: Die Inhalte sind nicht immer aktuell. Sie können endlos Zeit bei der Internetsuche verlieren und am Ende ärgerlicherweise feststellen, dass die Informationen veraltet sind. Gerade kommunale und staatliche Immobilienseiten sind oft veraltet und unvollständig. Nützliche Links im Internet sind:

www.immobilienscout24.de
www.immowelt.de

Auf eigene Faust suchen

Ein individueller Weg, eine Immobilie zu finden, besteht darin, sich im wahrsten Sinn des Wortes selbst auf Entdeckungstour zu begeben. Es braucht zwar viel Zeit und Geduld, kann aber – wenn Sie nicht unter Zeitdruck stehen – zur Traumimmobilie führen. Am besten laufen Sie durch die Wohngebiete, die für Sie infrage kommen. Mit aufmerksamem Blick achten Sie auf leer stehende Häuser, Wohnungen oder Grundstücke. Sie werden erstaunlich schnell selbst in sehr guten Lagen unbewohnte Objekte entdecken. Notieren Sie sich Straße, Hausnummer und Namensschilder – auch der Nachbarhäuser. Versuchen Sie, die Eigentümer über das Telefonbuch herauszufinden. Rufen Sie einfach an, in der Hoffnung, Antworten auf Ihre Fragen zu bekommen, oder klappern Sie zunächst Ämter und Behörden ab, um mehr Informationen zu erhalten.

Katasteramt

Den Eigentümer einer Immobilie findet man leicht: Ein Gang zum Katasteramt genügt. Hier werden das sogenannte Liegenschaftsbuch sowie die Flurkarten als Bestandsverzeichnis geführt, und Sie bekommen den Namen des Eigentümers, Wohnort, aber nicht immer die Adresse, die Grundstücksgröße, Flur und Flurstück genannt. Die Verzeichnisse können dort (noch) gebührenfrei eingesehen werden. Bei manchen Gemeinden genügt sogar ein Anruf, um die Daten genannt zu bekommen. Sofern ein »berechtigtes Interesse« dargelegt wird, zum Beispiel Kaufinteresse, darf man die Katasterunterlagen einsehen und sich eine sogenannte Abzeichnung der Flurkarte ausdrucken lassen.

Amtsgericht und Grundbuchamt

Was machen, wenn der Eigentümer verstorben ist? Hier hilft das zuständige Amtsgericht weiter. Die Gerichte sind manchmal etwas unflexibel. Teilweise ist ein schriftlicher Antrag erforderlich, um die Erben genannt zu bekommen. Nette Mitarbeiter erzählen Ihnen aber auch gerne den derzeitigen Stand, wann der Erbschein voraussichtlich ausgestellt werden kann beziehungsweise wie die Erben heißen. Wenn der Onkel aus Amerika als Erbe noch gesucht werden muss, kann es sogar mehrere Jahre dauern, bis ein Verkauf der Immobilie möglich wird. Auch große Erbengemeinschaften brauchen lange, bis die Preisvorstellungen unter einem Hut sind. Erzielt eine Erbengemeinschaft keine Einigkeit oder war der Verstorbene verschuldet, kann es zur Zwangsversteigerung kommen. Zuständig ist hier wieder das Amtsgericht. Wie Sie innerhalb von Sekunden, nur durch das Anheben der Hand, bei einer Zwangsversteigerung zu einer Immobilie kommen, können Sie im Kapitel »Zwangsversteigerungen: Wenn der Hammer fällt« nachlesen.

Städte, Gemeinden und Vereine

Gehen Sie zu Ihrer Stadtverwaltung und informieren Sie sich selbst nach Leerständen und Neubaugebieten. Das Stadtplanungsamt, das Wohnungsamt, städtische Entwicklungs- und Wohnbaugesellschaften und auch die Bauaufsicht sind über die verschiedenen Projekte und Entwicklungen einer Stadt am besten informiert. Auch die Liegenschaftsämter sollten Sie bei der Suche nicht auslassen. Die haben für jedermann etwas im Angebot, vom kleinen Häuschen im Sanierungsgebiet bis zur Wohnung im Park. Bei den Behörden laufen alle Drähte zusammen.

Hier können Sie auch Projekte und Programme für die unterschiedlichsten Zielgruppen kennen lernen. Sie werden erstaunt sein, was die öffentliche Hand alles fördert. Wenn Sie die Voraussetzungen erfüllen, kann das geradezu der Schlüssel für Ihre Immobilie werden. Erkundigen Sie sich danach, welche Projekt gerade laufen und was gefördert wird. Zum Beispiel verkaufen Wohnungsbaugesellschaften, deren Förderzeitraum abgelaufen ist, ihre Immobilien aus den Sechziger- und Siebzigerjahren zu günstigen Preisen. Zunächst müssen zwar die Mieter gefragt werden, doch ein großer Teil landet auf dem freien Markt. Auch die Kontaktaufnahme mit einem Haus- und Grundeigentümerverein kann zum Erfolg führen. Wer etwas Besonderes sucht, kann bei der Bundesbahndirektion nachfragen und künftig vielleicht in einem ausgedienten Bahnhof wohnen.

Auf dem Land

Achten Sie auf Aushänge in Banken oder bei Bausparkassen, in Kindergärten, Schulen, Supermärkten und in Tante-Emma-Läden. Sie werden kaum glauben, was da alles angeboten wird. Gerade in kleineren Ortschaften werden in öffentlichen Gebäuden, vielleicht sogar an der Pinnwand im Bürgermeisteramt oder beim Pfarrer im Gemeindehaus, Immobilien feilgeboten. Sprechen Sie auch den Postboten oder den Wirt in der Dorfkneipe an. Die haben nicht selten ein paar Tipps für Sie.

Sprechen Sie mit der Nachbarschaft

Ein spontanes Gespräch mit der Nachbarschaft über den Gartenzaun kann erste Fragen zu einem Objekt beantworten. Scheuen sich nicht, auch mal zu klingeln. Meistens sind gerade die Nachbarn stark interessiert, herauszufinden, was sich auf dem leeren Grundstück nebenan tun wird und wer möglicherweise einziehen könnte. Nachbarn können teilweise perfekt und umfangreich über das begehrte Objekt und den Eigentümer informieren. Oft müssen Sie nur geduldig und aufmerksam zuhören, um die ganze Lebensgeschichte des Hauses, der Eigentümer und Mieter zu erfahren. Gleichzeitig bekommen Sie interessante Hinweise zur Wohnqualität des Quartiers und zum Umfeld Ihrer favorisierten Immobilie. Brennende Fragen können sofort geklärt werden: Warum steht das Haus leer? Wie lange schon? Gibt es Interessenten für die Immobilie? Wurde das Haus schon öfter besichtigt? Ist bereits ein Makler für das Objekt beauftragt? Welche Mängel sind gerade der Nachbarschaft bekannt?

Suchen Sie Kontakt mit dem Eigentümer

Wenn Sie den Eigentümer über einen der genannten Wege gefunden haben, machen Sie sich Gedanken, wie Sie mit ihm Kontakt aufnehmen wollen – schriftlich oder telefonisch? Wählen Sie den Weg, der Ihnen besser liegt. Wenn Sie gerne schreiben, genügt ein kurzer Brief. Oder Sie greifen spontan zum Telefon. Sie sollten positiv und vorsichtig vorgehen, denn er könnte sich auch über den Anruf ärgern. Da ist Fingerspitzengefühl gefragt. Selbstverständlich rufen Sie zur richtigen Tageszeit an und fallen nicht mit der Tür ins Haus: Stellen Sie sich kurz vor und beziehen Sie sich auf den netten Nachbarn, mit dem sie bereits gesprochen haben. Lassen Sie nicht den Eindruck entstehen, schon zu viel herumgeschnüffelt zu haben, das könnte den anderen auch misstrauisch werden lassen. Nach der höflichen Einleitung kommen Sie konkret auf Ihr Anliegen zu sprechen: »Beim letzten Spaziergang habe ich Ihr leer stehendes Haus entdeckt, über das Katasteramt/über Ihren Nachbarn, Herrn Schmidt, wurde mir Ihre Adresse genannt.« Auch jetzt werden Sie wieder überrascht sein, wie gesprächig die meisten Eigentümer sind. Viele wollen ihr Haus in gute Hände geben und verkaufen vielleicht nicht an jedermann. Alles ist möglich!

Architekt, Bauträger und Fertighausanbieter

Wenden Sie sich an den ortsansässigen Architekten. Er hat jeden Tag mit den Ämtern zu tun, kennt sich aus und weiß, wo es in der Gegend Bauplätze gibt oder wo gebrauchte Immobilien zu finden sind. Er kann Ihnen auch sagen, ob ein Bauträger seriös ist. Zum Beispiel bauen in einem Neubaugebiet viele verschiedene Firmen, und die Konkurrenz schläft nicht. Sie können gerade auf dem Land sicher sein, dass jeder jeden genau beäugt. Der Architekt vor Ort weiß, wer zu empfehlen ist und wer nicht; fragen Sie ihn danach! Beim Bauträger hat man den Vorteil, dass Sie alle Leistungen aus einer Hand bekommen: Grundstück, Haus und Architekt. Schauen Sie sich vor Ort um, wer was baut und was Ihnen gefällt. Fragen Sie die Bauherren am besten direkt auf der Baustelle, wie der Bau voranschreitet und welche Probleme es mit dem Bauträger gibt. Auch Fertighausanbieter haben einen Pool von Grundstücken, die sie natürlich nur in Verbindung mit ihrem Fertighaus verkaufen. Sehen Sie sich vorab einmal bei einer Musterhausausstellung um, die es in jeder größeren Stadt gibt. Auskunft erteilt der Deutsche Fertighausverband in Stuttgart, www.dfv.com.

Mit einem Makler suchen

Wenn Sie selbst keine Zeit und keine Nerven haben, selbst zu suchen, müssen Sie sich an einen Makler wenden. Suchen Sie sich einen renommierten aus. Jemand, der Ihnen Vermittlungserfolge und Referenzen nennen kann. Gerade wenn Sie nicht selbst vor Ort sein können, sind Exposés, fundierte Beratung und Vertrauen von großer Bedeutung. Makler können die Suche enorm erleichtern, denn sie verfügen über Karteien und können so Käufer und Verkäufer schneller zusammenbringen.

Wichtige Frage: Wer trägt die Maklerprovision? In Deutschland ist es üblich, dass der Käufer zahlt, nachdem der Kaufvertrag zustande gekommen ist. In anderen Ländern muss häufig der Verkäufer die Provision bezahlen. Meist holt er sich diesen Betrag aber durch einen höheren Verkaufspreis wieder zurück. Eine weitere Möglichkeit ist die Halbe-halbe-Regelung: Käufer und Verkäufer teilen sich die Kosten für den Makler. Hier gilt: Alles ist verhandelbar, aber ganz besonders die Maklerprovision!

Gute Makler kennen die Lage auf dem Immobilienmarkt der Region, wissen, wo es geeignete Objekte gibt und was sie kosten dürfen. Sie sollten sich auf Alteingesessene konzentrieren, die Erfahrung auf dem Immobilienmarkt haben. Ein Makler braucht zwar keine Qualifikation, um den Beruf auszuüben, aber mitunter hat er dennoch etwas vorzuweisen. Ein weiteres Kriterium bei der Auswahl kann die Zugehörigkeit zu einem Maklerverband sein. Es gibt in Deutschland zwei große Maklerverbände, die eine eigene Satzung haben und sich Selbstverpflichtungen auferlegt haben. Beide Verbände haben mehrere Tausend Mitglieder.

Nicht jeder Makler ist sein Geld wert! Stellen Sie ihn auf den Prüfstand, indem Sie ihm Detailfragen zur Immobilie stellen:

- Wie alt ist die Heizung?
- Wie hoch war die letzte Schlussrechnung bei den Nebenkosten?
- Wie viel ist für die Grundsteuer zu zahlen?
- Kann man das Gartenhäuschen abreißen?
- Darf man anbauen?

Das und mehr zeigt, wie sich der Makler auf seine Aufgabe vorbereitet hat und ob er seinen Job ernst nimmt. Besuchen Sie den Makler in seinem Büro. So bekommen Sie einen Eindruck von der Arbeitsatmosphäre, ob er alles nebenbei erledigt oder professionell arbeitet. Fragen Sie außerdem, ob er eine Berufshaftpflichtversicherung abgeschlossen hat.

Bei Makleranzeigen auch zwischen den Zeilen lesen!

Keine Angabe zum Baujahr der Immobilie: Es handelt sich vermutlich weder um einen echten Altbau noch um einen Neubau jüngeren Datums.
Denkmalgeschützt ohne nähere Erläuterungen: Bauliche Änderungen werden kaum oder nur unter schwierigen und kostspieligen Umständen möglich sein
DIN-Normen als Qualitätsangabe: Eher unüblich. Der Inserent könnte ein Techniker sein. **Wahrscheinlich sind die** qualitativen Mindestanforderungen an die Bauleistungen erfüllt.
Eigentumswohnanlagen: Klingt groß. Wahrscheinlich ein Hochhaus mit 20 oder mehr Parteien.
Erhaltungszustand einer gebrauchten Immobilie nicht beschrieben: Sie müssen sich auf hohe Sanierungskosten einstellen.
Grundstücksgröße bei Hausanzeigen fehlt: Grundstück sehr klein oder ungünstig geschnitten.
Liebhaberobjekt: Stark renovierungsbedürftig mit entsprechenden Folgekosten.
Notverkauf: Vorsicht ist geboten, denn gerade in der Not hat niemand etwas zu verschenken.
Ruhige Lage mitten in der Stadt: Gute Verkehrsanbindung mit entsprechender Geräuschkulisse.
Sanierung aufwändig oder luxuriös: Rechtfertigungsversuch für einen überhöhten Preis.
Schnellverkauf: Steht wohl schon lange leer.
Seriöses Umfeld: Keine Wohngegend, sondern Bürohausviertel ohne nahe gelegene Einkaufsmöglichkeiten.
Verkehrsgünstig oder zentrale Lage: Stark frequentierte Straße in Autobahnnähe.
Wohnanlage mit Zukunft: Neubaugebiet, in dem noch jahrelang gebaut werden wird.

Wie wird man Makler?

Makler kann jeder werden, da keine Ausbildung erforderlich ist. Wer den Beruf des Immobilienmaklers ausüben will, benötigt lediglich eine Erlaubnis gemäß der Gewerbeverordnung. Diese Erlaubnis wird in der Regel jedem erteilt, der nicht vorbestraft ist und bei dem kein Konkurs oder kein Vergleichsverfahren vorliegt. Hieraus resultiert das Problem, dass viele fachfremde, ungelernte und damit oft unseriöse Personen diesen Beruf ausüben. Wer also nicht von privat kauft, sondern sich auf einen Makler einlässt, muss selbst herausfinden, wem er vertrauen kann. Besonders skeptisch sollte man sein, wenn von einem Makler gleichzeitig Finanzierungsangebote präsentiert werden. In solchen Fällen will ein Makler oft nicht unabhängig beraten, sondern doppelt verdienen. Achten Sie deshalb darauf, ob Ihr Makler in einem der beiden großen Berufsverbände organisiert ist: dem RDM, dem Ring Deutscher Makler, einem Zusammenschluss von führenden Immobilien- und Finanzmaklern, oder dem VDM, dem Verband Deutscher Makler. So kann man zumindest sicherer sein, dass es sich bei dem Makler nicht um eine Eintagsfliege handelt und er morgen wieder mit Gebrauchtwagen sein Geld verdient.

Wie hoch ist die Provision?

Die Maklerprovision – auch Maklerlohn oder Courtage genannt – ist eine erfolgsabhängige Vergütung für die erbrachten Leistungen, die einen bestimmten Prozentsatz vom Wert eines Immobiliengeschäfts betragen. Im § 652 BGB ist klargestellt, dass die Begriffe Nachweis und Vermittlung gleichgestellt sind. Das heißt, allein durch die Beauftragung des Maklers hat er bei Vertragsabschluss Anspruch auf die Provision. Dabei ist es egal, ob er die Vermittlung tatsächlich herbeigeführt hat oder nicht. In der Praxis bedeutet das: Selbst wenn der Verkäufer durch sein eigenes Bemühen einen Käufer findet, hat der Makler das Recht, vom Käufer Provision zu verlangen. Außerdem ist die Höhe des Maklerlohns völlig unabhängig vom Zeiteinsatz und den Auslagen des Immobilienmaklers. Kommt es nicht zum Vertragsabschluss, bleibt der Makler auf seinen Auslagen sitzen, es sei denn, er hat mit dem Verkäufer etwas anderes ausgehandelt.

Damit trägt ein Makler ein nicht unbeträchtliches Kostenrisiko. Sämtliche Zeitungsanzeigen, Besichtigungstermine, Beratungen und Bemühungen können für ihn umsonst gewesen sein, wenn Sie sich für keine oder eine andere Immobilie entscheiden. Auch muss er die Fixkosten seines Betriebes und die Kosten für Vermittlungsversuche, die nicht zum Erfolg führten, durch die Provision wieder hereinholen. Hieraus erklärt sich, warum die Maklerprovision erst einmal ungerechtfertigt hoch erscheint. Der Gesetzgeber hat deren Höhe auch nicht begrenzt. Weil sich in jedem Bundesland unterschiedliche Provisionen durchsetzen lassen, kommt es regional zu großen Unterschieden. Eine aktuelle Aufstellung über die genauen Höhen gibt es nicht. Die Fachhochschule Anhalt hat in einer empirischen Forschungsarbeit erstmals zusammengetragen, welche Provisionsvereinbarungen Immobilienmakler, Haus- und Wohnungseigentumsverwalter sowie Baubetreuer treffen. In den vergangenen Jahren haben sich die Sätze jedoch noch einmal erhöht, sodass die Spanne mittlerweile zwischen 5,5 und sieben Prozent liegen dürfte. Dazu kommt noch die Mehrwertsteuer von 19 Prozent.

Um die Provisionen gibt es immer wieder Streit. Häufig berufen sich Makler auf »ortsübliche« Forderungen, die jedoch keinesfalls verbindlich sind, wie eine Untersuchung des Vereins »wohnen im eigentum e. V.« ermittelte. Bei 200 Scheinverhandlungen kam auch heraus: Wer verhandelt, zahlt weniger! Die Provision lag danach durchschnittlich 20 Prozent unter dem ortsüblichen. Das ist zwar nicht repräsentativ für das ganze Bundesgebiet, gibt jedoch einen Anhaltspunkt dafür, was in der Branche möglich ist.

WISO rät

Verhandeln lohnt bei Maklern fast immer. Noch besser ist es, beim Kaufpreis zu feilschen. Das spart Maklercourtage, Finanzierungskosten und Grunderwerbsteuer.

Vorsicht: Doppelt kassieren ist keine Seltenheit!

Immer wieder kann es passieren, dass Sie unerwartet mehrere Maklerrechnungen in Ihrem Briefkasten haben. Wie kann das passieren? Sie erhalten ein Exposé von einem Makler, vielleicht besichtigen Sie sogar mit dem Makler das Objekt, wollen es aber nicht erwerben. Monate später wird Ihnen das Objekt wiederum durch einen anderen, zweiten Makler angeboten. Der Kaufpreis ist mittlerweile sogar akzeptabel geworden, und Sie entschließen sich, das Objekt zu kaufen. Sie bezahlen selbstverständlich den zweiten

Makler. Der erste Makler erfährt von dem Vertragsabschluss und kann nachweisen, dass Sie erstmalig durch ihn von dem Objekt erfahren haben; er schickt Ihnen deshalb ebenfalls eine dicke Rechnung.

Auch Anwälte sind oft ratlos, wenn es um Maklerprovisionen geht. Ein WISO-Zuschauer zog vor Gericht und verlor. Er erwarb von einer Bausparkasse eine gebrauchte Immobilie im Wert von 125 000 Euro. Die Maklerprovision in Höhe von 4 350 Euro hatte der Verkäufer gezahlt. Doch damit nicht genug: Auch der Käufer erhielt eine Rechnung über den gleichen Betrag. Der Richter bemerkte zwar, dass die Bausparkasse nun üppige 8 700 Euro kassiert habe, dass sich die Provision aber mit 6,96 Prozent im zulässigen Rahmen bewege.

In einem anderen Fall hat die Immobilienabteilung einer Sparkasse ein Einfamilienhaus angeboten. Beim Besichtigungstermin wurde dem Interessenten der Objektnachweis mit Courtagevereinbarung überreicht. Letztlich kam der Kaufabschluss aber nicht mit der Sparkasse zustande, sondern das Haus wurde über eine Zwangsversteigerung erworben. Die Sparkasse schickte dennoch die Rechnung, und der Käufer musste zahlen. Denn nach der Rechtsprechung darf bei einer vorliegenden Individualvereinbarung die Provision auch bei einer Zwangsversteigerung kassiert werden.

So urteilten Gerichte

Haben Sie Zweifel an der Rechtmäßigkeit der gezahlten Maklercourtage, können Sie Ihr Geld aber nur drei Jahre lang zurückholen. Die Verjährungsfrist läuft ab dem Tag, an dem Sie als Käufer erstmals erfahren haben, dass zu Unrecht bezahlt wurde. Das kann zum Beispiel sein, wenn Sie im Nachhinein erfahren, dass Verkäufer und Makler in einem wirtschaftlichen Verhältnis zueinander stehen. Makelt etwa der Sohn oder der Hausverwalter des Eigentümers, dann entfällt der Provisionsanspruch.

Achtung!
Makler lassen sich schwer umgehen. Auch nicht mit diesem Trick: Eine Frau ließ sich ein Grundstück zeigen und schlug das Geschäft aus. Später unterzeichnete jedoch ihr Bruder den Kaufvertrag. Der Makler verlangte die Courtage zu Recht.

Der Makler hat fast immer Anspruch auf Vermittlungsprovision Ein Makler bekommt dann eine Provision, wenn er maßgeblich am Zustandekommen des Vertrages beteiligt ist. Ausschlaggebend ist alleinig, dass der Makler Anbieter und Interessent vermittelt hat. Dies ist auch dann der Fall, wenn der Interessent während der Verhandlungen den Kontakt zum Makler abbricht und sich dann trotzdem für das betreffende Objekt entscheidet (BGH, Az. III, ZR 71/95-04/96).

Maklerangaben dürfen nicht absichtlich falsch sein (OLG Koblenz Az.: 5 U 225/01 vom 21.06.2001). Sofern ein Makler vorsätzlich oder grob fahrlässig dem Interessenten falsche Angaben zur Kaufpreishöhe macht (vor allem wenn er diese in den Vorverhandlungen nicht konkret benennt), verwirkt er trotz grundsätzlicher vorheriger Akzeptanz der Provision den Anspruch. Hierbei kann unterstellt werden, dass der Käufer durch »Schocktherapie« vor einer Beurkundung des Verkaufs zu einer Entscheidung gedrängt werden sollte.

Das Exposé ist keine Garantie (OLG Hamm, Az.: 22 U 172/99). Das Exposé des Maklers ist eine reine Objektbeschreibung und keine Zusicherung von Eigenschaften. Ein späterer Kaufvertrag kann deswegen nicht angefochten werden, zumal Erklärungen des Maklers nicht automatisch dem Verkäufer zugerechnet werden können.

Der Makler kann nicht mehrere Jobs gleichzeitig haben und Provision kassieren Die Provision kann zurückgefordert werden, wenn der Makler gleichzeitig auch als Verwalter (BGH, Az. III ZR 5/03), Eigentümer (BGH, Az. III ZR 41/03) oder WEG-Verwalter von Eigentumswohnungen (BGH, Az. III ZR 299/02) aufgetreten ist.

Ein Makler-Alleinvertrag muss faire Kündigungsfristen haben Das OLG Celle (vom 20.01.2005, AIZ-Rechtsprechung A 101, Blatt 11) erklärte einen qualifizierten Makler-Alleinauftrag für unzulässig, weil dieser mit einer Laufzeit von sechs Monaten ausgestattet war und nach Ablauf nur mit einer Frist von 90 Tagen gekündigt werden konnte. Bei einer derartig langen Laufzeit sei die vereinbarte Klausel in jedem Fall unwirksam, auch wenn der Verkäufer selbst ein Makler sei.

Haftungsausschluss Hat der Makler im Exposé einen Hinweis auf einen Haftungsausschluss aufgenommen, kann er für falsche Angaben nicht belangt werden. Dieser könnte wie folgt lauten: »Alle in diesem Angebot enthaltenen Angaben, Abmessungen und Preisangaben beruhen auf Angaben des Verkäufers (oder eines Dritten). Der Makler übernimmt hierfür keine Haftung.« Bewusst unrichtige Exposé-Angaben führen zum Verlust der Provisionsforderung. Durch unrichtige Angaben können auch Schadenersatzansprüche entstehen (OLG Hamm NJW-RR 1993, Seite 506; OLG Düsseldorf NJW-RR 1999, 848).

Reservierungsgebühr Wer sich eine Immobilie zum Kauf von einem Makler reservieren lässt, muss mit hohen Entgelten rechnen, wenn es nicht zum Kauf kommt. Eine Reservierung begründet den Anspruch auf eine erfolgsunabhängige Teilprovision. (BGH, NJW 1988,1716,1718;OLG Hamm, NJW-RR 1989, 1209; OLG Stuttgart, NJW-RR 1996, 822)

Checkliste für die Immobiliensuche mit einem Makler

- ☐ Werden Ihnen unaufgefordert Exposés zugesandt, schicken Sie diese zurück. Vermerken Sie gegebenenfalls, dass Sie die Immobilie schon kennen. Sonst kann es Ihnen passieren, dass Sie auch bei einem Vertragsabschluss ohne Makler eine Rechnung bezahlen müssen.
- ☐ Anzeigen und Exposés müssen eindeutig zu erkennen geben, dass es sich um gewerbliche Angebote handelt. Anzeigen, die den Eindruck eines Privatangebots machen, sind wettbewerbsrechtlich unzulässig.
- ☐ Wenn Sie sich für den Kauf einer Immobilie mit Makler entschieden haben, fordern Sie Ihren Makler auf, auch die entsprechenden Leistungen zu erbringen. Nur eine Besichtigung mit unverbindlichen Angaben ist zu wenig.
- ☐ Lassen Sie sich alle wichtigen Angaben schriftlich geben. Löchern Sie den Makler mit Fragen, und bestehen Sie auf entsprechend konkreten Angaben, die er selbstverständlich auch nachliefern kann.
- ☐ Bestehen Sie auf mehrmaliger Besichtigung des Objekts, wenn Sie im Zweifel sind. Eine Begehung zu unterschiedlichen Zeiten und Wochentagen ist unentbehrlich. Die meisten Makler wählen den

Besichtigungstermin sehr kreativ aus und legen ihn auf günstige Tageszeiten. Zum Beispiel hört man sonntags nicht den Berufsverkehr, in den Ferien gibt es keinen Schulhof- oder Kindergartenlärm, und wochentags hört man nicht den Fußballverein.

Welche Leistungen können Sie von einem Makler erwarten?

Wenn Sie einen Makler besuchen, wird er sich nett um Sie kümmern. Schicke Kleidung und repräsentative Autos sind fast obligatorisch. Bei Ihrem ersten Gespräch können Sie Ihre Wünsche zu Protokoll geben, die Immobilienkartei wird durchforstet, und Kaffee gibt es sicher auch. Hat er ein passendes Objekt gefunden, wird er Sie zur Besichtigung einladen. Nicht immer ist ein Exposé vorhanden, und auch Grundrisse und Lagepläne gehören nicht automatisch zum Service. Aber ein Formular, dass Sie beim Zustandekommen des Kaufvertrags zahlen müssen, hat er garantiert dabei. Der Makler begnügt sich in der Regel mit den Unterlagen, die ihm der Verkäufer zur Verfügung stellt. Achtung: Er muss die Angaben des Verkäufers nicht kontrollieren. Wollen Sie mehr Details erfahren, müssen Sie hartnäckig bleiben. Fragen Sie ihn, woher er seine Angaben hat und ob sie verbindlich sind. Lassen Sie sich wichtige Aussagen schriftlich bestätigen, sonst haben Sie im Haftungsfall nichts in der Hand. Der Makler sollte vor allem zu folgenden Punkten Auskunft geben können:

Ermittlung des Marktpreises

In der Regel wird nur der Gesamtpreis für die entsprechende Immobilie in einem Exposé ausgewiesen. Wie es zu dem Preis kam, bleibt allerdings häufig offen. Lassen Sie sich deshalb genauer darlegen, wie der Makler den marktgerechten Preis überhaupt ermittelt hat. Nur so haben Sie eine Chance, den Marktwert nachvollziehen und überprüfen zu können.

Lageplan des Grundstücks oder Anwesens

Bei dem zuständigen Katasteramt kann Ihr Makler von jedem Grundstück einen Lageplan einsehen oder, was mittlerweile oft möglich ist, gegen Gebühr auch ausdrucken lassen. In der Katasterunterlage ist die genaue Grundstücksgröße ersichtlich. Sämtliche Gebäude und Anbauten sind ebenfalls dargestellt. Sollten Gebäude oder Gebäudeteile nicht eingezeichnet sein, muss konkret recherchiert werden, warum. Vielleicht handelt es sich um Schwarzbauten, die auch im Nachhinein nicht genehmigt werden können. Vorsicht: Unter Umständen bleiben Sie auf den Abrisskosten sitzen.

Bebauungsplan

Sie benötigen verlässliche Angaben darüber, ob es für Ihr Grundstück einen Bebauungsplan gibt. Ist das Grundstück oder Nachbargrundstück bereits voll ausgenutzt, oder können noch weitere Gebäude, Aufstockungen oder Anbauten realisiert werden? Welche Nutzungen sind überhaupt in dem Gebiet zugelassen? Lassen Sie sich diese Angaben schriftlich geben, da sie einen großen Einfluss auf den Wert Ihrer Immobilien haben können.

Denkmalschutz

Bei älteren Gebäuden benötigen Sie zuverlässige Angaben, ob Ihre zukünftige Immobilie gegebenenfalls unter Denkmalschutz steht. Verlassen Sie sich hier nicht auf unverbindliche Angaben des Maklers oder Eigentümers. Wenn Denkmalschutz besteht, darf das Haus gegebenenfalls nicht abgerissen oder umgebaut werden. Welche Veränderungen sind überhaupt möglich?

Historie der Immobilie

Der Makler sollte Ihnen ebenfalls je nach Objekt detaillierte Angaben zur Geschichte der Immobilie machen können. Welche Bewohner, welches Gewerbe, welche Nutzungen waren auf dem Grundstück untergebracht? Das können wertvolle Indizien sein, um gegebenenfalls auf Altlasten oder auch sogenannte Zweckentfremdungen schließen zu können.

- Historie des Anwesens – auch bei bebauten Grundstücken (Altlasten, Kontaminierung)
- Baubeschreibung des Objekts
- Ansichten, Grundrisse, Schnitte des Objekts
- Bodengutachten
- Statische Berechnungen

- Flächenberechnungen
- Baugenehmigung des Hauses (Sie wollen schließlich keinen Schwarzbau kaufen)
- Liegt auch für alle Aus- und Umbauten (z. B. Ausbau des Dachbodens) eine Baugenehmigung vor?

Grundbuchauszug

Sie benötigen exakte Informationen über die entsprechenden Angaben im Grundbuch. Im Grundbuch können unterschiedlichste Ansprüche von Banken, Gemeinden und sonstigen Personen verankert sein. Bei einem sorgfältig ausgearbeiteten Exposé sollten auch diese Daten nicht fehlen. Alle Ihre Bemühungen können vergebens gewesen sein, wenn Sie erst Ihr Notar auf gewisse Beschränkungen aufmerksam macht, zum Beispiel Nießbrauch oder Sanierungsvermerke.

Baulasten

Neben dem Grundbuch des Amtsgerichts hat jede Gemeinde ein davon unabhängiges Baulastenverzeichnis. Liegen hier Eintragungen vor? Hat vielleicht ein Nachbar gewisse Nutzungsrechte in Bezug auf das von Ihnen begehrte Grundstück eintragen lassen?

Miet- und Pachtverträge

Sollten bei der zum Verkauf stehenden Immobilie Miet- oder Pachtverträge bestehen, müssen Sie diese unbedingt selbst einsehen. Verlassen Sie sich nicht auf unverbindliche Angaben des Immobilienmaklers.

Steuer- und Versicherungsunterlagen

Lassen Sie sich auch die Steuer- und Versicherungskosten der Immobilie vorlegen. So können Sie abschätzen, was an laufenden Kosten auf Sie zukommt. Nach der Unterzeichnung des Kaufvertrags haben Sie bei Versicherungen ein Sonderkündigungsrecht von vier Wochen. Innerhalb dieser Zeit müssen Sie sich entscheiden, ob Sie die alten Verträge fortführen oder zu einer anderen Versicherung wechseln wollen.

Zins- und Tilgungsleistungen

Auf den meisten Immobilien lasten Forderungen. Bitten Sie den Makler, sich beim Verkäufer über die bisherige Darlehensfinanzierung zu erkundigen. Wie hoch ist die Restschuld zum Zeitpunkt der Übergabe? Wie wird das Darlehen abgelöst? Die Immobilie sollte immer schuldenfrei auf Sie übergehen!

Kosten und Abgaben

Um sämtliche Nebenkosten einer Immobilie beurteilen zu können, benötigen Sie zumindest Einblick in die entsprechenden Nebenkostenabrechnungen. Nur anhand der vollständigen Verbrauchsdaten von Heizung, Warmwasser und Strom können Sie beurteilen, wie sparsam das Gebäude wirklich ist und ob Sie die Nebenkosten neben Ihren sonstigen Finanzierungsbelastungen auch wirklich aufbringen können.

Besonderheiten

Ist die Immobilie vielleicht hochwassergefährdet oder liegt sie in der Nähe eines Flugplatzes, dann müssen Sie Wasserschäden und Lärmbelästigung mit einkalkulieren. Außerdem brauchen Sie zusätzlich zur Gebäudeversicherung eine teure Elementarversicherung, die bei Hochwasserschäden leistet.

> **WISO rät**
>
> Bestehen Sie auf vollständige Informationen. Nur wenn Ihnen die Angaben schriftlich vorliegen, können Sie fälschliche Angaben später beweisen. Da viele Makler hier ausgesprochen schlampig arbeiten, schlecht oder gar nicht recherchieren, sollten Sie die für Sie wichtigsten Fragen zusätzlich bei den zuständigen Behörden überprüfen. Gerade als Laie haben Sie nach Durchsicht der Unterlagen die Chance, nicht angesprochene Themen zu hinterfragen.

Der Makler-Alleinvertrag bindet den Verkäufer

Ein Makler kann mit dem Verkäufer einen in der Regel befristeten Alleinvertrag abschließen. Solch ein Alleinvertrag schafft für Käufer und Verkäufer klare Verhältnisse, aber auch eine feste Verbindung. Sie sollten sich als Kaufinteressent von Ihrem Makler diesen Alleinvertrag zeigen lassen. Makler tun dies zwar nur ungern, aber so können Sie überprüfen, ob auch kein anderer Makler zeitgleich an dem Objekt tätig ist. Sie können ersehen, wie der Alleinvertrag befristet ist, zum Beispiel auf ein halbes Jahr, und ob Ihnen eventuell potenzielle Käufer vor Abschluss des Makler-Alleinvertrages die Immobilie ohne Zahlung einer Maklerprovision wegschnappen können. Ein anderer Käufer, der die Maklerprovision spart, kann dafür einen höheren Kaufpreis bieten. Das ist eine teilweise unfaire Situation, die ein seriöser Makler eigentlich auch nicht akzeptieren sollte.

Meist sind Makler mit Alleinvertrag engagierter. Denn nur dann können sie sichergehen, dass ihnen die Provision zufließt. Der allein und uneingeschränkt beauftragte Makler wird deshalb eher sorgfältige Angebotsbriefe und Exposés erstellen und die Kosten aufwenden, um in Tages-, Wochen- und Fachzeitschriften zu inserieren.

Sind mehrere Makler an einer Immobilie tätig, kann es dabei sowohl für die beteiligten Makler als auch für den Verkäufer zu Abstimmungsproblemen kommen. Es mangelt dann in der Regel an der Koordination der Informationen, Besichtigungen werden doppelt belegt, die benötigten Unterlagen sind gerade unterwegs, auch haben Verhandlungen und Zusagen von einzelnen Maklern keinen verbindlichen Charakter.

Beispiel für einen Makler-Alleinvertrag

Auftraggeber:
Makler:
Auftragsobjekt:
Verhandlungsbasis:
Auftragsbedingungen:

1. Maklerauftrag:
Der Auftraggeber beauftragt den Makler zum Nachweis von Kaufinteressenten oder zur Vermittlung eines Kaufabschlusses.

2. Auftragsdauer:
Der Auftrag läuft vom .... bis ....
Wird er nicht unter Einhaltung einer Monatsfrist schriftlich gekündigt, verlängert er sich stillschweigend jeweils um ein Vierteljahr. Nach Ablauf von zwölf Monaten nach Auftragsbeginn bedarf der nicht gekündigte Auftrag einer ausdrücklichen Erneuerung.

3. Alleinauftragspflichten des Maklers:
Der Makler verpflichtet sich,
a) diesen Makler-Alleinauftrag fachgerecht, nachhaltig und unter Ausnutzung aller sich ergebenden Abschlusschancen zu bearbeiten,
b) den Auftraggeber über die Durchsetzbarkeit seiner Preisforderungen und sonstigen Angebotsbedingungen nach bestem Wissen und Gewissen aufzuklären.

4. Alleinauftragspflichten des Auftraggebers:
Der Auftraggeber ist demgegenüber verpflichtet,
a) während der Auftragslaufzeit keine Maklerdienste Dritter in Bezug auf das Auftragsobjekt in Anspruch zu nehmen,
b) dem Makler alle Angaben vollständig und richtig zu machen, die er für die Durchführung dieses Auftrags benötigt.

5. Maklergebühr:
a) Der Auftraggeber verpflichtet sich, dem Makler eine Provision in Höhe von .... % des Gesamtkaufpreises einschließlich Mehrwertsteuer zu zahlen, sobald der Vertrag mit einem vom Makler nachgewiesenen Interessenten zustande gekommen ist oder der Makler den Vertragsabschluss vermittelt.
b) Dem Makler steht auch dann die Provision zu, wenn ein wirtschaftlich gleichartiges oder ähnliches Geschäft zustande kommt.
c) Der Makler ist berechtigt, auch für die andere Seite provisionspflichtig tätig zu werden.

6. Aufwendungsersatz:
Der Auftraggeber ist verpflichtet, dem Makler die Aufwendungen zu ersetzen, wenn er während der Auftragslaufzeit seine Verkaufsabsicht aufgibt, das Objekt an einen eigenen Interessenten verkauft, mit Interessenten des Maklers nicht verhandelt oder die Durchführung des Auftrags durch Änderung der

Angebotsbedingungen oder auf sonstige Weise erschwert.
Der Aufwendungsersatz wird mit dem Tage der Auftragsbeendigung fällig.
Sofern der Auftraggeber die vereinbarte Maklergebühr zu bezahlen hat, wird ein etwa geleisteter Aufwendungsersatz voll angerechnet.

7. Berechnung des Aufwandes:

a) Inserats- und Prospektkosten, Porti, Telefonate u. a. m. sind auf Nachweis abzurechnen.
b) Für Reise- und Pkw-Kosten gelten die nach der Einkommensteuer zulässigen Ansätze.

8. Schadensersatz:

Falls der Auftraggeber für Miteigentümer ohne Vertretervollmacht handelte und der Makler dies nicht wusste oder falls der Auftraggeber seine Vertragspflichten verletzt, ist er verpflichtet, den dem Makler hieraus entstehenden Schaden zu ersetzen.

9. Vorzeitige Kündigung durch den Auftraggeber:

Der Auftraggeber kann den Makler-Alleinauftrag vorzeitig widerrufen, wenn der Makler nach vorheriger schriftlicher Abmahnung gegen seine Tätigkeitspflicht (Ziffer 3) verstoßen hat.

10. Vereinbarte Vertragsergänzung um vom Auftraggeber gewünschte Vertragsänderungen:

Vollmacht

Der Auftraggeber erteilt dem Makler Vollmacht zur Einsichtnahme in das Grundbuch und die Grundakte, in alle übrigen infrage kommenden behördlichen Akten einschl. der des Finanzamts sowie in die Akten der Realgläubiger, soweit sie sich auf das Auftragsobjekt beziehen. Der Makler ist berechtigt, das Auftragsobjekt allein oder mit Interessenten zu besichtigen.

Ort und Datum

Auftraggeber Makler

Immobilien aus zweiter Hand – oft die preiswerte Alternative

Es muss nicht immer das Neueste vom Neuen sein, auch Secondhand hat seinen Charme und ist zudem erschwinglich. Das gilt nicht nur beim Kleiderkauf. Viel spricht für eine gebrauchte Immobilie: keine Suche nach Bauland, kein Ärger auf der Baustelle, Einziehen und fertig. Die Auswahl an gebrauchten Immobilien ist riesig. Die Spreu vom Weizen trennt sich jedoch bei der Qualität. Liebe auf den ersten Blick hat sich nur selten bewährt.

Der Kauf eines gebrauchten Hauses oder einer Eigentumswohnung hat viele Vorteile. Sie können eine ältere Immobilie in der Regel zu einem günstigeren Preis als ein neues, schlüsselfertiges Objekt vom Bauträger erwerben. Außerdem haben Secondhand-Häuser oft mehr Charakter als so manches Standardreihenhaus. Im Idealfall können Sie schon nach einer kurzen Renovierungs-, Sanierungs- oder Umbauzeit einziehen oder vermieten. Sie sparen Zeit, denn die Suche nach einem passenden Grundstück, der Hickhack um Baugenehmigungen und der Ärger auf der Baustelle entfallen. Außerdem sparen Sie Geld, denn lange Zwischenfinanzierungszeiten, die zum Beispiel bei einem Neubau durch Verzögerung des Einzugstermins entstehen können, sind hier nicht zu erwarten. Weiterer Vorteil: Sie ziehen in eine gewachsene Umgebung und können im Gegensatz zu einem Neubaugebiet die lokale Infrastruktur sofort beanspruchen.

Sie sollten mit den Gegebenheiten einer gebrauchten Immobilie jedoch grundsätzlich zufrieden sein. Aufwändige Umbauarbeiten an bestehenden Häusern können ein günstiges Objekt sehr leicht verteuern und im Endeffekt genauso viel kosten wie ein vergleichbarer Neubau.

WISO rät

Da es für einen Laien schwer ist, den baulichen Zustand eines Gebäudes zu beurteilen und den daraus resultierenden Renovierungs- und Instandhaltungsbedarf zu kalkulieren, sollten Sie auf jeden Fall fachlichen Rat hinzuziehen. Nur so können Sie den Wert der Immobilie richtig einschätzen.

Entscheidend für die Qualität der gebrauchten Immobilie sind:

- Wohnlage,
- Grundstücksgröße,
- Wohnfläche,
- Baujahr und
- Zustand des Objekts.

Wichtig ist es deshalb, entweder schon vor oder aber spätestens nach einer Besichtigung alle verfügbaren Unterlagen – wie Grundrisse, Exposé, Fotos, eine genaue Beschreibung der Innenausstattung und der Außenanlagen schriftlich zu haben. Dann können Sie zuhause, zusammen mit Ihrem Architekten oder anderen sachkundigen Personen die Fakten in Ruhe überdenken.

Erst bei der genaueren Betrachtung werden Ihnen viele Details auffallen, die Sie beim Besuch nicht gesehen haben. Zum Beispiel die exakten Deckenhöhen in den einzelnen Geschossen oder den Bodenaufbau. Wollen Sie etwa Parkett neu verlegen, geht es dabei um Millimeter: Wie viel Platz brauchen Estrich und Kleber, welche Stärke hat das gewählte Holz? Auch wirken leere Räume immer größer, als sie tatsächlich sind. Deshalb ist es sinnvoll, die Quadratmeterangaben anhand des Grundrisses noch einmal genau nachzurechnen. Alle Fragen, die Sie vor dem Kauf klären können, geben Ihnen Sicherheit, auch finanziell, denn wenn der Kaufvertrag unterschrieben ist, müssen Sie zahlen. Beginnen Sie erst dann mit der Planung, läuft die Uhr auf Ihre Kosten. Der schlimmste Fehler beim Immobilienkauf ist deshalb, sich zu wenig Zeit dafür zu nehmen. Lassen Sie sich auf keinen Fall unter Druck setzen!

WISO rät

Wenn Sie Maklerangebote einholen, lassen Sie sich nicht gleich zur Besichtigung der Immobilie drängen, sondern fordern Sie zunächst ein Exposé des Objekts an. Daraus lässt sich häufig schon erkennen, ob die Immobilie für Sie überhaupt infrage kommt. Dadurch sparen Sie Zeit, Geld und Nerven.

Übersicht: Quadratmeter nachmessen!

Jeder Quadratmeter Wohnfläche ist bares Geld wert. Denn die Immobilienpreise richten sich nach dieser Zahl. Vor allem wenn Sie vermieten wollen, ist das Nachmessen unverzichtbar. Der Bundesgerichtshof hat mit einem Urteil (AZ: VIII ZR 133/03) entschieden, dass ein Wohnungsmangel vorliegt, wenn der gemietete Wohnraum um mehr als 10 Prozent unter der im Mietvertrag angegebenen Fläche liegt.
Seit 2004 gibt es eine eigene Wohnflächenverordnung (WoFIV) für den öffentlich geförderten Wohnungsbau. Die Grundflächen von Balkonen, Loggien, Wintergärten und so weiter sollen in der Regel zu einem Viertel, höchstens aber zur Hälfte angerechnet werden. Für den restlichen und damit auch für den privaten Wohnungsbau gibt es dagegen mehrere andere zulässige Berechnungsmethoden. Das führt zu einem heillosen Durcheinander und erschwert die Vergleichbarkeit. Es gibt die Wohnfläche nach DIN, daneben Angaben unter den Begriffen Wohn- und Nutzfläche, außerdem die Wohnflächenberechnung nach DIN 276. Weiterhin ist von einer Netto-Grundfläche nach DIN 277 die Rede. In der Praxis würden oft noch nicht einmal die Berechnungsgrundlagen genannt, kritisiert der Verein »wohnen im eigentum e. V.«. Unterschiede von bis zu 20 Quadratmetern seien bei den verschiedenen Berechnungsarten keine Seltenheit.

Die Besichtigung

Schon bei der ersten Hausbesichtigung sollten Sie auf die Bausubstanz und auf mögliche Schäden achten. Sind sie deutlich sichtbar, ist es oft ratsam, die Finger von dem Objekt zu lassen. Doch ein einziger Rundgang ist meist nicht ausreichend, um sich einen vollständigen Eindruck zu verschaffen. Auch wer sich auf Anhieb sicher ist, sollte dennoch genügend Zeit für mehrere Erkundungen einplanen und sich nicht zu einer schnellen Kaufentscheidung überreden lassen. Bei einem professionellen Hauskäufer sind drei und mehr Besichtigungstermine für eine Immobilie völlig normal.

Die Verbraucherzentralen empfehlen, bei der Besichtigung vor allem auf folgende Schwachstellen zu achten:

Keller
- Durchfeuchtete Kelleraußen- oder -innenwände
- Durchfeuchteter Kellerboden

Außenwände
- Risse und undichte Fugen
- Risse in tragenden Teilen
- Putz- und Betonabplatzungen
- Wärmebrücken durch zu geringe Wandstärken der Heizkörpernischen

Innenwände
- Mangelhafter Wärme- und Schallschutz durch dünne Wohnungstrennwände
- Mangelhafter Brandschutz durch zu dünne Treppenhauswände
- Schadhafter Wandputz

Fenster und Außentüren
- Undichte und verzogene Holzfensterrahmen
- Verfaulte Holzteile an Fensterflügeln
- Einfachverglasung
- Schadhafte Fensterbeschläge
- Undichte, verzogene Außentüren

Dach
- Holzschäden durch Schädlingsbefall
- Morsche Dachgesimse
- Schadhafte Dachdeckung
- Fehlende Wärmedämmung der Decken im Dachraum
- Schadhafte Dachentwässerung
- Holzschutzmittelbelastung

Fußböden, Innentüren
- Durchgetretene Holzdielen
- Schadhafte Holzfußleisten
- Schadhafte Fliesen oder Teppichböden
- Mangelhafter Trittschallschutz
- Verzogene Türen

Treppen
- Durchgetretene Holztreppen
- Schadhafte oder fehlende Teile am Treppengeländer
- Befall der Holzteile durch Schädlinge

WISO rät

Machen Sie möglichst viele Fotografien vom Objekt. Sie können sehr nützlich sein, weil sie die Erinnerung stützen, den Vergleich erleichtern und vor allem Fachleuten, eventuell auch aus dem Bekanntenkreis, Hinweise zur Beurteilung geben.

Baumängel erkennen und bewerten

Bei älteren Immobilien ist es besonders wichtig, die Bausubstanz genau zu prüfen. Häufig müssen Heizung, Fenster und die komplette Elektroinstallation ausgetauscht werden. Zum Beispiel sind Fünfzigerjahre-Häuser nicht oder nur sehr unzureichend wärmegedämmt. Dagegen haben Häuser aus der Gründerzeit sehr dicke Mauern und Wände. Doch auch mit verborgenen Mängeln müssen Sie rechnen. Wenn Sie selbst nicht sachkundig sind, sollten Sie einen Fachmann zurate ziehen.

Das kann zum Beispiel der Bezirksschornsteinfeger sein. Er hilft bei der Beurteilung von Lüftungs- und Schornsteinproblemen. Er gibt Hinweise auf den baulichen Zustand von Schornsteinzügen und entscheidet, welche Wärmeerzeuger an welchen Schornstein angeschlossen werden, zum Beispiel ein offener Kamin im Wohnzimmer. Vorsicht, wenn Sie nur Ihren Heizungsfachmann fragen, denn der Schornsteinfeger entscheidet letztlich über Eignung und Zulassung, er hat das letzte Wort.

Auch Handwerker können oft aus ihrer praktischen Erfahrung zur Beurteilung bautechnischer Sachverhalte beitragen und Lösungen zur Schadensbehebung beisteuern. Sie können eventuell auch die Kosten für bauliche Maßnahmen benennen. Kostenvoranschläge sind üblicherweise kostenfrei, es sei denn, mit dem Handwerker wurde vorher eine andere Vereinbarung getroffen. Bei umfangreichen Maßnahmen sollten Sie von mehreren Handwerksbetrieben ein Angebot einholen. Der Handwerksbetrieb, der den Zuschlag erhält, sollte möglichst über Erfahrungen mit Altbausanierung verfügen.

Besondere Kenntnisse vom Bau haben Architekten und Bauingenieure. Sie können das Gebäude sowohl in seiner Gesamtheit als auch in seinen Einzelteilen erfassen und bewerten. Sie wissen, was bei der Planung, beim Einholen von Genehmigungen, bei der Kostenberechnung und Überwachung von Baumaßnahmen zu tun ist.

Eventuell müssen auch Fachingenieure wie ein Statiker hinzugezogen werden. Das ist dann nötig, wenn die Standsicherheit gefährdet sein könnte, zum Beispiel bei durchgehenden Rissen in tragenden Teilen oder wenn das Gebäude stark verändert werden soll, indem Wände eingerissen werden und Balkone neu hinzukommen. Der Statiker wird auf Veranlassung des Architekten nach Erfordernis beauftragt. Die Honorartabelle entspricht jener der Architekten.

Der Expertenrat ist auch für die richtige Einschätzung des Kaufpreises wichtig. Denn erst wenn Sie wissen, welche Kosten für die Renovierung und Instandsetzung auf Sie zukommen, wissen Sie auch, welcher Preis sich zu zahlen lohnt.

Übersicht: Achtung Schadstoffe!

Holzschutzmittel ist nicht gleich Holzschutzmittel. Vor 30 Jahren wurde gern Xylamon benutzt. Heute weiß man, dass dieses Mittel gesundheitsschädlich ist, auch jetzt noch, nach so vielen Jahren. Mittlerweile sind die Wirkstoffe PCP, Lindan oder DDT verboten. Besonders vorsichtig sollten Sie sein, wenn an Gebäuden aus den Siebzigerjahren besonders viel Holz verbaut wurde oder ein Schädlingsbefall zu erkennen ist. Damals wurde besonders häufig mit giftigen Holzschutzmitteln gearbeitet. Aber auch in Span- und Sperrholzplatten oder in Parkettklebern können Gefahren stecken. Krebserregende Stoffe wie PAK, PCB oder Asbest wurden vor allem in Häusern gefunden, die zwischen den Fünfziger- und Siebzigerjahren gebaut wurden, besonders häufig in den neuen Bundesländern, da man in der DDR zum Beispiel Asbestpappen als Hitzeschutz hinter Öfen, Heizkörpern und Fensterbrettern einsetzte. Schadstoffe in Wohnräumen lassen sich messen und testen. Zum Beispiel können Sie zur ersten Orientierung eine Formaldehydbelastung durch eine Raumluftmessung selbst ermitteln. Entsprechende Tests erhalten Sie für wenig Geld in der Apotheke. Holz-, Staub- und Kleberproben von Böden und Wänden müssen Sie in einem Labor von Experten untersuchen lassen. Die Stiftung Warentest vermittelt Adressen von Analysten, die auch die Qualität von Trinkwasser und Pilzbefall untersuchen. Zum Beispiel kann das Trinkwasser mit Schwermetallen belastet sein: Zink, Kupfer und Kadmium sind die größten Feinde. Steht das Wasser zu lange in alten, belasteten Leitungen, kann das zu Vergiftungen führen. Auch Schimmel ist selbst in Neubauten keine Seltenheit. Allergien sind häufig die ersten Anzeichen, um auch nach Gründen im Gebäude zu suchen. Häufig kann jedoch durch eine bessere Raumbelüftung und gezieltes Heizen dem Schimmel der Garaus gemacht werden.

Jedes Baujahr hat seine Macken

Wenn Sie sich für ein älteres Haus aus zweiter Hand interessieren, sollten Sie es vor dem Kauf auf »Herz und Nieren« überprüfen. Dabei lassen sich Schwachstellen schon anhand des Baujahrs erahnen. Mal waren Geldmangel und Wirtschaftskrisen verantwortlich, manchmal Geldgier und Unwissenheit. Deshalb ist es sinnvoll, sich mit den »Bausünden« der Vergangenheit einmal näher zu beschäftigen.

Baujahr um die Jahrhundertwende Häusern, die vor achtzig bis hundert Jahren gebaut wurden, bescheinigen Bausachverständige meist eine solide und gute Substanz. Dafür sind Rohre, Heizungsanlagen und Elektroinstallationen oft völlig veraltet und zum Teil defekt. Wärmedämmung und Schallisolierung fehlen gänzlich. Die Keller sind nur unzureichend abgedichtet. Diese Probleme finden sich sogar noch bei Häusern, die bis Ende der Fünfzigerjahre gebaut wurden.

Achtung!
Wenn Sie ein solches Haus saniert kaufen wollen, achten Sie auch auf das Sanierungsjahr. Hier können noch ganz andere Probleme lauern.

Baujahr in den Dreißiger- und Vierzigerjahren In den Nachkriegsjahren fehlte es vor allem an solidem Baumaterial. Damals wurde alles verbaut, was man nur finden konnte. Wer zu der Zeit schon an Wärmedämmung dachte, hat seine alten Socken ins Dach gesteckt. Auch gutes Holz für den Dachstuhl stand nicht zur Verfügung, weshalb Sommer- statt Winterholz verwendet wurde. Der Nachteil machte sich später bemerkbar: Es wurde schneller von Schädlingen befallen. Deshalb sollte auch die Statik überprüft werden.

Baujahr in den Fünfzigerjahren Häuser aus dieser Zeit sind geprägt von baulichen Mängeln. Der Wunsch nach langer Haltbarkeit von einfachen Baumaterialien stand im Vordergrund. Die Produkte, die damals auf dem Markt waren, wie Asbest, Holzschutzmittel, ölhaltige Farben und kleinfasrige Mineralwolle, sind nachweislich gesundheitsschädlich. Sie müssen heute in aufwändigen Sanierungsprozessen wieder entfernt werden. Das gilt insbesondere für die östlichen Bundesländer. DDT ist in der Bundesrepublik seit 1972 verboten. In der DDR war es noch wesentlich länger im Einsatz.

Baujahr in den Sechzigerjahren In den Sechzigerjahren verbesserte sich die Bauphysik, der Einsatz von giftigen Baumaterialien hielt jedoch noch an. Obwohl die Schädlichkeit von einigen Baumaterialien nachgewiesen war, wurden etwa Asbestplatten auch noch bis in die Achtzigerjahre hinein am Bau verwendet. Verbessert hat sich jedoch die Qualität der Baustoffe. Der Beton hielt Einzug in deutsche Bauten. Keller wurden nicht mehr gemauert, sondern betoniert, und Drainagen sorgten für eine bessere Entwässerung. Bei Neubauten wurde teilweise auch auf Wärmedämmung, Schallschutz und bessere Technik geachtet. Aus heutiger Sicht jedoch noch völlig unzureichend.

Baujahr in den Siebziger- und Achtzigerjahren In den Siebzigerjahren begann der vermehrte Einsatz von Beton. Ganze Wohngegenden entstanden aus dem praktischen Baumaterial und wurden hin zu Trabantenstädten aus dem Boden gestampft. Doch Beton brachte auch Probleme: Durch die vielen Wärmebrücken entstanden große Bauschäden, vor allem durch Feuchtigkeit.

Baujahr in den Neunzigerjahren Mittlerweile weiß man wie energiesparend, wärmedämmend und schallisolierend gebaut werden kann, dennoch hinken noch viele Architekten und Bauingenieure dem Stand der Technik hinterher. Zwar finden seit den Neunzigerjahren Bauphysik und Haustechnik immer größere Beachtung, doch sie wurden nicht konsequent angewendet. Die technische Umsetzung lässt zum Teil zu wünschen übrig. Die Lüftung wird in modernen Häusern oft ganz vergessen. Die Folge sind Feuchtigkeitsschäden und Schimmel.

Bauen im zweiten Jahrtausend Das Wissen für einen guten Bau ist vorhanden, aber es hapert an der Ausführung. Vor allem im Keller, bei der Wärmedämmung, an Außenwänden, am Dach und in der Haustechnik finden sich die häufigsten Fehlerquellen an modernen Neubauten. Auffällig auch: Es wird mehr am Innenausbau- als am Rohbau gepfuscht.

Das Baugutachten

Hat sich herausgestellt, dass entweder Grund und Boden, vielleicht wegen Rissbildung am Haus, oder das Haus selbst wegen Feuchtigkeit oder Schimmelbildung auf den Prüfstand gehören, stellt sich die Frage, ob ein Gutachter beauftragt werden soll. Für Bauschäden an Gebäuden vermitteln die Industrie- und Handelskammern (IHK) Adressen von Gutachtern. Sind nur einzelne Handwerksleistungen betroffen, sind die Handwerkskammern zuständig. Auch einen Architekten kann man mit einer Begehung beauftragen. Die Architektenkammern nennen Ihnen geeignete Experten, zum Beispiel für denkmalgeschützte Häuser oder Fünfzigerjahre-Bauten.

Eine einfache Wertermittlung kann von jedem Fachkundigen erstellt werden. Dagegen werden an ein Gutachten spezielle Anforderungen gestellt. Es muss vollständig und nachvollziehbar sein und entsprechende rechtliche Aspekte berücksichtigen.

Nehmen Sie sich die Zeit, und gehen Sie gemeinsam mit dem Architekten, Gutachter oder Sachverständigen durch das Objekt. Stellen Sie viele Fragen. Lassen Sie sich vor Ort schon eine Einschätzung geben, damit Sie wissen, in welche Richtung das schriftliche Gutachten tendieren wird. Außerdem sollten bei der Begehung ein paar nützliche Tipps für Sie abfallen, etwa: Welche Baumaterialien sind zurzeit am besten für die Wärmedämmung oder den Dachausbau, und wo findet man pfiffige Ideen und hilfreiche Informationen? Dann sind die Experten in jedem Fall Ihr Geld wert.

Eine nützliche Seite im Internet ist hierfür www.der-hausinspektor.de. Sie vermittelt Sachverständige, die auf Honorarbasis arbeiten.

Folgende Angaben werden nach Paragraf 194 Baugesetzbuch für Sie in einem Gutachten zusammengestellt:

- Allgemeine Angaben
- Lagebeschreibung
- Grundstücksbeschreibung

- Art und Maß der baulichen Nutzung
- Gebäudebeschreibung
- Flächen- und Maßangaben
- Wahl der Wertermittlungsverfahren
- Bodenbewertung
- Sachwertverfahren
- Ertragswertverfahren oder sonstiges Verfahren
- Verkehrswert
- Datum, Stempel und Unterschrift
- Ergänzende Angaben und Anlagen

Für die Schätzung des Gebäudes sind nicht nur das Baujahr und das oberflächliche Erscheinungsbild wichtig. Sie sollten sich auch über die verwendeten Materialien im Einzelnen informieren lassen. Nur so lässt sich einschätzen, wann neue Investitionen für Renovierung oder Sanierung anfallen.

Solch ein Gutachten ist selbstverständlich nicht kostenlos. Besprechen Sie die Notwendigkeit eines Gutachtens und wer die Kosten dafür übernimmt auf jeden Fall mit dem Verkäufer. Denn das Gutachten ist auch für den Fall, dass Sie die Immobilie nicht kaufen, für Interessenten eine wertvolle Verhandlungsbasis. Gleichzeitig stehen in dem Gutachten die wichtigsten Angaben, um Finanzierungsangebote einholen zu können. Spätestens bei Abschluss der Darlehensverträge verlangen einige Banken sogar eine solche Unterlage.

Welcher Preis ist angemessen?

Viele Wege führen nach Rom! So ist das auch bei der Preisfindung: Sie können es auf eigene Faust versuchen, besser ist es jedoch, wenn das Gutachten eines Sachverständigen vorliegt. Denn er wird, um den genauen Wert und damit den Preis einer Immobilie zu ermitteln, nach einer Begehung den sogenannten Verkehrswert nach drei Methoden ermitteln:

- Beim Vergleichswertverfahren werden die Verkaufspreise vergleichbarer Objekte herangezogen.
- Bei der Sachwertermittlung werden Gebäude und Boden getrennt bewertet.
- Die Ertragswertmethode stellt erzielbare Mieteinnahmen dem Kaufpreis gegenüber.

Am Ende erhalten Sie eine genaue Aufschlüsselung und wissen dann exakt, wie sich der Wert der Immobilie zusammensetzt. Sie verfügen damit über Angaben, die Sie weder vom Verkäufer noch von einem Makler erhalten werden. Doch bleiben Sie gelassen, wenn der verlangte Preis etwas über dem Gutachterwert liegt, denn letztlich ist gerade bei gebrauchten Immobilien auch die individuelle Note gefragt. Was dem einen gefällt, findet der andere vielleicht unpraktisch oder hässlich. Das alles findet in Gutachten keine Beachtung, ist aber für Ihre Lebensqualität vielleicht kaufentscheidend. Dafür sind Sie dann eventuell bereit, etwas mehr auszugeben.

Ein Wertgutachten ist sicher die optimale Lösung und manchmal sogar unumgänglich, jedoch nicht ganz billig. Zwischen 1 000 und 2 000 Euro sind üblich. Wenn Sie sich selbst einen Überblick über die Immobilienpreise verschaffen wollen, ist der Immobilienbericht des Gutachterausschusses eine zuverlässige Quelle. Gutachterausschüsse findet man in jeder Stadt und auch in der kleinsten Gemeinde. Diese Expertengremien tragen einmal im Jahr alle wichtigen Daten zusammen. Danach werden aus den tatsächlich erzielten Verkaufspreisen bestimmte Richtwerte ermittelt. Der bekannteste ist der sogenannte Bodenrichtwert. Die Immobilienberichte enthalten alle Angaben über verkaufte Grundstücke, bebaut und unbebaut, und sind für jedermann erhältlich, meist auch im Internet. Darin ist alles einzeln aufgeschlüsselt nach Wohnlage, nach Art der Immobilie und unterteilt in Neu- und Altbauten.

Zwar verfügen auch Makler durch ihre Verbände (VDM und RDM) über einen sogenannten Preisspiegel, doch es gibt ihn nur für größere Städte. Außerdem sind sie bei weitem nicht so detailliert wie die Immobilienberichte der Städte und Gemeinden. Die Verbände verlassen sich dabei auf die Angaben ihrer jeweils rund 2 000 Mitglieder. Der Preisspiegel wird jedoch zeitnah (zweimal im Jahr) erstellt und ist dadurch etwas aktueller als der Immobilienbericht der Gemeinde. Zusätzlich enthält er eine Prognose für die weitere Entwicklung des Immobilienmarktes.

WISO rät

Holen Sie sich beim Gutachterausschuss Auskunft über den sogenannten Bodenrichtwert ein. Die Ausschüsse sind an die Stadt- oder Gemeindeverwaltung angeschlossen. Der Bodenrichtwert wird für jede Straße und für jeden Gebäudetyp jährlich neu ermittelt. Grundlage der Daten sind die tatsächlich erzielten Verkaufspreise des betreffenden Jahres.

Richtig bewerten: Zwölf Schritte zum Erfolg

Verlassen Sie sich nicht auf die Preisangaben von einzelnen Personen. Manche Makler ködern zum Beispiel ihren Auftraggeber, also den Verkäufer einer Immobilie, damit, dass sie einen weit höheren Verkaufspreis erzielen könnten, als der Markt hergäbe. Ihre Klientel sei zahlungskräftig, solvent und würde nicht auf den einzelnen Euro schauen, lauten die Argumente für den Optimismus. Doch das Ziel solcher Maklerstrategien besteht meist darin, einen Alleinauftrag zu bekommen und die Immobilie mit genügend Zeit so teuer wie möglich zu verkaufen. Das geht aber letztlich auf Kosten des Verkäufers, der vielleicht länger auf sein Geld warten muss, als wenn er zu einem niedrigeren Preis verkauft hätte. Großer Nachteil: Viele potenzielle Käufer werden von den überzogenen Preisvorstellungen abgeschreckt und verunsichert. Nur wenn Sie wissen, wie sich der Wert des Objekts zusammensetzt, können Sie mit entsprechender Sachlichkeit in das Verkaufsgespräch gehen und Ihre Karten auf den Tisch legen.

Profis, also Wertermittler und Sachverständige, gehen nach einem festen Schema vor. Wir zeigen Ihnen hier die Schritte auf, die Sie tun sollten, um den adäquaten Preis Ihrer gewählten Immobilie herauszubekommen.

Erster Schritt: Bodenrichtwert einholen

Erkundigen Sie sich beim Gutachterausschuss, wie bereits ausführlich im Kapitel über die Lage beschrieben, nach dem Bodenrichtwert. Für einzelne Lagen sind teilweise sogar für bebaute oder unbebaute Grundstücke entsprechende Einzelwerte ausgewiesen. Die Bodenrichtwerte einzelner Städte und Gemeinden werden mittlerweile auch im Internet dokumentiert, dies ersetzt jedoch nicht das persönliche Gespräch mit einem Mitarbeiter des Gutachterausschusses. Da die Vertreter des Gutachterausschusses sämtliche notariell beurkundeten Kaufverträge einsehen, haben sie einen äußerst fundierten Einblick in das Marktgeschehen und wissen zum Beispiel, wie sich die Preise in den letzten Jahren in der Gemeinde entwickelt haben. Sie beantworten Ihnen gerne auch noch weitere Fragen: Wie hoch ist die Nachfrage nach Objekten in dem von Ihnen gewählten Wohnquartier? Wie viele Kaufverträge wurden in den letzten Jahren in diesem Gebiet abgeschlossen? Daraus können Sie eventuell neue Erkenntnisse ableiten, etwa warum die Bodenrichtwerte in einem Quartier sinken oder steigen. Mit dem Bodenrichtwert verschaffen Sie sich einen ersten, schnellen Überblick. Er allein reicht aber nicht aus, um den individuellen Wert (Marktwert) eines konkreten Objekts zu beziffern.

Beispiel

Sie wollen in der Schönen Aussicht in Wiesbaden ein Einfamilienhaus erwerben. Der Bodenrichtwert liegt in diesem reinen Wohngebiet (WR) bei 800 Euro pro Quadratmeter. Die zulässige Geschossflächenzahl (GFZ) liegt bei 0,5 – das heißt, die Grundstücksfläche, multipliziert mit dem Faktor 0,5, ergibt bei 1 000 Quadrat-

Abbildung 9: Bodenrichtwert: Schöne Aussicht, Wiesbaden

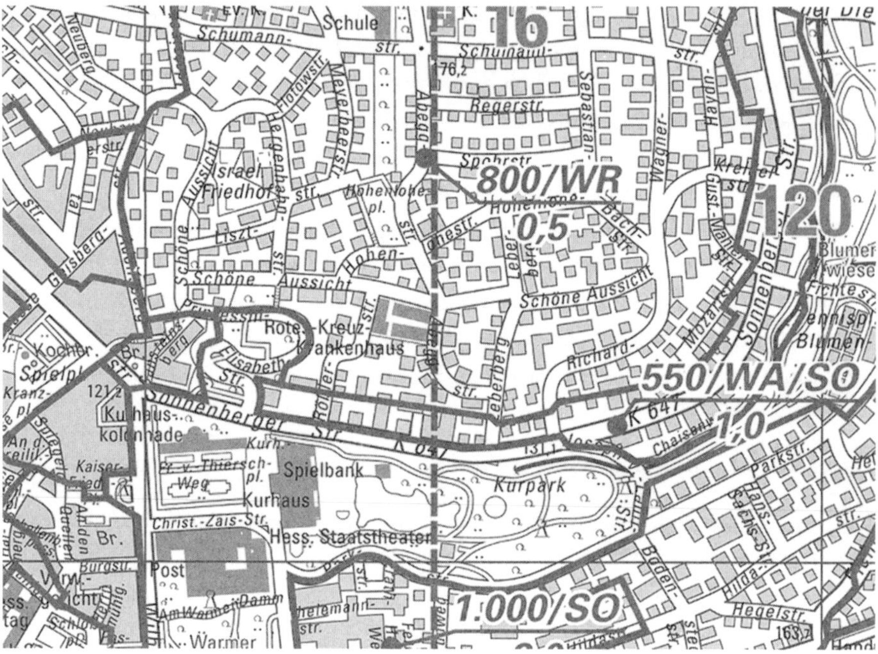

Zeichenerklärung

400/WR/RH / *0,7*

0,7 Geschossflächenzahl

400 Bodenrichtwert in EURO/qm Grundstücksfläche (erschließungsbeitragsfrei)

18 Richtwertzone

beispielhafte Lagekennzeichnung

Gemarkungsgrenze

Art der baulichen Nutzung

W	Wohnbaufläche	*M*	Gemischte Baufläche	*BR*	Baurohland
WA	Allgemeines Wohngebiet	*MK*	Kerngebiet	*BE*	Bauerwartungsland
WB	Besonderes Wohngebiet	*MD*	Dorfgebiet	*WE*	Wohnungseigentum
WR	Reines Wohngebiet	*GE*	Gewerbegebiet	*RH*	Reihenhaus
WS	Kleinsiedlungsgebiet	*GI*	Industriegebiet	*MW*	Mietwohnungen
MI	Mischgebiet	*SO*	Sondergebiet		

Art der landwirtschaftlichen Nutzung

LW	Landwirtschaftliche Flächen, Wiesen	*LA*	Landwirtschaftliche Flächen, Ackerland
		LO	Landwirtschaftliche Flächen, Obstbau
		LWW	Landwirtschaftliche Flächen, Waldwiese

metern Grundstück 500 Quadratmeter Bruttogeschossfläche. Das ist nicht zu verwechseln mit der reinen Wohnfläche. Ihre Abmessung ist komplexer: Wände und Geschosse müssen genau berechnet werden. Einfach ausgedrückt, könnten Sie in unserem Beispiel eingeschossig ein Gebäude mit einer Grundfläche von 500 Quadratmetern errichten, zweigeschossig dürften es nur 250 Quadratmeter sein.

Zweiter Schritt: Mietspiegel einsehen

Auch wenn Sie ein Gebäude kaufen und nicht vermieten wollen, lohnt sich ein Blick in den sogenannten Mietspiegel Ihrer Stadt oder Gemeinde. Hierdurch können Sie ablesen, welche Mieten pro Quadratmeter für Wohngebäude unterschiedlichen Alters, mit entsprechendem Standard und in den verschiedenen Lagen zu erzielen sind. Durch eine entsprechende Mieteinnahme sollte auch sichergestellt sein, dass – zum Beispiel bei einem Wohnortwechsel aus beruflichen Gründen – die monatlichen Belastungen weitestgehend abgedeckt sind. Die meisten Banken finanzieren in der Regel auch nur das 13- bis 14fache einer Jahresmiete, den restlichen Teil müssen Sie dann durch Ihr Gespartes, das Eigenkapital, aufbringen. Hierzu mehr im Kapitel »Immobilienbesitz und Steuern« unter »Vermietete Eigentumswohnungen können wieder lohnen«.

Dritter Schritt: Lärmbelästigung, Emissionen, Elektrosmog

Das schönste Haus und die vermeintlich sehr gute Lage verlieren an Wert, wenn Verkehrslärm, Gerüche oder sonstige Emissionen – auch nur zu bestimmten Tageszeiten – die Qualität Ihrer Immobilie beeinträchtigen. Überschätzen Sie nicht Ihre Nerven. Beim ersten Besichtigungstermin, in der ersten Euphorie, mag das romantische Siedlungshäuschen eine wahre Ruheoase sein. Der freundliche Makler hat mit Ihnen – da Sie berufstätig sind – extra einen Termin am Sonntagvormittag vereinbart.

Trauen Sie diesem Frieden nicht. Schon am Nachmittag kann Sie das Fußballspiel eine Straße weiter nerven, ab Montag 6.00 Uhr erweist sich die ruhige Anliegerstraße als Ausweichstraße für Berufspendler, und um 8.00 Uhr belästigt Sie das Verkehrschaos durch die benachbarte Grundschule.

Aber auch andere Einrichtungen, Gewerbe- oder Industriebetriebe können durch ihre Emissionen eine mehr oder weniger starke Beeinträchtigung darstellen. Manche mögen den Geruch einer Kaffeerösterei, andere empfinden ihn als Belästigung.

Bisher konnten wissenschaftliche Untersuchungen nicht bestätigen, dass Mobilfunksendeanlagen die Gesundheit der Anwohner beinträchtigen. Wenn Sie trotzdem für solche Störungen, den sogenannten Elektrosmog, empfindlich sind, können Sie sich bei Ihrer Gemeinde nach den realisierten und geplanten Sendeanlagen erkundigen. Manche Städte veröffentlichen hierzu bereits Kartenmaterial im Internet.

In der Straße Schöne Aussicht befindet sich zum Beispiel kein Mobilfunksender, aber in unmittelbarer Nachbarschaft sind mehrere Standorte markiert.

Abbildung 10: Standorte von Mobilfunksendern eines Wohngebiets in Wiesbaden

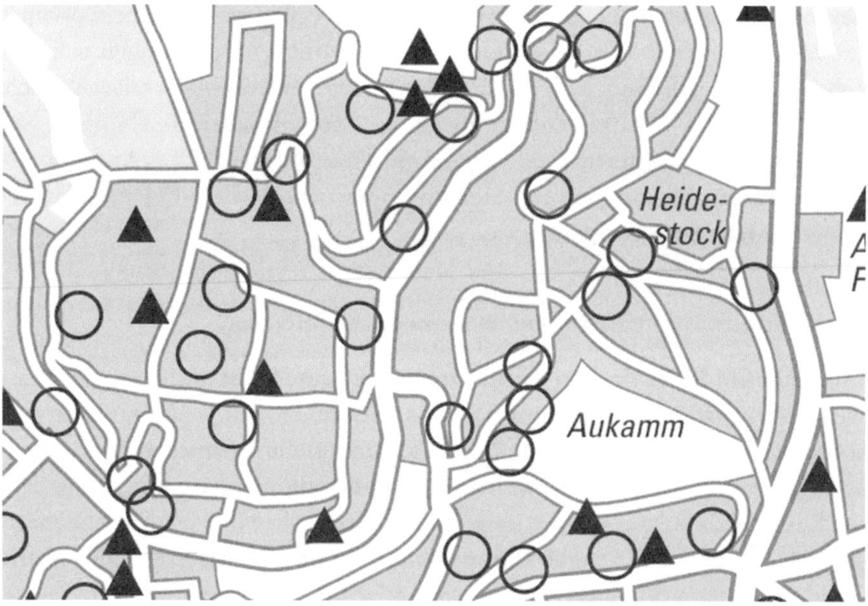

Vierter Schritt: Himmelsrichtung, Sonneneinstrahlung und Neigung

Wie gut ist Ihre Orientierung? Können Sie auch an grauen Besichtigungstagen im Winter nachvollziehen, ob durch das Fenster am Frühstückstisch spätestens im Sommer die Morgensonne scheinen wird? Hat wenigstens ein Aufenthaltsraum einmal am Tag über mehrere Stunden hinweg Sonne? Das schöne Doppelhaus – ausschließlich nach Norden ausgerichtet – sollten Sie kritisch bewerten, wenn Sie nicht sowieso den ganzen Winter auf Mallorca residieren. In Architekturplänen ist meist die Himmelsrichtung genordet, aber auf vielen Exposés und Grundrissen fehlen solche wichtigen Angaben, die Sie in jedem Fall nachfordern sollten. Gehen Sie zu unterschiedlichen Tageszeiten zum Grundstück. So können Sie herausfinden, ob die Ausrichtung des Gebäudes stimmt, ob Bäume im Weg sind oder andere Gebäude das Grundstück beschatten.

Wichtig zur Beurteilung ist auch die Neigung des Grundstücks. Ist es stark nach Norden abfallend, kommt die Sonne vielleicht erst gegen Mittag zu Ihnen. Handelt es sich um ein Hanggrundstück, muss die Talseite eine Südwest-Ausrichtung haben, damit Sie die Lichtverhältnisse optimal ausnützen können. Hier sollten sich außerdem die Hauptlebensräume befinden, sonst werden Sie später regelmäßig enttäuscht sein, wenn die Sonne überwiegend auf der anderen Seite scheint.

Fünfter Schritt: die individuelle Komponente

Wie bei jedem Liebhaberstück, einem Oldtimer oder einem alten Möbelstück, müssen Sie auch bei einer charmanten Immobilie festlegen, was sie Ihnen wert ist. Diese individuelle Komponente kann einige Tausend Euro ausmachen, die Sie bereit sind, über den Wert der Immobilie hinaus zu bezahlen. So mögen Ihnen die Aussicht, der offene Kamin, die hochwertige Badausstattung und die luxuriöse Einbaubauküche auf Anhieb gefallen und für Sie einen Mehrwert darstellen. Dagegen würde ein anderer Kaufinteressent vielleicht alles rausreißen, weil ihm der Stil nicht gefällt. Wägen Sie ab, ob Sie bei einem späteren Wiederverkauf diese Eigenschaften genauso honoriert bekommen können, wie Sie es jetzt bereit sind zu tun.

> **WISO rät**
> Lassen Sie es den Verkäufer nicht merken, wenn Sie von dem einen oder anderen Zubehör stark beeindruckt sind; das schmälert Ihren Verhandlungsspielraum.

Sechster Schritt: Baumängel prüfen

Wie schon in diesem Kapitel erwähnt, ist es bei gebrauchten Immobilien ratsam, das Gebäude begutachten zu lassen. Fachleute können Ihnen sagen, wie hoch die Kosten sind, die für Sanierung, Modernisierung und Renovierung auf Sie zukommen. Diese Kosten müssen Sie ehrlicherweise zum Kaufpreis dazurechnen, um die Gesamtkosten zu ermitteln. Besser ist es, wenn Sie den Verkäufer von einem Preisabschlag überzeugen können.

Siebter Schritt: Erde, Wasser, Luft

Gerade bei bestehenden, älteren Häusern sollten Sie darauf achten, welche Bodenverhältnisse Sie vorfinden. Insbesondere wenn Sie Risse am Objekt entdecken, ist Vorsicht angesagt. Hier sollten Sie auf jeden Fall Beratung einholen und nach den Ursachen forschen lassen. Stehen sehr große Bäume auf dem Grundstück, könnten sie der Grund für die Rissbildungen sein. Neigt der Boden durch Wasserentzug zum Austrocknen, schwindet er, und das Gebäude beginnt sich zu setzen. Diese Setzungen sind dann für die Risse verantwortlich.

Auch das Grundwasser kann zum Problem werden. Ist der Keller feucht oder kommt es häufig zu Überschwemmungen, weil das Objekt in Flussnähe liegt, sind wieder Experten gefragt, die die Risiken einschätzen und bewerten können. Sie wissen auch, wie man das Gebäude sinnvoll schützen kann.

Voll im Trend liegt die Untersuchung des Grundstücks auf Wasseradern oder ähnliche Kraftlinien. Sie kostet nur wenige Hundert Euro und wird von verschiedenen Bauherren oder Käufern mittlerweile sogar gefordert. Vom Wünschelrutengänger über den Feng-Shui-Berater bis hin zum Elektrosmogmesser, sie alle können Ihnen bei Bedarf helfen, Ihre Kaufentscheidung entweder zu untermauern oder noch einmal infrage zu stellen.

Hochspannungsleitungen, Radiosender, Antennenmasten und Mobiltelefone setzen uns einer Woge elektromagnetischer Strahlungen aus. Die Angst der Menschen vor den suspekten Wellen wächst. Unklar ist, wie gefährlich Elektrosmog wirklich ist.

Nur für die wenigsten ist die Wasserqualität vor dem Kauf einer Immobilie ein wesentliches Entscheidungskriterium, trotzdem müssen Sie sich spätestens dann damit auseinandersetzen, wenn Sie Ihre erste Waschmaschine anstellen und auf der Waschmittelpackung nach dem Härtegrad gefragt wird oder das Dampfbügeleisen wegen Verkalkung seinen Dienst versagt. Der Härtegrad ist entscheidend für die Qualität des Wassers und deshalb auch maßgeblich für den weiteren Gebrauch. Ist es unbedenklich, das Leitungswasser täglich zu trinken, oder sollten Sie das besser lassen?

WISO rät

Die Versorgungswerke geben Trinkwasseranalysen heraus, die Sie in der Regel speziell für Ihre Straße und Ihre Hausnummer kostenfrei anfordern können. Darin finden Sie alle wichtigen Angaben.

Manchmal ist das Wasser in Ordnung und die Leitungen wurden in der Straße gerade neu verlegt, dennoch findet man nach der Elektrolyse Schmutz- und Rostpartikel im Wasser. Der Grund: Häufig sind die Rohre, die zu Ihrem Haus gehören, nicht mehr auf dem neusten Stand. Schauen Sie sich deshalb beim Kauf einer Immobilie immer auch die Leitungen an. Normalerweise sollte die Wasserqualität die gesetzlichen Vorgaben unterbieten. Kontrollieren Sie im Zweifel, ob die Wasserqualität bis zum Zapfhahn Ihren Anforderungen genügt oder ob ein Austausch der gesamten Wasserversorgungsleitungen in absehbarer Zeit notwendig wird.

Jede Region, jedes Quartier hat schon allein aufgrund seiner topografischen Verhältnisse sehr verschiedene Luftqualitäten beziehungsweise Klimaverhältnisse. Die zuständigen Gemeinde-, Kreis- oder Stadtverwaltungen bieten hierzu Beratungen, verfügen über die jeweiligen Klimadaten und müssen entsprechende Gutachten erstellen lassen. Wichtig sind Aussagen über die Frischluftversorgung (Kaltluftschneisen), ob hier gebaut werden darf und wo hohe Ozonwerte gemessen wurden. Erkundigen Sie sich danach!

Achter Schritt: Kontakt mit der Nachbarschaft aufnehmen

Die Nachbarschaft ist eine der wichtigsten und direktesten Informationsquellen. Die Nachbarn danken es Ihnen meist, wenn Sie sich rechtzeitig, sogar schon vor Kaufabschluss, vorstellen. Gleichzeitig können Sie wichtige Informationen austauschen. Sie können schildern, was Sie auf dem Grundstück vorhaben, und nebenbei in Erfahrung bringen, wer sonst noch in der Straße wohnt: ob es laute oder ruhige Nachbarn sind, wie das soziale Umfeld aussieht, ob es leer stehende Wohnungen gibt, zu welchen Preisen vermietet wird und welche Grundstücke in den letzten Jahren und zu welchen Preisen die Besitzer gewechselt haben. Sie spüren und hören sofort, ob ein angenehmes nachbarschaftliches Verhältnis besteht oder ob es ständig zu Streitereien kommt. Fragen Sie nach dem Warum. Es gibt Fälle, dass ein Nachbarschaftsstreit die ganze Gegend tyrannisiert. Letztlich müssen Sie wissen, was Ihnen Ruhe und Frieden wert sind.

WISO rät

Suchen Sie die neuen Nachbarn auf jeden Fall schon vor dem Kauf auf, nicht erst, wenn Baulärm und Dreck Anlass für ein erstes Gespräch liefern. Ein positives Aufeinanderzugehen ist der Grundstein für ein gutes Verhältnis. Schließlich brauchen Sie einander, spätestens im Urlaub: Blumen gießen, Briefkasten leeren und Katze füttern sollten in einer guten Nachbarschaft selbstverständlich sein.

Neunter Schritt: Das Wertgutachten

Neben allen individuellen Komponenten, die den Wert eines Objekts beeinflussen, versachlichen Sie die Preisdiskussionen, gerade bei einer gebrauchten Immobilie, durch ein seriöses Wertgutachten. Können Sie sich nicht einigen, geben Sie ein Wertgutachten bei einem Immobiliensachverständigen (Gutachter) in Auftrag. Eventuell können Sie sich sogar die Kosten mit dem Verkäufer teilen. Schließlich hat auch er etwas davon, wenn Sie die Immobilie am Ende doch nicht kaufen. Mit diesem Gutachten können Sie prüfen, ob die Preisvorstellungen des Verkäufers oder des Maklers in etwa dem Marktwert entsprechen oder überteuert sind. Ein Verkehrswertgutachten kann zwar nicht den tatsächlichen Verkaufspreis bestimmen, es liefert aber eine Grundlage für einen Verhandlungsspielraum. Sie kaufen günstig, wenn Sie eine Immobilie (um 10 bis 20 Prozent) unter dem Verkehrswert erwerben können. Bei interessanten Objekten müssen Sie allerdings damit rechnen, dass gerade von Liebhabern problemlos um 10 Prozent mehr (oder sogar noch darüber) geboten werden. Der Verkehrswert ist damit ein Annäherungswert an den möglichen Marktpreis. Stellen Sie dem Gutachter auch alle Informationen, die Sie über das Anwesen bereits gewonnen haben, zur Verfügung (Lärmbelästigungen, Fotografien, Planunterlagen, Kostenvoranschläge von Handwerkern). Es ist wichtig, dass dem Gutachter alle Details, Daten und Unterlagen vorliegen. Das Gutachten sollte in verständlicher Sprache geschrieben sein, sodass auch Laien ihre Schlüsse daraus ziehen können. Ein Beispiel für ein Verkehrsgutachten finden Sie auf Seite 198.

WISO rät

Bei Zwangsversteigerungen werden vorab Wertgutachten erstellt. Die verschiedenen Wertgutachten können Sie bei den Amtsgerichten vor den Versteigerungsterminen einsehen. Dort lässt sich auch erkennen, welch unterschiedliche Qualität einzelne Wertgutachten haben können. Das ist gleichzeitig ein unkonventioneller Weg, um den Gutachter Ihres Vertrauens auszuwählen.

Übersicht: Verkehrswert, Sachwert, Marktwert – einfach erklärt

Der Verkehrswert wird laut Paragraf 194 Baugesetzbuch (BauGB) durch den Preis bestimmt, der zu dem Zeitpunkt, auf den sich die Ermittlung bezieht, im gewöhnlichen Geschäftsverkehr nach den rechtlichen Gegebenheiten und tatsächlichen Eigenschaften, der sonstigen Beschaffenheit und der Lage des Grundstücks oder des sonstigen Gegenstands der Wertermittlung ohne Rücksicht auf gewöhnliche oder persönliche Verhältnisse zu erzielen wäre.
Verkehrswert: In Wertgutachten ermittelte Verkehrswerte werden nach einem objektiven Kriterienkatalog ermittelt. Es handelt sich dabei um den im Augenblick tatsächlich erzielbaren Tauschwert, errechnet aus Sachwert und Marktlage.
Marktwert: Der Marktwert spiegelt den Preis wider, der auf dem Immobilienmarkt möglicherweise erzielt werden kann. Dieser Wert kann über dem in einem Gutachten ermittelten Verkehrswert liegen. Häufig werden die Begriffe Marktwert und Verkehrswert aber als Synonym verwandt.
Sachwert: Aus dem Boden-, Gebäude- und Außenanlagenwert wird der Sachwert ermittelt. Er ist auch die Basis für die Ermittlung des Beleihungswerts einer Immobilie und deshalb für die Bank von Bedeutung.
Beleihungswert: Er gibt an, welcher Preis längerfristig sicher erzielt werden kann. In der Regel höchstens 80 Prozent des Verkehrswertes. Den Abschlag von 20 Prozent nehmen Banken für ihre Kreditsicherung vor.
Ertragswert: Der Ertragswert ist entscheidend für die Wertermittlung von Renditeimmobilien. Er setzt sich aus dem Bodenwert und den langfristig erzielbaren Mieteinnahmen zusammen.

Zehnter Schritt: Lasten, Wegerechte, Beschränkungen

Auch wenn es viele nicht für erforderlich halten, sollten Sie sorgfältig die folgenden Angaben recherchieren beziehungsweise überprüfen lassen, ob die vielleicht allzu leichtfertig ausgesprochenen Angaben zu Ihrem konkreten Objekt auch wirklich stimmen.

Dazu müssen Sie sich eine vollständige Kopie des Grundbuchauszuges vom Verkäufer aushändigen lassen oder vorab Ihren Notar auffordern, Einsicht in das Grundbuch zu nehmen. Hier geht es nicht nur um die Eintragung von Grundschulden; auch Wegerechte, die längst in Vergessenheit geraten sind, oder Wohnrechte (Nießbrauch) können hier eingetragen sein. Solche Eintragungen können den Wert Ihrer Immobilie beträchtlich beeinflussen.

Immer wieder wird vergessen, dass die einzelnen Bauämter entsprechende Baulastenverzeichnisse führen. Gerade bei engeren Bebauungen oder sogar Grenzbebauungen werden mit den Nachbarn individuelle Vereinbarungen getroffen, die im Baulastenverzeichnis dokumentiert werden.

Häufig sind die Unterlagen, wie etwa die Baugenehmigungen, gerade bei älteren Häusern verschwunden. Die Bauherren stehen dann ohne Pläne da und müssen alles neu vermessen und zeichnen lassen. Doch hier können die Archive der jeweiligen Bauämter helfen, sie archivieren sehr sorgfältig. Fehlt die Baugenehmigung zu Ihrem konkreten Objekt, können Sie – oft noch vorhanden – die gesamte Akte im Archiv des Bauamtes einsehen und gegen Gebühr auch kopieren lassen. Hierzu ist in der Regel eine schriftliche Zustimmung der derzeitigen Eigentümer erforderlich.

Durch diese wichtige Recherche können Sie feststellen, ob für das Gebäude beziehungsweise sämtliche Gebäudeteile eine Baugenehmigung vorliegt oder ob es sich am Ende um einen sogenannten Schwarzbau handelt. Wäre für das nachträglich ausgebaute Dachgeschoss eine Baugenehmigung erforderlich gewesen? Liegt für das Fenster an der Grenzmauer die Zustimmung des Nachbarn vor beziehungsweise ist hierzu eine Baulast im Baulastenverzeichnis eingetragen? Dürfen Sie das Haus irgendwann abreißen und auf dem Grundstück dann wieder neu bauen?

WISO rät

Die Bauaufsichts- und Stadtplanungsämter beraten Sie gerne. Besprechen Sie persönlich oder mit Unterstützung – zum Beispiel durch einen Architekten – Ihr konkretes Objekt, auch wenn Sie selbst derzeit keine Bautätigkeiten planen.

Folgende Fragen können aufschlussreich sein:

- Gibt es für das Gebiet einen rechtsgültigen Bebauungsplan?
- Welche Nutzungen sind in dem Wohngebiet zulässig (Büro, Praxis, Gewerbe)?
- Was ist bei einer Nutzungsänderung zu beachten?
- Liegt das Gebäude in einem Sanierungsgebiet? Was ist bei einer Sanierung zu beachten? Sind sogenannte Luxussanierungen überhaupt zulässig?
- Welche Bauvorhaben sind in der Nachbarschaft derzeit in Bearbeitung?
- Dürfen Sie anbauen, aufstocken oder abreißen?
- Liegt für sämtliche Gebäudeteile eine Baugenehmigung vor?
- Was ist zu berücksichtigen, wenn Sie das Gebäude oder das Grundstück gegebenenfalls teilen wollen?
- Dürfen Sie Bäume auf dem Grundstück fällen, gibt es eine Baumerhaltungssatzung?
- Gibt es eine Gestaltungssatzung für Bauten, Gärten oder Vorgärten?
- Gibt es eine Stellplatzsatzung in der Gemeinde?
- Gab es in der Vergangenheit baurechtliche Probleme?
- Sind bei Veränderungen neue Auflagen bezüglich Brand-, Schall- und Wärmeschutz zu erfüllen?
- Stellen die Gemeinde oder regionale Versorgungsunternehmen entsprechende Zuschüsse für Schallschutzmaßnahmen (Schallschutzfenster), energie- oder wassersparende Maßnahmen zur Verfügung?

Seit den Achtzigerjahren gibt es in Deutschland den Denkmalschutz. Damit sind viele ältere Häuser, die Sie vielleicht gar nicht für bedeutend erachten, entweder unter Denkmal- oder Ensembleschutz gestellt worden. Das heißt, Sie dürfen entweder gar keine oder nur geringe Veränderungen an dem Gebäude vornehmen.

Mittlerweile können auch Gebäude aus den Fünfzigerjahren, insbesondere von bedeutenden Architekten, unter Denkmalschutz stehen, obwohl das Gebäude – frisch renoviert – fast wie ein Neubau wirken kann.

Erkundigen Sie sich bei dem zuständigen Denkmalschutzbeauftragten nach den entsprechenden, manchmal auch sehr willkürlich erscheinenden Auflagen für Ihr Objekt. Gleichzeitig können Sie klären, welche Fördertöpfe für den Denkmalschutz zur Verfügung stehen. Wenn diese Förderungen auch meist an gewisse Auflagen gebunden sind, erleichtern sie dennoch die Entscheidung für das eine oder andere Liebhaberstück, ob eine große Gründerzeitvilla oder nur das kleine Kutscherhäuschen.

Elfter Schritt: Richtig messen

Alle Methoden, die DIN 277, die alte Berechnungsverordnung (gültig bis Ende 2003) und die Wohnflächenverordnung haben Vor- und Nachteile. Bei Wohngebäuden wird jedoch empfohlen, die Wohnflächenverordnung anzuwenden. Nachmessen ist wirklich sinnvoll, denn kaum eine Angabe stimmt. Das muss nicht immer absichtlich geschehen, denn die Bestimmungen zur Wohnflächenberechnung haben sich in den letzten Jahren teilweise geändert.

Tabelle 4: Wohnflächenberechnung anhand der II. Berechnungsverordnung (BV) im Vergleich mit DIN 277

Räume	BV	DIN 277
Kellergeschoss		
Kellerräume	-	Nutzfläche
Tankraum	-	Funktionsfläche
Flur	-	Verkehrsfläche
Treppenraum	-	Gesamte Grundfläche wird der Verkehrsfläche zugerechnet
Erdgeschoss		
Wohn-/	Wohnfläche	Nutzfläche
Esszimmer	Wohnfläche	Nutzfläche
Küche	Wohnfläche	Nutzfläche
Gäste-WC	Wohnfläche	Nutzfläche
Windfang	Wohnfläche	Nutzfläche
Flur Treppenraum	Raum unter der Treppe ab 2 m lichter Höhe wird der Wohnfläche zugerechnet	Gesamte Treppengrundfläche = Verkehrsfläche, gesamte Treppengrundfläche im Wohnraum = Nutzfläche
Wintergarten (unbeheizt)	Wohnfläche	Nutzfläche
Terrasse, Loggien	¼ bis ½ der Grundfläche = Wohnfläche	Nutzfläche (ist getrennt auszuweisen)
Terrasse (nicht überdacht)	-	Grundfläche muss gesondert ausgewiesen werden

Räume	BV	DIN 277
Ober-/Dachgeschoss Schlaf-, Kinder-, Arbeits-, Badezimmer und Flur	Wohnfläche unter Dachschrägen von 1–2 m Höhe zur Hälfte, unter 1 m Höhe gar nicht anzurechnen	Nutzfläche; Grundfläche unter Dachschrägen bei weniger als 1,5 m Höhe ist getrennt auszuweisen
Treppenraum	Raum unter der Treppe ab 2 m lichter Höhe wird der Wohnfläche zugerechnet	Gesamte Treppengrundfläche = Verkehrsfläche, gesamte Treppengrundfläche im Wohnraum = Nutzfläche
Balkon, Dachterrassen	¼ bis ½ der Grundfläche = Wohnfläche	Nutzfläche (ist getrennt auszuweisen)
Besonderheiten	Nischen mit mehr als 0,13 m Tiefe = Wohnfläche	Bis zum Fußboden reichende Fenster- und Wandnischen zählen nicht zur Nutzfläche
	Erker und Wandschränke mit mehr als 0,5 qm Grundfläche = Wohnfläche	Erker, Wandschränke und andere fest eingebaute Gegenstände = Nutzfläche
	Bei Zugrundelegung des Rohbaumaßes müssen 3 % der Wohnfläche für Putz abgezogen werden	Bei Zugrundelegung des Rohbaumaßes müssen 3 % der Wohnfläche für Putz abgezogen werden
	Von der errechneten Grundfläche können 10 % abgezogen werden	

Unterschiede zu den vorhergehenden Regelungen sind:

- In der Regel wird die Grundfläche von Balkonen, Loggien und Terrassen zu einem Viertel, höchstens jedoch zur Hälfte als Wohnfläche angerechnet. Ein Sichtschutz (sogenannter »gedeckter Freisitz«) wird bei Terrassen nicht mehr vorausgesetzt. Der Begriff des Freisitzes ist aus der II. BV. nicht übernommen worden.
- Ein genereller Abzug für Putz in Höhe von drei Prozent ist nicht mehr vorgesehen, da die Wohnfläche nach lichten Maßen zu berechnen ist. In

die Flächenermittlung können jetzt auch Erker und Wandschränke einbezogen werden, selbst wenn deren Grundfläche kleiner als 0,5 m^2 ist.

- Auch die Grundflächen von Schornsteinen, Vormauerungen, Bekleidungen, freistehenden Pfeilern und Säulen werden berücksichtigt, wenn ihre Höhe unter 1,5 m und ihre Grundfläche unter 0,1 m^2 bleibt, weil sie dann als Ablagemöglichkeit nutzbar sind.
- Während bis Ende 2003 Flächen unter Treppen nicht als Wohnfläche gewertet wurden, wenn ihre lichte Höhe weniger als 2 m betrug, zählen diese seit 2004 zur Wohnfläche, sobald sie höher als 1 m sind. Jedoch wird bis zur Höhe von 2 m nur die Hälfte angerechnet, erst ab 2 m Höhe zählen diese Flächen ohne Abzug.
- Soweit Wintergärten nicht beheizbar sind, können sie lediglich zur Hälfte als Wohnfläche angerechnet werden. Beheizbare Wintergärten zählen komplett zur Wohnfläche.
- Der bisherige Abzug von pauschal zehn Prozent bei Gebäuden mit nur einer Wohnung ist weggefallen.

Zwölfter Schritt: Kaufen – oder nicht?

Angenommen, Sie lesen folgende Anzeige in der Wochenendausgabe Ihrer Tageszeitung – einer Stadt mit 280 000 Einwohnern. Die Stadt liegt in den verschiedenen Immobilien-Rankings in der Gunst der Käufer weit vorne.

Gründerzeithaus mit 1 020 qm Wohnfläche, 5 Geschosse in zentraler, verkehrsgünstiger Lage. Preis: Höchstgebot, gewerbl. Telefon: 0171-123 45 67

Sie rufen sofort den Makler an und vereinbaren einen Besichtigungstermin. Das Haus, Baujahr 1898, hat eine beeindruckende Fassade – allerdings ist es renovierungsbedürftig. Es ist weitestgehend vermietet, was Ihre Finanzierung sichert. Das nicht ausgebaute Dachgeschoss könnte Ihr sensationelles Penthouse mit Blick über die ganze Stadt werden.

Der Makler spricht davon, dass schon Gebote von 400 000 Euro vorliegen, und drängt Sie, bis Ende der Woche eine Entscheidung zu treffen. Sie sollen also innerhalb kurzer Zeit *Ja* oder *Nein* sagen und müssen außerdem noch herausfinden, wie kostspielig die Renovierungsarbeiten werden. Da Ihnen das unter Denkmalschutz stehende Haus zusagt, denken Sie darüber nach, die vom Makler genannte Summe zu überbieten.

Dennoch lassen Sie sich nicht unter Druck setzen und entscheiden sich, ein Wertgutachten in Auftrag zu geben. Darüber informieren Sie den Makler.

Versuchen Sie, eine Reservierungsvereinbarung abzuschließen. Zahlen Sie dafür jedoch nichts! Der Verkäufer verpflichtet sich lediglich, die Immobilie für einen bestimmten Zeitraum nicht an einen Dritten zu verkaufen. Daraus lässt sich kein Anspruch auf Abschluss eines Kaufvertrags herleiten. Läuft die Reservierung über einen Makler, ist sie unverbindlich. Das liegt am Wesen des Maklervertrags. Anders kann es sein, wenn ersichtlich ist, dass bei Ihnen durch die Reservierung bedeutsame, wirtschaftliche Werte tangiert sind und er grundlos die Reservierung aufgibt. Nur dann können unter Umständen Schadensersatzansprüche gegeben sein.

Zwischen Ihrem ersten Besichtigungstermin und der Vorlage des Gutachtens vergehen 14 Tage. Währenddessen drängelt der Makler weiter – fast täglich kommen Anrufe.

Das Spannendste an dem gesamten Gutachten ist das Ergebnis des Verkehrswerts. Sie trauen Ihren Augen nicht, als Sie lesen, dass der Verkehrswert für das mit einem Mehrfamilienhaus bebaute Grundstück mit der Anschrift Kaiser-Friedrich-Ring in Wiesbaden zum Stichtag vom 14. Februar 2008 mit 81 000 Euro festgelegt wird. Also ist das Objekt nicht 400 000 Euro wert, wie der Makler behauptete, sondern nur ein Fünftel davon. Wie kommt der Preisunterschied zustande? Im Folgenden Auszüge aus dem Wertgutachten. Beachten Sie die letzte Spalte. An den Anmerkungen können Sie lernen, wie man Wertgutachten richtig liest und wie man daraus wertvolle Schlüsse ziehen kann.

Tabelle 5: Zusammenstellung der Ergebnisse des Verkehrswertgutachtens

Objekt:	**Mehrfamilienhaus**	**Bemerkung der Autorin**
Unter der Anschrift	Kaiser-Friedrich-Ring XX, 65185 Wiesbaden	
Wertermittlungsstichtag:	14. Februar 2008	
Verkehrswert:	81 000,– Euro	
Art der Nutzung:	Wohnnutzung	
Nutzflächen:	Kellergeschoss: ca. 31,77 qm (Laden) Lager: ca. 80,00 qm	

Objekt:	Mehrfamilienhaus	Bemerkung der Autorin
Wohnfläche	Erdgeschoss: ca. 204,33 qm 1. Obergeschoss: ca. 218,03 qm 2. Obergeschoss: ca. 218,03 qm 3. Obergeschoss: ca. 217,04 qm Dachgeschoss: ca. 163,46 qm gesamt: ca. 1 020,89 qm	
Anzahl der Räume:		
Kellergeschoss:	Ladengeschäft, Kellerräume und Heizungskeller	
Erdgeschoss:	9 Zimmer, 2 Dusche/WC, 2 WC-Räume	
1. Obergeschoss:	10 Zimmer, 2 Dusche/WC, 2 WC-Räume	
2. Obergeschoss:	10 Zimmer, 2 Dusche/WC, 2 WC-Räume	
3. Obergeschoss:	10 Zimmer, 2 Dusche/WC, 2 WC-Räume	
Dachgeschoss	8 Zimmer, 2 Dusche/WC, 2 WC-Räume	
Grundstücksgröße:	343 qm Gesamtgrundstück	
Erschließungszustand:	erschlossen	
Garagen/ PKW-Stellplatz:	Nicht vorhanden	
Bodenwert	171 500,– Euro	*Interessant, wenn das Grundstück mehr wert ist als Haus und Grundstück zusammen.*
Baujahr:	etwa 1898 (Ursprungsjahr) etwa 1947/1948 Sanierung aufgrund von Kriegsschäden	

Objekt:	**Mehrfamilienhaus**	**Bemerkung der Autorin**
Restnutzungsdauer:	Aufgrund des Denkmalschutzes besteht eine Erhaltungspflicht auf Dauer.	*Kaufen Sie kein älteres Haus, wenn Sie nicht vorher konkret mit dem zuständigen Denkmalschutzbeauftragten gesprochen haben und die Auflagen schriftlich festgehalten sind.*
Ertragswert:	80959,– Euro	
Sachwert:	66735,– Euro	

Fazit: Das Gutachten hat sich für Sie gelohnt, und Ihre Ausdauer hat sich bewährt! Der Makler ist von einer völlig falschen Kaufpreisschätzung ausgegangen. Darauf hätten Sie reinfallen können. Auch der Verkäufer wird sich jetzt mit einem geringeren Preis zufriedengeben müssen. Das Wertgutachten schafft Fakten! Sie als potenzieller Käufer haben jetzt eine Unterlage in der Hand, die Ihre Verhandlungsposition stärkt. Wenn Sie die Immobilie unter den neuen Erkenntnissen immer noch haben wollen, dann haben Sie jetzt gute Chancen auf einen fairen Preis. Der Makler, als Dritter im Bunde, muss auch mit weniger Provision auskommen. Sein Spiel auf Zeit hat bei Ihnen nicht gefruchtet: Pech für ihn – Glück für Sie. Denn mehrere Monate nach der ersten Anzeige in der Tageszeitung steht die Immobilie immer noch zum Verkauf. Die Marktwirtschaft hat sich bewährt: Angebot und Nachfrage regeln den Preis. Es hat immer einen Grund, wenn Preis und Nachfrage nicht zusammenpassen. Gut, wenn Immobilienentscheidungen nicht unter Zeitdruck getroffen werden!

Vor der Unterzeichnung des Kaufvertrags gibt's noch viel zu tun

Haben Sie Ihr Traumhaus gefunden und sind Sie sich mit dem Verkäufer im Wesentlichen einig, beginnt die nächste Phase des Kaufs, die Vorbereitung des Kaufvertrags. Bei Angeboten von privat kaufen Sie im Prinzip nach Augenschein und müssen sich auf die Angaben des Verkäufers verlassen. Auch im Nachhinein kommt es deshalb oft zum Streit. Vor allem, wenn später Mängel entdeckt werden, von denen vorher niemand etwas gewusst haben will. Da man Immobilien nicht so einfach zurückgeben kann, sollten Sie deshalb alle Angaben so gut es geht überprüfen. Zum Beispiel lohnt auch schon vor der Unterschrift ein Blick ins Grundbuch beim Amtsgericht. Dafür müssen Sie ein berechtigtes Interesse nachweisen, das bei Ihnen als konkretem Kaufinteressenten selbstverständlich vorliegt. Natürlich kann auch ein Notar Ihrer Wahl für Sie den Gang erledigen, was allerdings auch für Recherchezwecke Gebühren kostet.

Das sollten Sie prüfen:

- Ist der vermeintliche Verkäufer auch wirklich als Eigentümer eingetragen?
- Ist das Grundstück unbelastet oder existiert zum Beispiel ein Wegerecht? (Eingetragene Lasten müssen nicht unbedingt negativ und preismindernd sein, dies sollte aber abgeklärt sein.)
- Wie hoch sind die eingetragenen Grundschulden?
- Wann werden die Grundschulden gelöscht?
- Lohnt es sich, die bestehende Finanzierung des Verkäufers zu übernehmen? (Vielleicht erhalten Sie aber zum jetzigen Zeitpunkt bessere Konditionen als damals der Verkäufer.)
- Besteht ein Vorkaufsrecht, zum Beispiel von Verwandten? Wird auf die Ausübung des Vorkaufsrechts bestanden oder verzichtet? Kann man es unter Umständen abkaufen?
- Prüfen Sie, ob die Stadt oder die Gemeinde ihr obligatorisches Vorkaufsrecht, was in der Regel nicht ausgeübt wird, ausüben will.
- Wann wird die sogenannte Auflassungsvormerkung eingetragen? (Denn erst wenn Ihr Name im Grundbuch steht, sind Sie als zukünftiger Eigentümer vorgemerkt. Vielleicht ist schon ein anderer Name verzeichnet? Die Auflassungsvormerkung wird vor Zahlung des kompletten Kaufpreises, aber nach der Unterzeichnung des Kaufvertrags ins Grundbuch eingetragen. Der Notar muss die Auflassungsvormerkung beantragen. Der Kaufvertrag allein reicht als Dokument nicht aus.)
- Als Käufer dürfen und sollten Sie den Notar Ihres Vertrauens auswählen.

WISO rät

Klären Sie vorher, ob alle negativen Grundbucheintragungen gelöscht werden können. Denn haben Sie bereits unterschrieben und alles bezahlt, gibt es in der Regel kein Zurück.

Der notarielle Kaufvertrag – kein Buch mit sieben Siegeln

Den meisten ist bekannt, dass ohne Notar bei Immobiliengeschäften nichts läuft. Dass man dafür auch eine Negativbescheinigung braucht, wissen nur wenige, und die Auflassungsvormerkung ist für viele ein Buch mit sieben Siegeln.

Gemeinden haben ein gesetzliches Vorkaufsrecht für Grundstücke. Sie werden automatisch über jede Änderung der Grundbesitzverhältnisse informiert und können das entsprechende Grundstück selbst kaufen. Damit Ihr Grundstücksgeschäft rechtsgültig wird, müssen Sie die Verzichtserklärung bei der Gemeinde einholen. Normalerweise erledigt diese Aufgabe der mit der Beurkundung beauftragte Notar.

Der nächste Gang führt Sie zu Ihrer Bank, mit der Sie die Finanzierung geregelt haben. Sie will, bevor Geld fließt, dass die sogenannte Auflassungsvormerkung im Grundbuch eingetragen wird. Die Einigung mit dem Verkäufer wird als Auflassung bezeichnet, die Eintragung der Auflassung ins Grundbuch heißt in der Fachsprache Vormerkung. Die Auflassungsvormerkung belegt also, dass das Grundstück an den namentlich Eingetragenen verkauft werden soll. Das wird auch im notariellen Kaufvertrag vermerkt. Erst nachdem der Kaufpreis gezahlt ist, wird durch eine neue Eintragung der Besitzwechsel im Grundbuch angezeigt. Damit ist der Grundstückskauf rechtlich abgeschlossen.

Das Grundbuch spielt bei Grundstücksgeschäften als öffentliches Register eine wichtige Rolle. Vermerkt werden nicht nur Besitzverhältnisse, sondern auch die Belastungen eines Grundstücks: Anzahl und Höhe der Hypotheken, Nutzungsrechte, zum Beispiel ein Wohnrecht oder ein privates Vorkaufsrecht.

WISO rät

Bevor Sie mit dem Verkäufer über die Wohnung verhandeln, sollten Sie sich immer erst über Grundbucheinträge informieren und vor Vertragsunter-

zeichnung beim Notar nachfragen, ob er bei der Einsichtnahme Nachteile entdecken konnte.

Nach Abschluss des Kaufvertrags werden die Nebenkosten fällig. Dazu zählen die Maklerprovision, die Grunderwerbsteuer und die Kosten für den Notar. Insgesamt müssen Sie mit etwa 10 bis 15 Prozent rechnen, die dafür zusätzlich zum Kaufpreis anfallen.

Achten Sie bei der Vertragsgestaltung auf bestimmte Formulierungen, die sich für Sie als Käufer negativ auswirken könnten. Stehen im Vertrag Klauseln wie »Haftung für Sachmängel sind ausgeschlossen« oder »Gekauft wie besichtigt«, so haftet der Verkäufer gar nicht oder nur begrenzt, wenn der Käufer später Mängel entdeckt. Nur wenn der Verkäufer solche Mängel auf ausdrückliche Nachfrage oder arglistig verschweigt, wäre ein Haftungsausschluss unwirksam. Dies kann dann zum Rücktritt vom Vertrag, zur Minderung des Kaufpreises, aber auch zu Schadensersatzansprüchen führen, was jedoch häufig schwer zu beweisen ist. Käufer, die sich absichern wollen, sollten in den Vertrag folgende Klausel aufnehmen lassen: »Dem Verkäufer sind keine versteckten Mängel bekannt.« Fallen Ihnen Mängel erst nach dem Einzug auf, sollten Sie sofort tätig werden und frühzeitig einen Anwalt einschalten.

Was soll im Vertrag stehen?

Im Kaufvertrag müssen die genaue Lage und die Bezeichnung des Grundstücks, die persönlichen Daten des Verkäufers und des Käufers (Personalausweis muss vorgelegt werden) sowie der Kaufpreis enthalten sein. Daneben sollten auch die Zahlungsmodalitäten, der Zustand des Hauses und weitere Vereinbarungen, zum Beispiel über vorzunehmende Reparaturen, im Vertrag festgelegt werden.

Damit bei Vertragsabschluss alles glattgeht, ist es notwendig, dass Sie sich zuvor mit dem Verkäufer präzise geeinigt haben. Nichts ist schlimmer, als am Notartermin noch nachzuverhandeln und dadurch das Geschäft vielleicht zum Platzen zu bringen.

Nehmen Sie in den Kaufvertrag deshalb auch Dinge auf, die auf den ersten Blick vielleicht selbstverständlich erscheinen, wie Angaben zu bereits erfolgten Modernisierungsmaßnahmen, Einbauten, die in das Eigentum des

Käufers übergehen sollen, Unterlagen, die bescheinigen, dass vorgenommene Ein- und Anbauten zum Beispiel von der Eigentümergemeinschaft genehmigt wurden. Auch die genaue Wohnfläche sollte vorher nachgemessen worden sein und mit den Angaben im Kaufvertrag übereinstimmen. Ebenso gehören in den Vertrag Vereinbarungen über das Zubehör. Nicht alle Gegenstände, die beim Verkaufsgespräch in der Wohnung zu sehen waren, sind automatisch im Preis inbegriffen. Vor der Übergabe können Markisen, Handtuchhalter und Gardinenleisten abmontiert werden. Solange nichts Gegenteiliges vereinbart ist, darf der Verkäufer sein Zubehör mitnehmen. Falls vom Verkäufer noch Renovierungsarbeiten zu erledigen sind, sollten Sie diese detailliert auflisten. Weil es aber gerade bei diesem Punkt immer wieder Ärger gibt, renovieren die Käufer häufig selbst. Diese Tätigkeiten sollten sich allerdings in einer Preisreduzierung bemerkbar machen.

WISO rät

Auch wenn es dem einen oder anderen Vorteile bringen könnte, sollten Sie sich nicht darauf einlassen, mit dem Verkäufer einen anderen Preis zu beurkunden, als Sie tatsächlich bezahlen werden. Dies macht den Kaufvertrag ungültig und nichtig. Da sich anhand des beurkundeten Kaufpreises die Grunderwerbsteuer und andere Nebenkosten des Immobilienerwerbs bemessen, wäre dies außerdem Steuerhinterziehung und Betrug.

Übersicht: Was muss in den Kaufvertrag?

Beschreibung des Objekts: Nur was Sie schwarz auf weiß haben, haben Sie auch gekauft. Zum Beispiel sollten Sie, bevor Sie eine Eigentumswohnung kaufen, die Nummer der Wohnung und das dazugehörige Sondereigentum überprüfen. Auch Miteigentumsanteile und Sondernutzungsrechte müssen im Detail stimmen. Alle Vertragsangaben sollten Sie anhand des Grundbuchauszugs, der Teilungserklärung und des Aufteilungsplans kontrollieren.

Übergang von Besitz, Lasten und Nutzen: Zu klären ist, wann die Immobilie an Sie mit allen Rechten und Pflichten übergehen soll. Meist ist das der Fall, wenn der gesamte Kaufpreis bezahlt wurde. Ab diesem Zeitpunkt gehen dann auch die laufenden Kosten auf den Käufer über. Der eigentliche Eigentumswechsel findet allerdings erst mit dem Grundbucheintrag statt und kann zeitlich deutlich später liegen.

Klärung der Lastenfreiheit des Grundstückes: Im Notarvertrag wird der Verkäufer verpflichtet, sämtliche Belastungen zu löschen.

Schuldenübernahme: Üblich ist, dass der alte Eigentümer mit dem Kaufpreis seine Schulden tilgt und die Grundpfandrechte im Grundbuch löschen lässt. Nur selten übernimmt der Käufer die Schulden, es sei denn, es lässt sich dadurch der Kaufpreis reduzieren und eine günstige Finanzierung übernehmen.

Versicherungen des Verkäufers: Er muss zum Beispiel versichern, dass er keine gravierenden Mängel verschwiegen hat. Dieser Passus im Kaufvertrag ist notwendig, wenn sich später herausstellen sollte, dass Sie über den Wert und Zustand der Immobilie getäuscht worden sind. In diesem Fall haben Sie ein Rücktrittsrecht. Ebenso muss der Verkäufer versichern, dass das Grundstück frei von Altlasten ist, also keine kontaminierte Erde oder Gebäudeverunreinigungen vorliegen, die gegen gesetzliche Bestimmungen verstoßen.

Übergang bestehender Versicherungen auf den Käufer: Eine bestehende Versicherung zum Gebäude wird zunächst vom Käufer übernommen. Bei Besitzwechsel einer Immobilie besteht jedoch das Recht zur außerordentlichen Kündigung des Altvertrages. Hierbei gibt es keine Kündigungsfristen. Häufig muss man jedoch der finanzierenden Bank den neuen Versicherungsschutz nachweisen. In Deutschland gibt es keine allgemeine Versicherungspflicht für Gebäude.

Bestehende Mietverhältnisse regeln: Vom Verkauf der Immobilie sind die bestehenden Mietverhältnisse nach Paragraf 566 Abs. 1 BGB nicht betroffen. Denn es gilt der Grundsatz: »Kauf bricht nicht Miete.« Mit der Eintragung ins Grundbuch wird der Käufer gleichzeitig auch Vermieter. Allerdings kann der alte Vermieter, also der Verkäufer der Immobilie, unter Umständen noch später zur Haftung herangezogen werden (§ 566 Abs. 2 BGB).

Beim Kaufvertrag für eine Eigentumswohnung müssen noch weitere Besonderheiten berücksichtigt werden, denn es wird nur ein kleiner Teil als Sondereigentum erworben. Das ist im Wesentlichen Ihre Wohnung, alles andere ist meist Gemeinschaftseigentum und gehört in der Regel allen Wohnungseigentümern. Dazu zählen auch Gebäudeteile wie Treppenhaus, Dach, Außenwände, Waschküche und Heizungsraum. Ihnen allein kann jedoch noch ein Stellplatz für das Auto gehören oder ein Kellerraum. Rechtlich entsteht das Wohnungseigentumsrecht durch die Teilungserklärung, in der die Gebäudeaufteilung genau festgelegt ist. Voraussetzung ist die räumliche Abgeschlossenheit der einzelnen Wohnungen, die von der Baubehörde bestätigt sein muss (Abgeschlossenheitsbescheinigung). Wird erst im Nachhinein eine Teilungserklärung nötig, etwa weil Sie ein Mehrfamilienhaus erwerben wollen und eine Wohnung verkauft werden soll, dann muss ein Architekt eingeschaltet werden, um genehmigungsfähige Pläne zu erstellen. Häufig stehen auch einige Investitionen an, etwa für Brand- oder Schallschutzmaßnahmen.

Rücktritt schwierig, aber nicht unmöglich

Ist der Kaufvertrag fertig, sollten Sie die Vertragsinhalte mit Ihrem Notar durchgehen. Es gibt zahlreiche Vertragsklauseln mit Fallstricken, die Sie im Zweifel nicht erkennen.

In jedem Kaufvertrag sollte deshalb ein Passus enthalten sein, der den Verkäufer in die Pflicht nimmt. Er soll versichern, dass ihm zum Zeitpunkt des Verkaufs keine wesentlichen Mängel bekannt waren. Ein Tipp auch für Sie, falls Sie daran denken, die Immobilie, die Sie jetzt erwerben wollen, später einmal wieder zu verkaufen. Zum Beispiel kann schon das Verschweigen von Zwistigkeiten innerhalb der Eigentümergemeinschaft dem Verkäufer als Täuschung vorgeworfen werden. Dadurch wird der Vertrag anfechtbar.

Beim Notartermin selbst wird sehr schnell vorgelesen. Aber selbst wenn dem nicht so wäre, könnte man das Gesagte, ohne es vorher durchgearbeitet zu haben, nicht verstehen. Die Zeit, die Sie in die Durchsicht investieren, lohnt, denn ein Rücktritt von einem Immobiliengeschäft ist nicht ohne weiteres möglich. Zunächst gilt: Der Vertrag steht. Für einen eventuellen Rücktritt brauchen Sie Gründe. Doch mit oder ohne guten Kündigungsgrund können Schadensersatzforderungen auf den Aussteiger zukommen. Das heißt, er müsste in jedem Fall alle Notarkosten tragen.

Der Verkäufer hat außerdem das Recht, so gestellt zu werden, wie er stünde, wenn der Vertrag vollständig abgewickelt worden wäre. Das kann sogar so weit gehen, dass der Verkäufer sein Grundstück nur für weniger Geld verkaufen kann und Sie die Differenz zwischen dem ursprünglichen

Verkaufspreis und dem neuen – nebst Zinsen ab Vertragsausstieg – zahlen müssen. Wie hoch die Forderungen genau ausfallen, hängt jedoch stark vom Einzelfall ab.

Diese Rücktrittsgründe wurden von Gerichten anerkannt:

Zu hoher Preis Ein Kurzentschlossener kaufte eine Zweizimmerwohnung für 78 000 Euro. Als er seine Immobilie genauer unter die Lupe nahm, kam ihm der Verdacht, dafür zu viel bezahlt zu haben, und er gab deshalb ein Gutachten in Auftrag. Der Sachverständige kam zu dem Ergebnis, dass die Wohnung lediglich 32 000 Euro wert war. Der Käufer war empört und wollte sein Geld zurück. Das Gericht stand auf seiner Seite. Der Kaufvertrag sei sittenwidrig, weil zwischen Leistung und Gegenleistung ein krasses Missverhältnis bestehe. Dies habe der Verkäufer, der im Immobiliengeschäft tätig und daher sachkundig war, auch gewusst (Oberlandesgericht Oldenburg, 15 U 15/02).

Mängel verschwiegen Handelt es sich um gravierende Mängel, kann der Kaufvertrag angefochten werden. Dies ist etwa der Fall, wenn im Haus unangenehme Gerüche wegen eines defekten Abwasserkanals auftreten oder eine Wand in einem Einfamilienhaus von Schimmel befallen ist. In beiden Fällen hatten die früheren Besitzer die Mängel arglistig verschwiegen (OLG Bamberg, 4 U 196/01 und 3 U 165/01).

Makler hat falsch geschätzt Makler, Anwälte, Steuerberater oder Notare werden bei Immobiliengeschäften in die Pflicht genommen. Schätzt etwa ein Makler den Verkehrswert eines Grundstücks falsch ein, kann er vom Verkäufer zur Kasse gebeten werden. Er haftet dann für die Differenz zwischen dem erzielten und dem erzielbaren Marktpreis (Oberlandesgericht Schleswig, 14U 136/99). Auch derjenige, der ein unrichtiges Verkehrswertgutachten erstellt hat, haftet (Bundesgerichtshof, XZR 244/00). Behauptet der Makler vor dem Notar, dass die Finanzierung gesichert sei, obwohl dies nicht stimmt, ist er schadensersatzpflichtig (Oberlandesgericht Düsseldorf, 7U123/99).

Schlechte Arbeit vom Notar Der Notar kann zur Verantwortung gezogen werden, wenn er einen Vertrag mit unwirksamen Regelungen beurkundet oder die Abwicklung eines von ihm aufgesetzten Vertrags unzureichend überwacht hat. Hat der Notar die Kaufpreisrate für ein Grundstück zu früh fällig gestellt, muss er die zusätzlichen Finanzierungskosten seines Klienten ersetzen (Bundesgerichtshof, IX ZR 266/00). Auch Anwälte und Steuerberater haften, wenn sie Fristen versäumen. Ebenso, wenn sie falsche Gestaltungshinweise geben oder ungünstige Vertragsklauseln vorschlagen.

Pflichten nicht erfüllt Zahlt der Käufer den Kaufpreis nicht rechtzeitig, fallen Verzugszinsen an. Der Verkäufer kann sogar vom Vertrag zurücktreten und Schadensersatz für seine Kosten und den entgangenen Gewinn fordern. Der Käufer muss dann die für ihn eingetragene Auflassungsvormerkung löschen lassen. Kommt umgekehrt der Verkäufer seinen Pflichten nicht nach, weil er zum Beispiel den Termin für die Besitzübergabe nicht einhält, kann der Käufer Ersatz für den Schaden verlangen, der durch die Verspätung entstanden ist, etwa die Kosten für die Anmietung einer Ersatzwohnung.

Gescheiterte Schlüsselübergabe Lässt sich der Verkäufer nach dem Kauf Zeit mit der Schlüsselübergabe, bleibt dem Käufer nur, eine angemessene Frist zu setzen. Erst wenn diese ergebnislos abgelaufen ist, wird der Vertrag rückabgewickelt. Was bereits gezahlt wurde, muss zurückgegeben werden. Hat der Käufer die Immobilie schon eine gewisse Zeit genutzt, muss er dafür Wertersatz leisten. Dieser orientiert sich an der ortsüblichen Miete.

Kosten zurückfordern Scheitert der Grundstückskauf, kann der Käufer, sofern der Verkäufer das geplatzte Geschäft zu verantworten hat, schriftlich Ersatz fordern, mit Kopien von Rechnungen, Kontoauszügen und Zinsbescheinigungen. Bei erheblichen Pflichtverletzungen des Verkäufers kann der Käufer die Kosten für Notar, Grundbuchamt, Makler und Grunderwerbsteuer verlangen, ebenso die Kosten der Finanzierung, Umzugskosten und nutzlos aufgewendete Renovierungskosten. Beschafft sich der Käufer ein gleichwertiges Grundstück, schuldet der Verkäufer die Differenz zwischen dem ursprünglich vereinbarten Kaufpreis und dem Kaufpreis für das Ersatzgrundstück.

WISO rät

Der Kaufvertrag ist meist nur eine schmuckvolle Urkunde, allerdings mit notariellem Siegel. Ein Exemplar reicht, obwohl Ihnen meist mehrere Exemplare in Rechnung gestellt werden. Das kostet alles nur unnötig Geld, denn selbst dem Finanzamt reicht eine schlichte Kopie für die Akten aus.

Schlichten statt streiten

Nicht jeder Mangel soll zum Rückgängigmachen des Vertrags führen. Meistens geht es schlicht um Geld. Wer zahlt für die Beseitigung? Oft kommen die Mängel erst lange nach dem Einzug heraus: feuchter Keller, Defekt an der Heizanlage, undichtes Dach. Wer hat Schuld? Anwälte sind teuer, und Bauprozesse dauern besonders lange. Deshalb schützt auch keine Rechtsschutzversicherung davor. Eine Police für Bauprozesse gibt es nicht. Für Streitigkeiten »rund um die Immobilie« sind Schlichtungsverfahren geeignet, die den Parteien zu einer außergerichtlichen Lösung verhelfen können.

In einem Schlichtungsverfahren wird ein öffentlich bestellter Sachverständiger als Schiedsgutachter zum Beispiel von der Industrie- und Handelskammer (IHK) oder Handwerkskammer (HK) benannt. Voraussetzung ist, dass die Parteien ein solches Vorgehen im Kaufvertrag vereinbart haben. Im Streitfall schließt der Sachverständige einen Schiedsgutachtervertrag mit beiden Parteien und erstellt nach einer Ortsbegehung ein Schiedsgutachten. An die getroffenen Entscheidungen müssen sich alle halten.

Wurde die Möglichkeit der außergerichtlichen Einigung durch ein Schiedsgutachten nicht Bestandteil des Kaufvertrages, kann diese Vereinbarung auch noch nachträglich getroffen werden. Außerdem kann ein öffentlich bestellter Sachverständiger auch privat beauftragt werden. Das ist zwar besser, als irgendjemand anderen zu engagieren, dennoch bleibt die Ungewissheit, ob der Richter bei einer Klage (der Rechtsweg steht beiden Parteien meist weiterhin offen) dem Gutachten folgen oder das Gericht einen eigenen Sachverständigen benennen wird. Beim zuständigen Gericht kann auch ein selbstständiges Beweisverfahren beantragt werden. In diesem Fall wird der öffentlich bestellte Sachverständige als Gerichtsgutachter tätig. Letzte Möglichkeit ist die Klage ohne vorherige Gutachterbeauftragung. Aber auch dann wird der Richter einen eigenen Sachverständigen bestimmen.

Beim Schiedsgutachten werden die Kosten anhand der Menge und der Komplexität der Fragen ermittelt. Üblicherweise liegen sie zwischen 500 und 1 500 Euro. Sie werden in der Regel nach Obsiegen und Unterliegen geregelt, es sei denn, im Vertrag ist etwas anderes bestimmt. Den Kostenrahmen kann der Sachverständige aufgrund einer Mängelliste vor dem Abschluss eines Schiedsgutachtervertrages abstecken. Beim Gerichtsgutachterauftrag wird der Sachverständige nach dem ZSEG (Gesetz über die Entschädigung von Zeugen und Sachverständigen) entschädigt.

Bei einer Rückabwicklung geht es meist um Mängel, die vom Verkäufer nicht angegeben wurden. Es gilt also zu beweisen, dass der Verkäufer von den Mängeln wusste, diese aber verschwiegen hat. Für solch komplizierte Auseinandersetzungen brauchen Sie in der Regel einen Rechtsbeistand.

WISO rät

Geben Sie besser ein paar Euro mehr für ein Gutachten aus und wenden Sie sich an eine Schiedsstelle, als nachträglich vor Gericht Ihr Recht erstreiten zu müssen. Das kostet Sie wesentlich mehr.

Die richtige Energie

Die Zukunft der Baupreise, die Qualität des Wohnens und die Werthaltigkeit einer Immobilie werden sich zukünftig am Energieverbrauch einer Immobilie messen lassen. Die Kosten für Öl, Gas und Strom sind in den vergangenen Jahren enorm gestiegen. Die Technik und das Gesetz bestimmen, wohin die Reise in den nächsten Jahren gehen wird. Energiepolitik wird auch mit öffentlichen Geldern und Förderprogrammen gemacht. Das kann Ihre Chance sein. Das gilt für Neubauten genauso wie für gebrauchte Immobilien. Das nützt vielen – dem Klimaschutz, der Gesundheit und dem eigenem Portemonnaie.

Die Strompreise sind in den letzten Jahren stark gestiegen. Die Ursachen sind umstritten. Ein Grund dafür ist das Erneuerbare-Energien-Gesetz (EEG). Durch die darin festgelegte Ökostromumlage erhält die Solarenergie eine staatliche Anschubhilfe. Rund 60 Prozent der gesamten Ökostromförderung fließe in die Solarenergie, berechneten die Verbraucherzentralen. Für einen Vier-Personen-Haushalt ergeben sich durch die Umlage Mehrkosten von rund 70 Euro im Jahr. Da der Markt für Fotovoltaik-Anlagen boomt, kann die Mehrbelastung künftig noch höher ausfallen. Experten fordern daher eine Kürzung oder Deckelung der Vergütungssätze für Solarstromanbieter.

Wer Strom sparen will kann das schon durch vernünftiges Verhalten im Haushalt erreichen, zum Beispiel durch die Vermeidung von Stand-by-Betrieb bei Elektrogeräten oder der Benutzung von Energiesparlampen. Wer jedoch deutlich sparen will, muss in die Gebäudetechnik und Wärmedämmung investieren. Dabei stehen Heizung und Wärmedämmung an erster Stelle.

Das Energiesparen spielt für Hausbesitzer eine immer größere Rolle, wie das Marktforschungsinstitut GfK für die LBS in einer repräsentativen Umfrage herausgefunden hat, haben in den vergangenen Jahren bereits ein Drittel der Befragten ihre Heizungs- oder Warmwasseranlage an moderne Standards angepasst. Jeder Fünfte ließ Wärmefenster einsetzen oder das Dach dämmen. Fast zwei Drittel passten gleichzeitig die Heizung dem neuen Wärmebedarf an.

In Zukunft kann mit einem verstärkten Modernisierungsaufwand gerechnet werden. Zum einen, um Kosten zu sparen, aber auch weil der Gesetzgeber mit der Energieeinsparverordnung eine Verminderung des Kohlendioxidausstoßes verlangt. Niedrigenergie- und Passivhäuser sollen zum Standard werden. Wohneigentümer sollen künftig die Sanierungskosten stärker auf die Mieter umlegen dürfen. Das soll ein Anreiz für Investitionen sein.

Wie viel Energie ein Haus verbraucht, kann man am Energieausweis erkennen, der seit 2009 für Wohngebäude Pflicht ist. Er gibt Mietern, Käufern und Eigentümern Auskunft, ob es sich um ein energiefressendes oder um ein sparsames Haus handelt.

Die Energieeinsparverordnung setzt Maßstäbe

Bei einem Autokauf ist die Frage nach dem Benzinverbrauch üblich. Auch bei Waschmaschinen oder Kühlschränken ist die Sache klar – die Effizienzklasse gibt Auskunft über den Energieverbrauch. Wer jedoch ein Haus oder eine Wohnung kauft, weiß nicht, was an Nebenkosten auf ihn zukommt. Das ist seit 2009 anders. Wenn Sie eine Immobilie kaufen, können Sie vom Verkäufer die Vorlage des Energieausweises verlangen.

Die Energieeinsparverordnung (EnEV) ist ein wichtiger Bestandteil der Energie- und Klimaschutzpolitik der Bundesregierung. Um die Umwelt zu entlasten hat sich die Europäische Union hohe Ziele gesteckt. Bis 2020 sollen die Energieeffizienz von Gebäuden gesteigert und der Einsatz erneuerbarer Energien für Heizung, Warmwasser und Klimatisierung erhöht werden. Die Betreiber von Windrädern, Wasserkraftwerken, Fotovoltaik- oder Biogasanlagen erhalten Unterstützung durch das Erneuerbare-Energien-Gesetz (EEG). Es garantiert eine Vergütung für jede Kilowattstunde Strom, die teilweise deutlich über den Marktpreisen für konventionell erzeugten Strom liegt. Die Kosten werden auf die Verbraucher umgelegt.

Große Teile der Richtlinie enthalten Vorgaben, die Deutschland bereits heute erfüllt. Umsetzungsbedarf ist jedoch bei folgenden Themen gegeben:

- Einführung des Niedrigstenergiegebäudes ab Anfang 2021 für alle Neubauten (für Behördengebäude zwei Jahre früher);
- Erweiterung der Aushangpflicht für Energieausweise
- Angabe einer Energiekennzahl in Immobilienanzeigen in kommerziellen Medien, wenn für die Wohnung oder das Gebäude ein Energieausweis vorhanden ist
- Einführung von Qualitätskontrollen für Energieausweise.

Nach wie vor sollen die Energieausweise auch Modernisierungsempfehlungen beinhalten. Allerdings geht der Anspruch der Novelle ganz klar in Richtung einer Energieberatung. So fordert das Bundesbauministerium, dass die Empfehlungen des Ausweises über die Gesamtenergieeffizienz an dem betreffenden Gebäude technisch durchführbar sein müssen und eine Schätzung der Amortisationszeiträume oder der Kostenvorteile während der wirtschaftlichen Lebensdauer enthalten sollen.

Auch früher hat sich die Bundesregeierung schon mit dem Thema Energiesparen beschäftigt. Das alte Regelwerk war die Wärmeschutzverordnung. Sie sollte helfen, das Verpuffen von Energie zu reduzieren. Die nachfolgende Energieeinsparverordnung (EnEV) trat 2002 in Kraft und wird regelmäßig novelliert. Neubauten sind seither standardmäßig Niedrigenergiehäuser. Der Energiebedarf liegt rund 30 Prozent unter dem der alten Bauweise. Für die Senkung des Heizbedarfs sind jedoch nach wie vor die Qualität des Heizsystems und die Dichtheit des Gebäudes verantwortlich.

Kennzeichen energiesparender Gebäude sind:

- Kompakte Bauweise
- Luftdichte Gebäudehülle
- Niedrige U-Werte der Außenbauteile
- Reduzierung der Wärmebrücken
- Bedarfsgerechte Lüftung
- Südorientierung der Wohnräume
- Nutzung erneuerbarer Energien.

Wenn Sie auch in einem Altbau solche Einsparwerte erreichen wollen, können Sie entweder auf sparsame Heizungstechniken setzen oder gezielte Maßnahmen zur Wärmedämmung vornehmen. Der Gesetzgeber fördert Modernisierungs- und Sanierungsmaßnahmen, wenn Sie dadurch bestimmte Energiewerte erzielen. Es gibt zum Beispiel von der KfW-Bank zinsverbilligte Kredite mit und ohne Tilgungsbonus oder einmalige Zuschüsse, die nicht zurückgezahlt werden müssen.

Wollen Sie eine gebrauchte Immobilie modernisieren oder sanieren, ist es notwendig, die Vorschriften der Energieeinsparverordnung mit einzubeziehen. Sie verlangt zum Beispiel, dass bestimmte Wärmedurchgangskoeffizienten nicht überschritten werden dürfen, wenn Sie maßgebliche Veränderungen am Gebäude vornehmen. Etwa an Außenwänden, Fenstern, Türen und Dachflächenfenstern.

Modernisieren und sanieren

Gerade bei Häusern aus zweiter Hand werden Sie es häufig mit Immobilien zu tun haben, die vor 1975 gebaut worden sind. Zwei Drittel des in Deutschland genutzten Wohnraums sind in dieser Zeit entstanden. Sie müssen modernisiert und saniert werden. Das kostet zwar Geld, birgt aber Chancen zum Sparen und Wohlfühlen.

Die Grundstücke von damals sind deutlich größer als die heutigen. Sie können also noch anbauen oder alles so umgestalten, so wie es Ihren individuellen Wünschen und Bedürfnissen entspricht. Wer dabei auch an eine energetische Sanierung denkt, kann mehrere Fliegen mit einer Klappe schlagen: Sie sparen Kosten, steigern den Wert Ihrer Immobilie und erhöhen den Wohnkomfort. Außerdem gibt es eine Reihe von Zuschüssen aus Bundes- und Landesmitteln, zinsgünstige Darlehen von der KfW-Bank, und oft zahlt auch Ihr städtisches Versorgungsunternehmen noch etwas dazu, wenn Sie den Kohlendioxidausstoß verringern.

Alte Wohngebäude mit alter Technik verbrauchen im Durchschnitt dreimal so viel Heizenergie wie ein vergleichbares Niedrigenergiehaus. Ein Fünfziger-Jahre-Haus kann man durch eine energetische Sanierung auf Neubaustandard bringen oder sogar in ein Passivhaus umwandeln. Die Energiekosten betragen dann nur noch ein Zehntel der ursprünglichen Kosten.

Ein Vergleich mit dem Benzinverbrauch zweier Autos zeigt, welche Welten zwischen alter und neuer Technik liegen. Verbraucht ein alter Chevrolet 20 Liter auf 100 Kilometer, sind es beim Golf nur 8 Liter. Dasselbe lässt sich auf ein Haus übertragen. Einen Altbau auf Neubaustandard zu bringen heißt, einen Energieverbrauch zwischen 7 und 11 Litern pro Quadratmeter Wohnfläche zu erreichen.

Übersicht: So viel lässt sich sparen

Angenommen, Sie wollen Ihr freistehendes Einfamilienhaus, aus den 50er Jahren, mit 130 Quadratmetern Wohnfläche modernisieren. Sie entscheiden sich für eine moderne Heizung mit Brennwerttechnik und eine Solaranlage für Warmwasser. Außerdem wollen Sie neue Fenster einbauen, Außenwände, Dach und Kellerdecke dämmen. Mit etwa 60000 Euro können Sie Ihr Haus auf Neubaustandard bringen und damit etwa 60 Prozent Energiekosten einsparen.

Familie Meyer hatte bisher einen Energieverbrauch von rund 40000 Kilowattstunden pro Jahr. Dafür muss sie bei einem Preis von rund 50 Cent/Liter rund 2000 Euro jährlich ausgeben. Bei einer Preissteigerung von 3 Prozent effektiv pro Jahr würde sie in 20 Jahren für eine Tankfüllung, mit der sie ein Jahr auskommt, schon 3500 Euro aufbringen müssen und hätte in 20 Jahren rund 54000 Euro an den Öllieferanten bezahlt.

Nach der Modernisierung zum Sieben-Liter-Energiesparhaus hätte sie in 20 Jahren bei gleicher Preissteigerung jährliche Heizölkosten von knapp 700 Euro und insgesamt nur etwa 13500 Euro für Heizkosten ausgegeben. Eine Ersparnis von gut 40000 Euro.

WISO rät

Unter www.zukunft-haus.info können Sie die Verbrauchswerte der Immobilie eingeben. Der Online-Rechner »Ist mein Haus ein Schluckspecht?« liefert einen Kennwert, der Ihnen Auskunft darüber gibt, ob sich eine Sanierung lohnt oder nicht.

Beim Modernisieren und Sanieren kommt der Wärmedämmung eine Schlüsselrolle zu. Kernfrage ist oft, welche Maßnahme zuerst durchgeführt werden soll und was mehr Energieeinsparung bringt. Neue Heizung oder Fassadendämmung? Die Kosten für solche Maßnahmen sind allerdings nicht unerheblich. Wer zuerst in eine neue Heizanlage investiert, aber weiterhin die Wärme durch die ungedämmte Fassade entschwinden lässt, kann zwar einiges sparen, aber nicht so viel wie möglich.

Bevor Sie anfangen die ganze Heizungsanlage zu sanieren, sollten Sie erst prüfen, ob nicht mit geringeren Mitteln die Wärmedämmung verbessert werden kann. Hat der ungeheizte Keller eine Raumtemperatur von 18 Grad, liegt das sicher an den nicht gedämmten Rohrleitungen, Pumpen oder Armaturen. Mit im Handel erhältlichen Isolierschalen für Rohrleitungen oder Armaturen kann man hier bis zu zehn Prozent an Energiekosten sparen, bei extremen Bedingungen sogar noch mehr. Ein weiterer Energieverschwender sind ungedämmte Decken zu nicht beheizten Dachräumen. Legt man den Boden des Dachraums mit Isoliermatten aus, hat man dieses Problem schnell im Griff. Ähnlich sieht es bei nicht gedämmten Kellerdecken aus. Hier kann eine mindestens sechs Zentimeter starke Dämmplatte die Lösung sein, um auch das Problem der Fußkälte in den Griff zu bekommen.

Wer über ein Gebäude verfügt, dass eigentlich gut gedämmt ist, aber in dem noch eine alte Heizungsanlage bollert, hat es einfacher. Eine moderne Heizungsanlage kann bis zu 50 Prozent an Kosten für die Wärmeenergieerzeugung einsparen. Beim Austausch der Kesselanlage sind es immerhin noch dreißig.

Wenn Sie sich mit der Fassadendämmung beschäftigen haben Sie die Qual der Wahl. Es gibt eine große Vielfalt von Produkten und Materialien. Dabei lassen sich drei große Gruppen unterscheiden:

- Anorganische beziehungsweise mineralische Dämmstoffe wie Blähton, Kalziumsilikat, Mineralwolle und Schaumglas
- Organische Dämmstoffe aus Erdöl beispielsweise Polystyrolschaum oder Polyurethanschaum (PUR)
- Organische Materialien aus nachwachsenden Rohstoffen, wie Hanf, Holzfasern, Schafwolle und Zellulose.

Der Dämmstoff muss zum Haus passen. Geht nicht, gibt's nicht, heißt es in diesem Fall. Auch für denkmalgeschützte Häuser, deren Fassaden nicht verändert werden dürfen, stehen Lösungen bereit, selbst für aufwändig verzierte Fassaden an Häusern aus der Gründerzeit, Gebäude im Bauhausstil oder schönes Fachwerk mit dunklen Holzbalken.

Eine Kombination aus effizientem Heizen, der Verwendung von regenerativen Energien und Dämmen an der richtigen Stelle mit passenden Materialien führt oft zum erwünschten Spareffekt.

Übersicht: Neuer Buchstabe, gleiche Wirkung: der U-Wert

Der neue U-Wert löst den bisherigen k-Wert ab, da beide ein Maß für den Wärmedurchgang durch einen Bauteil sind und in

$W/(m^2K)$, also Watt pro Quadratmeter und Kelvin, angegeben werden. Mit dem U-Wert wird genau genommen ausgedrückt, welche Leistung pro Quadratmeter des Bauteils auf einer Seite benötigt wird, um eine Temperaturdifferenz von 1 Kelvin aufrechtzuerhalten (Leistung ist Energie pro Zeiteinheit). Je kleiner der U-Wert ist, desto besser, weil weniger Wärme durch den Bauteil geleitet wird. Ein guter U-Wert für eine Außenwand liegt beispielsweise bei unter 0,2 $W/(m^2K)$. Das gehört zum Standard eines neuen Niedrigenergiehauses. Dächer sollten einen U-Wert von nicht mehr als 0,15 $W/(m^2K)$ aufweisen. Dieser entspricht einer Dämmstoffdicke von etwa 25 bis 30 Zentimetern.

Wenn Sie ein Haus modernisieren, werden die Energiekosten sinken, die Umwelt wird geschont, und nicht zuletzt werden die Anforderungen der neuen Energieeinsparverordnung erfüllt oder sogar übertroffen. Das Institut für Wohnen und Umwelt (IWU) hat ermittelt, dass in einem freistehenden Einfamilienhaus (101 Quadratmeter Wohnfläche) aus den Baujahren 1949 bis 1957 der Energieverbrauch für Heizung und Warmwasser etwa gedrittelt werden kann. Vor der Sanierung betrug der Verbrauch beispielsweise 305 Kilowattstunden pro Quadratmeter Wohnfläche, danach nur noch 109. Im Jahresverbrauch kommen über 30 000 Kilowattstunden zusammen. Eine Sanierung, die den Energieverbrauch drastisch senkt, ist dringend zu empfehlen.

Vor einer energetischen Sanierung sollten Sie sich auf jeden Fall den Rat eines Energieberaters einholen, der eine individuelle Kosten-Nutzen-Rechnung aufstellt. Ein Energiespargutachten für ein Eigenheim kostet etwa 600 Euro. Bei älteren Häusern können Eigentümer jedoch staatliche Zuschüsse in Anspruch nehmen und so bis zu 300 Euro sparen. Überprüft man zusätzlich die Luftdichtigkeit der Gebäudehülle, wird dies mit 100 Euro extra gefördert. Die staatliche Förderung muss der Eigentümer nicht selbst beantragen. Das erledigt der Energieberater beim Bundesamt für Wirtschaft und Ausfuhrkontrolle (BAFA). Als förderfähig gelten Eigenheime, deren Bauantrag vor 1995 gestellt wurde.

Auch die Verbraucherzentralen bieten eine Energieberatung. Sie ist anbieterneutral und in der Regel kostenfrei. Danach haben Sie mehr Wissen an der Hand, wenn Sie Ihr Haus von Fachleuten untersuchen lassen.

Der Modernisierungsratgeber der Verbraucherzentralen führt Laien durch das sehr komplizierte und schwer verständliche Regelwerk und erläutert die nicht einfach durchschaubaren Paragrafen und Vorschriften. Außerdem erhalten Sie praxistaugliche Hinweise mit Checklisten und Hilfen zu einer selbst durchzuführenden Hausdiagnose, woraus sich ein konkreter Modernisierungsplan ausarbeiten und umsetzen lässt.

Empfehlenswert sind die Ratgeber *Gebäude modernisieren – Energie sparen*, *Heizung und Warmwasser*, *Wärmedämmung* und *Der Energieausweis*. Zu beziehen bei jeder Verbraucherzentrale oder beim Verbraucherzentrale Bundesverband (vzbv).

Umfassend und kostenlos: *Machen Sie dicht! Energiesparen in Gebäuden: mit wenig Aufwand viel erreichen*, Bundesministerium für Verkehr, Bau und Stadtentwicklung (BMVBS)

Verbraucherzentrale Bundesverband (Vzbv)
Heinrich-Sommer-Str. 13
59939 Olsberg
E-Mail: versandservice@vzbv.de
Internet: www.ratgeber.vzbv.de

Im Internet finden Sie nützliche Informationen zum Thema Energie unter:

www.verbraucherzentrale-energieberatung.de
www.dena.de
www.altbauwissen.nrw.de
www.bauen.com
www.bmvbs.de
www.baupraxis.de
www.bafa.de

Telefonische Ansprechpartner zum Förderprogramm »Vor-Ort-Beratung« beim Bafa: Telefon: +49 6196 908-880

Der Energieausweis wird immer wichtiger

In Deutschland wird circa ein Drittel des gesamten Primärenergieverbrauchs für Heizung und Warmwasser benötigt. Wer sich nicht die Abrechnungen der letzten Jahre vorlegen lässt, kann bislang kaum zuverlässige Informationen über den Energiebedarf einer Immobilie erhalten. Alle Eigentümer einer

Immobilie müssen seit 2009 den Energieverbrauch mit einem Energieausweis belegen können. Ausschlaggebend dafür ist eine europäische Richtlinie, die alle Mitgliedsstaaten zur Dokumentation der Gesamtenergieeffizienz von Gebäuden in einem Energieausweis verpflichtet. Er regelt

- die energetischen Mindestanforderungen für Neubauten,
- die energetischen Mindestanforderungen für Modernisierung, Umbau, Ausbau und Erweiterung bestehender Gebäude,
- die Mindestanforderungen für Heizungs-, Kühl- und Raumlufttechnik sowie Warmwasserversorgung,
- die energetische Inspektion von Klimaanlagen.

Es gibt zwei Varianten des Gebäudeenergieausweises:

- Der Bedarfsausweis ist Pflicht für Häuser mit weniger als fünf Wohnungen, die bis 1978 gebaut wurden. Er analysiert den energetischen Gebäudezustand anhand von Kriterien wie Wärmedämmung, Fenster- und Dachqualität.
- Den Verbrauchsausweis können Eigentümer größerer und seit 1978 gebauter Objekte wählen. Der Verbrauchsausweis nimmt die Wärmedaten des Hauses als Grundlage, die nicht aufwändig gemessen werden müssen, sondern in der Heizkostenabrechnung stehen.

Was steht im Energieausweis?

Der Ausweis ist zehn Jahre gültig. Er enthält eine möglichst genaue Beschreibung des Gebäudes. Dazu zählt der Gebäudetyp, Adresse des Objekts, Gebäudeteil, zum Beispiel Wohn- oder Büroräume, das Baujahr des Gebäudes und der technischen Anlagen (zum Beispiel Heizanlage), die Anzahl der Wohneinheiten bei Mehrfamilienhäusern, die Gebäudenutzfläche (nicht die Wohnfläche!) und – falls eingesetzt – erneuerbare Energien und Lüftung. Außerdem kann angegeben werden, aus welchen Gründen der Energieausweis ausgestellt wird. Verpflichtend ist die Angabe des Ausstellers mit dessen Unterschrift.

Außerdem wird angegeben ob der Energieausweis auf Grundlage des errechneten Energiebedarfs oder des Energieverbrauchs erstellt wurde und wer die Angaben dazu lieferte: der Eigentümer selbst oder andere. Daneben besteht die Möglichkeit, freiwillig Informationen zur energetischen Qualität dem Energieausweis beizufügen.

Wird der Ausweis auf Grundlage des errechneten Energiebedarfs ausgestellt, folgt nun eine farbig angelegte Skala von 0 (grün) bis größer/gleich 400 (rot) Kilowattstunden pro Quadratmeter und Jahr. Der obere Pfeil gibt den errechneten Endenergiebedarf des Gebäudes an, der untere den Jahres-Primärenergiebedarf.

Wichtige Infos für Vermieter und Verkäufer im Überblick:

- Alle Gebäude (Wohn- und Nichtwohngebäude) brauchen seit 2009 einen Energieausweis, wenn sie neu vermietet, verkauft oder verpachtet werden. Für Neubauten besteht die Ausweispflicht bereits seit dem 1. Januar 2002.
- Der Energieausweis und die Modernisierungsempfehlungen müssen dem potenziellen Mieter, Käufer oder Pächter spätestens auf Nachfrage vorgelegt werden.
- Der Energieausweis kann als Marketinginstrument zur Bewerbung einer energieeffizienten Immobilie eingesetzt werden.
- Die Modernisierungsempfehlungen geben erste Hinweise darauf, wie der Energiebedarf beziehungsweise -verbrauch des Gebäudes reduziert werden kann. Die Modernisierungsempfehlungen im Energieausweis dienen lediglich der Information. Eine Pflicht zur Umsetzung besteht nicht.
- Alle Energieausweise haben eine Gültigkeit von 10 Jahren.

Kostenfreie Energie-Hotline der Deutsche Energie-Agentur GmbH (dena) Chausseestr. 128a, D-10115 Berlin, dena: 08000 736 734

Der Energieausweis soll in Zukunft einen höheren Stellenwert erhalten. In der neuesten europäischen Richtlinie (Richtlinie 2010/31/EU) sind folgende Punkte geplant:

- für Verbraucher gilt das neue Recht ab 2013.
- Mieter oder Käufer müssen eine Kopie des Energieausweises vorgelegt und bei Vertragsabschluss ausgehändigt bekommen.
- In kommerziellen Anzeigen muss bei Vermietung oder Verkauf der Kennwert der Gesamtenergieeffizienz und des Primärenergieverbrauchs genannt werden.
- Verbrauchs- und Bedarfsausweis: Beide Formen sind weiterhin möglich.
- Modernisierungsempfehlungen: In den Ausweisen müssen zwei Maßnahmenpakete für Sanierung und Einzelbauteile und deren Kosteneffizienz benannt werden.

- Aushangpflicht: In öffentlichen Gebäuden mit mehr als 500 m² Nutzfläche muss ein vorhandener Energieausweis ausgehängt werden.

Aktuelle Informationen finden Sie auch unter www.enev-online.de

Welcher Ausweis ist besser?

Immer wieder wird der Bedarfsausweis empfohlen, da nur dieser Modernisierungsempfehlungen zur Anlagentechnik und Gebäudedämmung geben kann. Gleichzeitig ist aus Untersuchungen bekannt, dass Bedarfsausweise tendenziell eine zu schlechte Bewertung von Gebäuden mit hohen Bedarfswerten ergeben. Wird bei Modernisierungsempfehlungen der tatsächliche Verbrauch außer Acht gelassen (für die Ermittlung hierzu besteht keine Pflicht), ergeben sich unhaltbare Einsparversprechen und falsche Rentabilitätsberechnungen. Für eine angemessene Beurteilung ist die Berücksichtigung des tatsächlichen Verbrauchs unerlässlich.

Beispiele für mögliche Ungenauigkeiten: Eine Familie mit Kindern hat einen höheren Energiebedarf als ein Singlehaushalt, da mehr Personen duschen und öfter Wäsche gewaschen wird. Außerdem wird in Bezug auf die zu erwartenden Witterungseinflüsse ein Mittelwert für Deutschland eingerechnet, der in den wenigsten Fällen das Klima am Standort trifft.

Wird dagegen auch der Primärenergiebedarf berücksichtigt, also die Energie, die aufgewendet werden muss, damit ein Energieträger im Haus zur Verfügung steht, soll damit die Energieeffizienz und Umweltverträglichkeit eines Gebäudes fassbar gemacht werden. Je niedriger dieser Wert, desto energieeffizienter ist das Gebäude. Dabei fließt der Erzeugungs- und Transportaufwand als Faktor in die Berechnung mit ein. Direkt am Haus erzeugte Energien wie zum Beispiel Solarenergie sorgen mit Faktor 0 für ein sehr günstiges Ergebnis, fossile Energieträger wie Öl oder Gas schlagen mit dem Faktor 1,1 zu Buche, Strom ist aufgrund der hohen Verluste bei Erzeugung und Transport mit 2,7 damit der teuerste Energieträger.

Allerdings sorgt der Primärenergiebedarf in der Praxis für viel Verwirrung, da er nichts mit den zu erwartenden Nebenkosten zu tun hat, aber oft mit dem Endenergiebedarf verwechselt wird. In extremen Fällen gaukelt der Primärenergiebedarf ein umweltfreundliches Gebäude vor, obwohl es das genaue Gegenteil ist. Ein schlecht gedämmter Altbau mit einer Scheitholzheizung hat aufgrund des nachwachsenden Rohstoffes Holz (Faktor 0,2) einen besseren Primärenergiewert als ein relativ neues, gut gedämmtes Gebäude mit einem modernen Gas-Brennwertkessel (Faktor 1,1).

Abbildung 11: Der Energieausweis

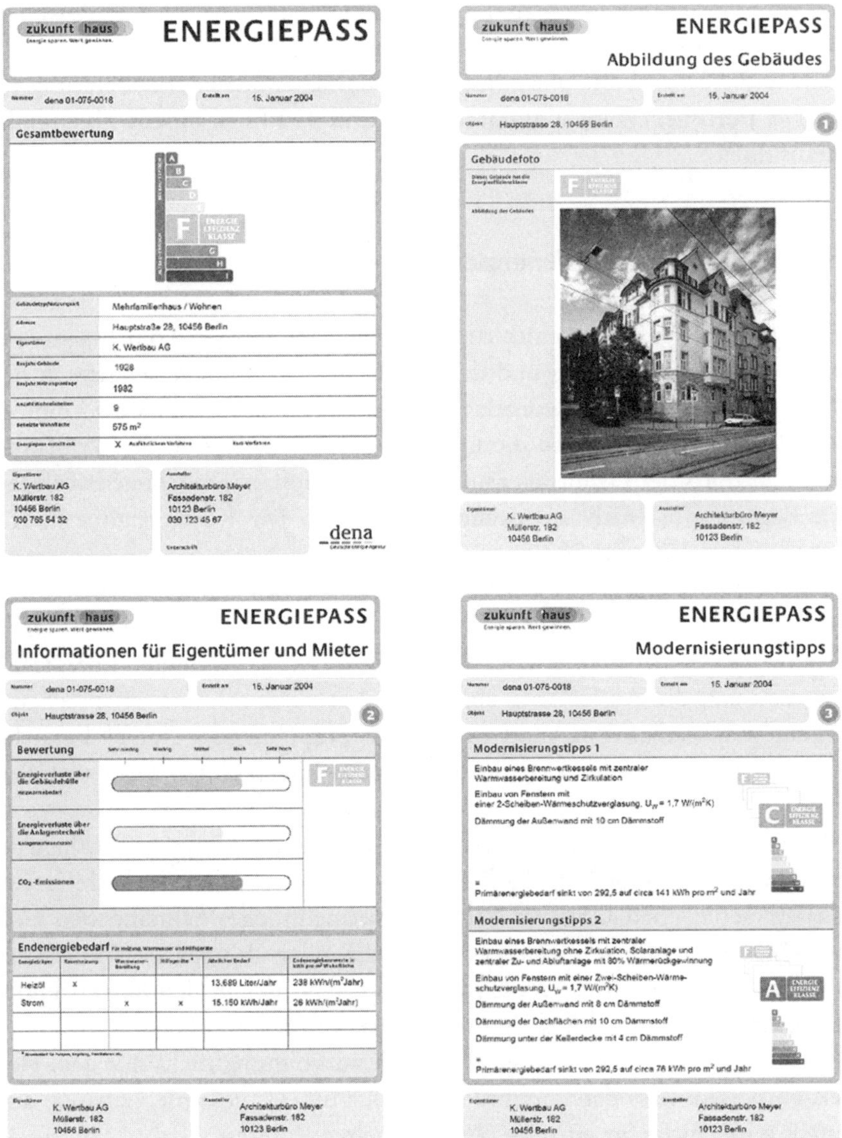

Der Pass zeigt ein Energielabel, einen Farbstreifen, der das Gebäude bewertet. Je energiesparender das Haus, desto weiter reicht er in den grünen Bereich. Bei einer Markierung im gelben Bereich sollte über eine Modernisierung nachgedacht werden. Der rote Bereich signalisiert Handlungsbedarf. Den Pass stellen Ingenieure, Architekten und spezialisierte Handwerker aus, die Kosten liegen bei einem älteren Einfamilienhaus bei etwa 500 Euro. Dafür gibt es jedoch Zuschüsse aus Bundesmitteln. Das Bundesamt für Wirtschaft und Ausfuhrkontrolle gibt zu einer umfassenden Energieberatung vor Ort 175 Euro bei einem Einfamilienhaus und 250 Euro für ein Zweifamilienhaus dazu.

Kosten und Nutzen des Energieausweises

Der Verbrauchsausweis kostet rund 50 Euro. Es müssen vom Eigentümer nur wenige Gebäudedaten und der Gas- und Ölverbrauch der letzten drei Heizkostenabrechnungen vorgelegt werden. Beim Bedarfsausweis kommen auch Wärmedämmung und die Qualität der Heizanlage in den Prüfstand. Auch hier muss der Eigentümer nur einen ausgefüllten Fragebogen vorlegen. Eine Begehung ist nicht zwingend erforderlich. Die Kostenspanne hierfür liegt zwischen 100 und 500 Euro.

Die Nichteinhaltung der EnEV kann als Ordnungswidrigkeit belangt werden. Sie kann mit einem Bußgeld von 15 000 Euro bestraft werden. Dabei gilt sowohl ein vorsätzlich oder fahrlässig falsch ausgestellter Energieausweis als auch die Ausstellung eines Energieausweises ohne entsprechende Berechtigung gemäß EnEV als ordnungswidrig. Ein Eigentümer kann belangt werden, wenn der Energieausweis dem Interessenten nicht vorgelegt wird.

Wenn Sie eine Immobilie erwerben, sollten Sie unbedingt auf Vorlage des Energieausweises bestehen. Er kann eine wichtige Entscheidungshilfe zwischen verschiedenen Objekten sein. Ein vermeintliches Schnäppchen kann aufgrund eines höheren Energieverbrauchs oder dringend erforderlicher Modernisierungen teurer werden als ein Altbau, der in den letzten Jahren energetisch auf den neuesten Stand gebracht wurde.

Lassen Sie sich beim Kauf einer Eigentumswohnung nicht mit dem Hinweis abspeisen, dass der Energieausweis nur für das gesamte Gebäude ausgestellt wird, nicht für einzelne Wohneinheiten. Interessant sind für Sie insbesondere die vorgeschlagenen Modernisierungsmaßnahmen. Diese müssen zwar nicht zwingend umgesetzt werden, könnten aber in den kommenden Jahren von der Eigentümergemeinschaft mehrheitlich beschlossen werden. Dann müssen auch Sie die Kosten mittragen.

Der Energiepass ist jedoch keine bürokratische Hürde, die Vermieter und Hausverkäufer überwinden müssen, sondern kann ein Lotse sein, um eine Modernisierung oder Sanierung sinnvoll und effizient durchzuführen. Modernisierungsfahrpläne im Sinne der EnEV finden Sie auch im Internet, zum Beispiel unter www.zukunft-haus.de oder bei der Deutschen Energie-Agentur.

Deutsche Energie-Agentur GmbH (dena)
Chausseestr. 128a
D-10115 Berlin
Tel.: 030/726 16 5-600
Fax: 030/726 16 5-699
E-Mail: info@dena.de
Web: www.dena.de

WISO rät

Anhand des Energieausweises können Sie sich als Käufer einer gebrauchten Immobilie über den Verbrauch beziehungsweise den Bedarf und das sich daraus ergebende Einsparpotenzial informieren. Ziel ist, nach der Energieeffizienz von Gebäuden genauso fragen zu können, wie es etwa bei Kühlschränken, Waschmaschinen oder Autos längst üblich ist.

Der Energiepass trägt dazu bei, den gegenwärtigen Energieverbrauch und Kohlendioxidausstoß des Hauses zunächst zu erkennen. In einem zweiten Schritt sollten Sie an die Reduzierung denken. Damit können Sie auch einen wichtigen Beitrag leisten, den Treibhauseffekt nicht weiter voranzutreiben. Um das Engagement von Hausbesitzern zu fördern, bezuschussen Bund, Länder, Kommunen und Versorgungsunternehmen Modernisierungsmaßnahmen, die einen energetischen Einspareffekt mit sich bringen.

Eine Modernisierung kostet viel Geld. Weil man dabei aber auch viel falsch machen kann, sollten Sie sich auf jeden Fall beraten lassen. Erste und günstigste Anlaufstelle kann die Energieberatung in einer Verbraucherzentrale sein. Dort erfahren Sie auch, wo und wofür es Zuschüsse und Fördergelder gibt. Mit diesen Informationen können Sie treffsicher planen und die Kosten richtig einschätzen.

Die Energieberatung der Verbraucherzentrale steht allen privaten Verbrauchern für nur fünf Euro zur Verfügung. Bei Bedarf kommt der Energieberater gegen eine Kostenbeteiligung von 45 Euro auch ins Haus. Die nächstgelegene Beratungsstelle finden Sie unter www.verbraucherzentrale-energieberatung.de. Einen individuellen Termin können Sie unter 09001-3637443 (09001-ENERGIE) (14 ct/Minute aus dem deutschen Festnetz, abweichende Preise für Mobilfunkteilnehmer) vereinbaren oder sich direkt telefonisch beraten lassen.

Zuschüsse und günstige Kredite

Damit sich jeder die umweltfreundlichen Investitionen leisten kann, bieten zahlreiche Institutionen Fördermittel in Form von Zuschüssen oder zinsgünstigen Darlehen an. Es gibt mehr als 4900 öffentliche Förder- und Zuschussprogramme.

Um den »Förderdschungel« etwas transparenter zu machen, haben wir die wichtigsten öffentlichen Geldgeber aufgelistet. Die meisten Zuschüsse im Bereich Gebäudesanierung kommen aus Bundesmitteln. Die wichtigsten Anlaufstellen sind die Kreditanstalt für Wiederaufbau (KfW-Bank) und das Bundesamt für Wirtschaft und Ausfuhrkontrolle (BAFA). Auch wenn die Mittel erheblich gekürzt wurden, bleiben die Behörden für Modernisierer erste Wahl.

Auch regional lassen sich Quellen für Fördergelder auftun. Zum Beispiel zahlen viele Stadtwerke für die Umstellung von Öl- auf Gasheizung mehrere Hundert Euro.

Hauseigentümer, die Wärmepumpen, Solarkollektoranlagen oder Biomassekessel (Pellets und Holzhackschnitzel) installieren, können einen Zuschuss beim Bundesamt für Wirtschaft und Ausfuhrkontrolle (BAFA) beantragen.

Zum Beispiel liegen für Pellet-Öfen mit Wassertasche die Mindestförderbeträge bei 1 000 Euro, 2 000 Euro für Pellet-Kessel und 2 500 Euro für Pellet-Kessel mit neu errichtetem Pufferspeicher mit einem Speichervolumen von mindestens 30 l/kW. Pellet-Öfen werden pauschal mit 500 Euro – grundsätzlich allerdings höchstens 20 Prozent der Nettoinvestitionskosten – gefördert.

Für folgende Anlagen wird keine Förderung mehr gewährt

- Anlagen, die in Neubauten errichtet werden
- Solarkollektoranlagen, die der ausschließlichen Warmwasserbereitung dienen
- luftgeführte Pelletöfen und Scheitholzvergaserkessel.

WISO rät

Auch wenn Sie in den vergangenen Jahren einen Förderantrag gestellt haben, den das BAFA wegen fehlender Haushaltsmittel abgelehnt hat, können Sie den Antrag unter bestimmten Voraussetzungen erneut stellen. Die Details zur Förderung erfahren Sie im Internet unter www.bafa.de oder telefonisch (0 61 96/90 86 25).

Ganz ohne Kredit werden nur die wenigsten Modernisierer auskommen. Es bleibt meist ein dicker Batzen an Kosten übrig, den man fremd finanzieren muss.

Die Kreditanstalt für Wiederaufbau (KfW) bietet verschiedene Förderprogramme für private Bauherren, Kommunen und Unternehmen an. Die für das solare Bauen wichtigsten Programme können in zwei thematische Bereiche unterteilt werden: in Baumaßnahmen von Wohnimmobilien (Neubau und Sanierungen) und in die Umwelt- und Klimaschutzförderung. Hier werden vor allem Unternehmen angesprochen, die technisch sehr innovative Bauvorhaben planen. Jedes Programm hat eine Kennnummer zur besseren Auffindbarkeit und Unterscheidung. Für eine spezielle Förderung kooperiert die KfW mit dem Bundesministerium für Umwelt, Naturschutz und Reaktorsicherheit.

Die längste Förderliste finden private Bauherren unter dem Stichwort »Wohnraum modernisieren«. Die Zinssätze für Kredite liegen meist unter denen der anderen Banken. Maximal 100 000 Euro vergibt die Bank für alle gängigen Instandhaltungs- und Modernisierungsarbeiten. Dabei ist es egal ob Sie Ihr Badezimmer neu verputzen oder die Heizung austauschen wollen. Reicht das Darlehen aus einem Programm nicht aus, können Kredite aus anderen Programmen dazu genommen werden. Mit KfW-Mitteln kann oft ein großer Teil der Modernisierungskosten gedeckt werden.

Die KfW-Bank bietet zur Energieeinsparung der eigenen vier Wände verschiedene Kredit- und Zuschussvarianten an:

- Energieeffizientes bauen
- Energieeffizientes sanieren
- Wohnraum modernisieren
- Altersgerecht umbauen

Die Zinssätze unterscheiden sich danach, ob Sie modernisieren oder neu bauen wollen.

Modernisierung:
Sanieren zum KfW-Effizienzhaus 55 / 70 / 85 / 100 / 115
Beispiel: KfW-Effizienzhaus 70 heißt, dass das Haus höchstens 70 Prozent der Energie benötigt, die ein Neubau braucht, welcher nur die Mindestanforderung erfüllt.

Neubau:
KfW-Effizienzhaus 40
KfW-Effizienzhaus 55 / Passivhaus
KfW-Effizienzhaus 70

Bei KfW-Krediten müssen Sie Folgendes beachten:

- KfW-Kredite müssen über die Hausbank beantragt werden.
- Für alle Programme gilt: Der Antrag muss vor Beginn der Baumaßnahmen gestellt werden.
- Die Rückzahlung erfolgt in vierteljährlichen Raten.
- Das erste Jahr ist stets tilgungsfrei.
- Eine vorzeitige Rückzahlung des Darlehens ist ohne Zahlung einer Vorfälligkeitsentschädigung möglich.
- Nach Ablauf der Zinsbindung werden marktübliche Zinsen verlangt.

Übersicht: Gewinnen Sie den KfW-Award

Wenn Sie einen Neubau planen, lohnt sich unter Umständen die Kontaktaufnahme mit der KfW-Bank. Sie gewährt günstige Kredite für Bauen, Wohnen und Energiesparen. Außerdem veranstaltet sie jedes Jahr zusammen mit der Zeitschrift *Focus* und *WISO* einen Wettbewerb, den KfW-Award. Bauherren wurden bereits für die Schließung von

Baulücken, für gute Ideen beim Mehrgenerationenwohnen oder für gelungene Sanierungsmaßnahmen ausgezeichnet. Kontaktadresse:
KfW Bankengruppe
Palmengartenstraße 5 – 9
60325 Frankfurt am Main
Telefon: 069 74 31-0
Telefax: 069 74 31-29 44
E-Mail: info@kfw.de

Die KfW-Zuschuss-Variante

Seit 2007 werden erstmals auch Immobilienbesitzer belohnt, die gar keinen Kredit aufnehmen wollen. Sie erhalten einen einmaligen Zuschuss, der nicht zurückgezahlt werden muss. Damit will der Staat einen weiteren Anreiz zur Modernisierung und damit zur Schadstoffreduzierung schaffen.

Grundsätzlich gilt: je niedriger der Energieverbrauch, desto höher der Zuschuss.

WISO rät

Die Variante »Zuschuss statt Kredit« der KfW-Bank ist eine gute Finanzspritze. Doch entscheiden Sie sich dafür, müssen Sie auf verbilligte Modernisierungskredite verzichten. Also entweder – oder!

Darüber hinaus gibt es eine Vielzahl an regionalen Förderprogrammen von Ländern und Kommunen. Informieren Sie sich hierüber bei Ihrer Stadt- oder Gemeindeverwaltung. Weitere Förderprogramme und unabhängige Energieberatung finden Sie in der Fördermitteldatenbank www.foerderdata.de und unter www.deutsches-energieberaternetzwerk.de

Achten Sie auf sogenannte Kumulierungsverbote. In der Regel ist es jedoch problemlos möglich, verschiedene öffentliche Fördertöpfe gleichzeitig anzuzapfen. Die gesamten Zuschüsse dürfen die Investitionskosten allerdings nicht übersteigen. Schon bei der Planung sollten Sie die Förderungen im Blick haben und die Programme mit den Maßnahmen abgleichen.

Übersicht: Weitere Geldquellen

Länder und Kommunen: Fast alle Bundesländer bieten eigene Fördermittel zum Immissions- und Klimaschutz an, unterschiedlich nach regionalen Schwerpunkten. Etwa für thermische Solaranlagen, Brauchwassererwärmung, Luftkollektoren und Passivhäuser.
Solarstrom: Mit einer Fotovoltaikanlage können Sie Strom aus Sonnenenergie gewinnen und ihn an den örtlichen Netzbetreiber verkaufen. Eine 3-Kilowatt-Anlage kostet mit Mehrwertsteuer etwa 16 000 bis 22 000 Euro. Investitionskostenzuschüsse und Kredite gibt es beim BAFA und der KfW.
Denkmalschutz: Hauseigentümer von denkmalgeschützten Häusern oder Immobilien in Sanierungsgebieten können vom Finanzamt acht Jahre lang jeweils 9 Prozent der Sanierungskosten als Sonderausgaben absetzen und vier weitere Jahre lang je 7 Prozent steuerlich geltend machen. Die Denkmalschutz-AfA unterstützt Besitzer von Denkmalschutz-Immobilien bei der Erhaltung ihres Baudenkmals. Der deutsche Staat stellt damit sicher, dass die Baudenkmäler in Deutschland für die Zukunft erhalten werden.
Erneuerbare Energien: Solarkollektoren, Holzpelletheizungen und Scheitholzvergaserkessel werden von der BAFA gefördert und von der KfW mit günstigen Darlehen unterstützt.
Handwerkerlohn: 20 Prozent von 6 000 Euro, maximal 1 200 Euro pro Jahr können Eigentümern, die ihre Immobilie selbst nutzen, von der Steuer absetzen. Auch ein Ehepaar, das zusammen veranlagt wird, kann den Bonus nur einmal nutzen. Für die Anerkennung beim Finanzamt müssen in der Handwerkerrechnung Lohn- und Materialkosten getrennt ausgewiesen sein.
Energieversorger vor Ort: Stadtwerke und Gemeinden fördern die Umstellung der Heizanlage auf umweltfreundlichere Energien. Die Zuschüsse sind bei der Gemeindeverwaltung zu erfragen.

Rat und Hilfe zum Thema richtige Energie

www.gebäudeenergiepass.de (Postleitzahlensuche nach Energieberatern)
www.vz-Energieberatung.de (Energieberatung in den Verbraucherzentralen)

www.schornsteinfeger.de (Der Besuch eines Schornsteinfegers zur Energieberatung kostet etwa 150 Euro. Ein kleiner Energie-Check ist kostenlos.)
www.dena-energieausweis.de (Regeln und Muster)
www.bmelv.de (Bundesministerium für Ernährung, Landwirtschaft und Verbraucherschutz)
www.naturdaemmstoffe.info
www.energiefoerderung.info
www.foerderdata.de (findet aus 4900 Zuschüssen und Fördermitteln individuelle Programme nach Postleitzahlen)
www.den-ev.de (Energieberaternetzwerk)
www.baufoerderer.de (umfangreiche Informationen zu Förderprogrammen und Kreditkonditionen)

Bundesamt für Wirtschaft und Ausfuhrkontrolle (BAFA)
Frankfurter Straße 29-35
65760 Eschborn
Tel.: 06196/908-0
Fax: 06196/908-800
Internet: www.bafa.de

KfW Bankengruppe
Palmengartenstraße 5
960325 Frankfurt am Main
Tel.: 069/7431-0
Fax: 069/7431-2944

Zwangsversteigerungen: Wenn der Hammer fällt

Zwangsversteigerung im Amtsgericht: für den einen das Ende seiner Träume, für den anderen das Schnäppchen seines Lebens. Wenn Immobilien unter den Hammer geraten, können sie bis zu einem Drittel günstiger sein als auf dem freien Markt. Da lockt die Versuchung, einmal selbst mitzusteigern. Doch wo erfährt man überhaupt von den Terminen? Welcher Preis ist für das Haus oder die Wohnung angemessen? Wie läuft eine Versteigerung ab?

Auf allen deutschen Amtsgerichten herrschte in den letzten Jahren Hochkonjunktur. Nach dem Eigenheimboom der Neunzigerjahre, dem Platzen der Immobilienkrise in 2008 und der anschließenden Finanz- und Wirtschaftskrise, hat der Immobilienmarkt eine Achterbahnfahrt hinter sich. In den Städten konnten sich die Preise mittlerweile wieder erholen, auf dem Land sind sie dagegen gefallen. Je weniger Infrastruktur vorhanden ist, desto stärker gehen die Preise in den Keller.

Häuser und Eigentumswohnungen kommen unter den Hammer, meist wegen Scheidung, Arbeitslosigkeit und allzu optimistisch angelegter Finanzierungen. Viele Erwerber scheitern auf halber Strecke. Sie können die Hypotheken nicht mehr bedienen, die Gläubigerbanken verlieren die Geduld, und am Ende steht die Zwangsversteigerung.

Marktbeobachter Winfried Aufterbeck, Herausgeber des Versteigerungskalenders VIZ, ermittelt jedes Jahr die Zahl der Zwangsversteigerungen, sortiert nach anberaumten Terminen in den Amtsgerichten. Sie lagen zwischen 2003 und 2007 kontinuierlich über 90 000 im Jahr. Seither geht es zwar leicht bergab: 2008 waren es noch rund 88 000 und 2009 rund 87 000 Zwangsversteigerungen.

Tabelle 6: Veränderungen der Zwangsversteigerung 2009 gegenüber 2008

Deutschland insgesamt	- 2,0 %
Schleswig-Holstein	+ 2,1 %
Bremen	+ 5,7 %
Niedersachsen	- 1,7 %
Nordrhein-Westfalen	- 0,4 %
Hessen	+ 1,7 %
Rheinland-Pfalz	- 0,2 %
Baden-Württemberg	- 0,4 %
Brandenburg	- 9,7 %
Bayern	+ 1,4 %
Mecklenburg-Vorpommern	- 9,8 %
Sachen	- 7,8 %
Berlin	- 16,6 %
Sachsen-Anhalt	+ 4,3 %
Thüringen	- 8,8 %

Quelle: Argetra GmbH

Das große Angebot auf dem Zwangsversteigerungsmarkt sichert den Käufern einerseits günstige Immobilienpreise, hat aber andererseits herbe Folgen für die verschuldeten Eigentümer. Abgesehen von Top-Objekten stößt das Gros der Wohnungen und Häuser auf wenig Interesse – nicht selten sind drei bis vier Gerichtstermine erforderlich, bis die Immobilie schließlich einen Käufer findet. Für die bisherigen Eigentümer bleibt nach Schuldentilgung meist gar nichts mehr übrig. Wer zum Schnäppchenpreis ersteigert hat, kann sich dagegen freuen. Nach der Statistik wurden 2009 Immobilien mit einem Gesamtverkehrswert von 15,11 Milliarden Euro versteigert.

Übersicht: Bauherrenschutzverband warnt – nicht die Katze im Sack kaufen!

Die teure Lage eines Hauses schlägt sich im entsprechend höheren Verkehrswert nieder. Das gilt gleichermaßen für Immobilien, die über eine Zwangsversteigerung veräußert werden, auch wenn diese gemeinhin als Schnäppchenbörse gilt. Doch auch bei der Zwangsversteigerung orientiert sich das Einstiegsgebot in der Regel am Verkehrswert des betreffenden Gebäudes. Und der richtet sich nach den Preisen vergleichbarer Objekte in der Nachbarschaft. Die Sache hat noch einen weiteren Haken: Wer bei einer Zwangsversteigerung eine Immobilie erwerbe, kaufe die sprichwörtliche Katze im Sack, gibt der Verband der privaten Bauherren e. V. zu bedenken. Der Ersteigerer hat von Rechts wegen nämlich keinen Anspruch darauf, das Objekt vor dem Versteigerungstermin zu besichtigen. Bei der Beurteilung des Hauses ist er mitunter auf die äußere Ansicht angewiesen sowie auf die gerichtlichen Gutachten, die zwar in der Regel vorliegen, nach Erfahrung der zuständigen Amtsgerichte aber veraltet sein können. Der einzige Weg, sich ein objektives Bild von der Immobilie zu verschaffen, ist die komplette Besichtigung von innen und von außen. Bei Zwangsversteigerungen geht dies aber nur, wenn der oder die Eigentümer dem zustimmen, was, so die Erfahrung der Rechtspflege, nur selten geschieht. Erlauben sie die Besichtigung doch, so empfehlen die Verbände, unbedingt einen Bausachverständigen mitzunehmen.

Zum Ersten, zum Zweiten und zum …

Folgendermaßen könnte eine Zwangsversteigerung ablaufen: Im Amtsgericht Frankfurt kommt eine Dreizimmerwohnung unter den Hammer: Diele, Küche, Bad, Balkon, 108 Quadratmeter, ruhige Lage, Verkehrswert 80 000 Euro. Ein Schnäppchen? 740 Euro pro Quadratmeter. Draußen vor der Tür, auf der Wartebank, sitzen drei gut gekleidete Damen, die argwöhnisch jeden in Augenschein nehmen, der sich dem Saal auch nur auf ein paar Meter nähert. Daneben sitzt ein ebenso gut gekleideter Herr. Zum Schluss erscheint eine etwa achtzigjährige Dame in Begleitung einer jüngeren Frau. Wer können all diese Personen sein?

Das kleine Szenario soll Ihnen zeigen, dass es schon vor dem Beginn spannend sein kann. Wer ist wer? Wie hängen die Personen zusammen? Wer steigert mit und wer ist nur Zuschauer? Hier ist Ihr Detektivsinn gefragt. Seien Sie also rechtzeitig im Gericht, um die Personen und mögliche Zusammenhänge zu studieren. In unserem Beispiel handelt es sich bei den drei Damen um die Erbengemeinschaft. Sie werden möglichst viel herausholen wollen, damit sich das Teilen lohnt. Der gut gekleidete Herr kommt von der Bank. Der Verstorbene hatte dort noch ein Darlehen abzutragen. Die Schulden sollen aus dem Zwangsversteigerungserlös beglichen werden. Springt für die Bank ihr Fehlbetrag beim höchsten Gebot heraus, ist der Herr zufrieden. Wenn nicht, bietet er vielleicht mit? Die Gläubigerbank, die die Zwangsversteigerung betrieben hat, kann über mehrere Wege den Zuschlagspreis beeinflussen, zum Beispiel dadurch, dass Sie die 7/10-Grenze beantragt. Das heißt, dass die Immobilie nicht unter 70 Prozent des Verkehrswertes unter den Hammer kommt. Die Dame, die zum Schluss kam, ist die Mieterin der Wohnung in Begleitung ihrer Tochter. Werden sie bieten? Wird sie aus der Wohnung ausziehen, wenn der neue Eigentümer das will? Gilt das Mietrecht nach einer Zwangsversteigerung noch?

Der Ablauf

Den Antrag auf Zwangsversteigerung kann jeder Gläubiger stellen, auf die Höhe der Forderung kommt es in der Regel nicht an. Nur wenn die geschuldete Summe unverhältnismäßig gering ist, kann das Gericht die Zwangsversteigerung ablehnen. Der Ablauf des Verfahrens ist bis ins Detail gesetzlich geregelt. Das Gericht legt den Verkehrswert des Objekts fest. Er bildet die Grundlage für das Versteigerungsverfahren.

Ist die Zwangsversteigerung angenommen, läuft sie nach einem festen Ritual ab. Zunächst werden sämtliche Formalitäten verlesen: Grundbucheintragungen, Paragrafen und Geldsummen. Der Rechtspfleger eröffnet die Versteigerung, ein Protokollführer nimmt die Daten der Bieter auf. Mit den Worten »Es darf geboten werden« beginnt die Mindestbietzeit von 30 Minuten. Am Anfang passiert meist lange nichts. Leise Unterhaltungen, Stühlerücken, und es kommen oft noch Nachzügler, darunter Immobilienmakler,

Zuschauer oder Nachbarn. Alle haben während der Bietzeit nochmals die Gelegenheit, das Gutachten einzusehen, das vom Amtsgericht im Saal ausgelegt ist. Bei der Bewertung des Gutachtens sollten Sie jedoch vorsichtig sein. Achten Sie darauf, wer das Gutachten erstellt hat. Die Bank oder ein Sachverständiger des Gerichts? Dabei könnte die Bank auch ein Eigeninteresse verfolgen und den Preis eher an der oberen Kante ansetzen. Der Gerichtsgutachter kann das zwar nicht, aber er haftet auch nicht für Sach- und Rechtsmängel.

WISO rät

Im Gegensatz zum normalen Haus- oder Wohnungskauf trägt bei einer Zwangsversteigerung allein der Käufer das Risiko für eventuelle Mängel. Das gilt selbst dann, wenn Sie im Wertgutachten des Amtsgerichts nachträglich Fehler entdecken. Es gibt keine Gewährleistung! Der Erwerber hat also keinerlei Ansprüche auf Minderung, Wandelung oder Nachbesserung, die er beim früheren Eigentümer geltend machen könnte.

Wie bereits erwähnt, sollten Sie unbedingt versuchen, die Immobilie vorher selbst zu besichtigen. In unserem Beispiel hat die Mieterin sicher kein Interesse daran, Sie hereinzubitten. Sie will in der Wohnung bleiben. Schließlich zahlt sie nur eine geringe Miete und wird kein vergleichbares Angebot finden. Werden Sie also erfinderisch! Fragen Sie zum Beispiel ein Stockwerk drüber, ob Sie sich diese Wohnung einmal anschauen können. Der Grundriss ist wahrscheinlich identisch. Auch wissen die Nachbarn meist Bescheid, in welchem Zustand sich die Wohnung befindet, die zur Versteigerung steht, und wer vielleicht zum Termin im Amtsgericht erscheint. Auch, ob die Mieterin eventuell doch gewillt ist auszuziehen, und unter welchen Bedingungen. Ein Gespräch mit den Nachbarn lohnt immer! Sinnvoll ist auch der Gang zur Gläubigerbank. Hier können Sie unter Umständen den möglichen Preis in Erfahrung bringen, den die Bank beim ersten Versteigerungstermin erzielen will. Vielleicht gelingt es Ihnen auch, die Schmerzgrenze, also die Grenze, bis zu der die Bank im Notfall mit dem Preis heruntergeht, herauszubekommen.

Sammeln Sie Informationen über:

- Lage und Größe des Grundstücks
- Grundrisse

- bestehende Schulden
- Wertgutachten der Gläubigerbank
- eventuelle lebenslange Wohnrechte eines Bewohners
- Nutzungsrechte (zum Beispiel: Nachbar darf Einfahrt mitnutzen)
- Namen der Eigentümer
- Bebauungspläne/Flächennutzungspläne
- Bauamt: Welche Nutzung ist im Gebiet erlaubt? (etwa beim Erwerb von unbebauten Grundstücken oder Abrissgrundstücken).

WISO rät

Wird Ihnen die Innenbesichtigung verweigert, was nicht selten vorkommt, sollten Sie den Eigentümer oder die Erben darauf aufmerksam machen, dass der Wert der Immobilie ohne Besichtigung sinkt. Im Gutachten des Sachverständigen wird ein Sicherheitsabschlag von 20 Prozent berechnet. Mit Besichtigung verbessern sich also die Aussichten, einen höheren Preis zu erzielen.

Beim Versteigerungstermin wird es meist erst in den letzten zehn Minuten so richtig spannend. Nach zögerlichen Anfangsgeboten mit niedrigen Summen kommen die Gebote später Schlag auf Schlag. Spätestens jetzt wissen Sie, wer beim Bieten dabei ist, denn der Rechtspfleger verliest die Namen und wiederholt das Gebot. Dazwischen gibt es während der dreißigminütigen Mindestbietzeit meist genug Zeit, ein eigenes Gebot abzugeben. Außerdem gilt es herauszufinden, wer mit welchem Limit bietet. Dabei ist ein Pokerface hilfreich, denn niemand sollte erkennen können, wann Schluss ist, zum Beispiel durch häufiges Zögern, hektische Gespräche mit dem Partner oder Ähnliches.

Die Strategie

Bevor Sie selbst mitsteigern, gehen Sie zuvor zu mindestens zwei Terminen als Zuschauer, nur zur Übung. Es läuft jedes Mal ein klein wenig anders ab, und Sie können viel lernen. Denn die Umstände einer Versteigerung können immer wieder neu sein. So gibt es zum Beispiel Preistreiber im Publikum, die recht schnell das erste Gebot abgeben, um den Eindruck zu erwecken, das Objekt sei heiß begehrt. Wenn es dann für Sie ernst wird, kennen Sie den

Ablauf und wissen, worauf es ankommt. Am wichtigsten ist am Tag X aber Ihre persönliche Strategie:

- Informieren Sie sich zuvor umfassend, und versuchen Sie, alles über die Immobilie herauszubekommen.
- Wertgutachten können beim Rechtspfleger im Amtsgericht der Zwangsversteigerungsabteilung eingesehen werden, meist sind gegen Gebühr auch Kopien erhältlich.
- Erkundigen Sie sich beim Gutachterausschuss über den Bodenrichtwert der Objektlage. (Mehr dazu im Kapitel »Die Lage – die Lage – die Lage«.)
- Bewerten Sie das Objekt, und legen Sie den Preis fest, den Ihnen die Immobilie wert ist.
- Setzen Sie sich vor der Versteigerung unbedingt ein Limit.
- Halten Sie Ihr Limit geheim. Niemand sollte wissen, wann Sie aussteigen wollen.
- Lassen Sie sich nicht in einen Bietrausch versetzen, denn dann ist man allzu schnell bereit, seine finanziellen Grenzen zu überschreiten.
- Es kann eine Sicherheitsleistung verlangt werden, zum Beispiel vom Vertreter der Gläubigerbank.
- Machen Sie Ihr Gebot in unregelmäßigen Schritten. Erhöhen Sie mal mit kleinen, mal mit großen Beträgen. So mancher unerfahrene Konkurrent lässt sich dadurch verunsichern.
- Halten Sie Ihren Personalausweis bereit. Er muss beim ersten Gebot vorgelegt werden.

Übersicht: Scheinangebote sind unzulässig

Gebote, die beim ersten Zwangsversteigerungstermin allein aus taktischen Gründen abgegeben werden, sind unwirksam. Laut Gesetz muss ein Versteigerungsobjekt beim ersten Termin mindestens die Hälfte seines Verkehrswerts erzielen (BGH, Az. V ZB 98/05). »Wer als Schnäppchenjäger jemand anderen … vorschickt und ihn niedrig bieten lässt, nur damit es zu einem zweiten Termin kommt, sollte allerdings aufpassen«, warnt der Immobilienverband Deutschland (IVD).

WISO rät

Im Gegensatz zu anderen Versteigerungen ist hier beim Aufruf »zum Dritten« noch nicht alles vorbei. Die Bietzeit endet erst, wenn die 30 Minuten vollständig abgelaufen sind, kein Gebot mehr abgegeben wird und die Bietzeit offiziell beendet wurde. Meistens liegen zwischen dem Aufruf »zum Dritten« und dem offiziell verkündeten Ende der Bietzeit nur wenige Sekunden, aber Sie können noch im letzten Moment ein neues Gebot machen.

Profis warten auf den Zweittermin. Der wird dann anberaumt, wenn beim ersten Termin kein Zuschlag erteilt werden konnte; zum Beispiel, weil kein Gebot in ausreichender Höhe abgegeben wurde. Das Mindestgebot liegt beim ersten Termin bei 50 Prozent des Verkehrswertes, auf Antrag des Gläubigers kann die Untergrenze auf 70 Prozent erhöht werden. Nicht versteigerte Objekte gehen in die Wiederversteigerung, auch Zweittermin genannt. Hier entfallen sämtliche Wertgrenzen. Zuschläge bei 30 bis 40 Prozent des Wertes sind keine Seltenheit. Allerdings ziehen die Zweittermine gerade deswegen oft auch mehr Bieter an.

Nach dem Zuschlag

Wenn Sie das Objekt ersteigert haben, kann die Gläubigerbank Sicherheitsleistungen verlangen. 10 Prozent des Kaufpreises werden regulär schon beim ersten Gebot verlangt. Viele Banken verzichten jedoch bis zum Ende der Versteigerung darauf. Außerdem fallen etwa 5 Prozent zusätzliche Kosten an. Darin enthalten sind die Zuschlagsgebühr, die Eintragung ins Grundbuch (zusammen etwa 0,5 Prozent) und die Grunderwerbsteuer (circa 3,5 Prozent auf das Zuschlagsgebot). Außerdem zahlen Sie zu dem Gebot 4 Prozent Zinsen vom Tag des Zuschlags auf die Restzahlung des Versteigerungspreises. Danach wird der sogenannte Verteilungstermin festgelegt, frühestens vier Wochen später. Erst dann ist die Restsumme fällig. Bezahlt wird meist mit Bankschecks. Das ist üblicher als Bargeld. Sie können das Geld auch schon vorher bei der Gerichtskasse einzahlen. Das ist sinnvoll. Dabei handelt es sich um eine Hinterlegung, die allerdings viel Papierkram mit sich bringt. Hat der Bieter die Grunderwerbsteuer bezahlt, wird das Gericht umgehend den Grundbucheintrag veranlassen.

WISO rät

Nutzen Sie die Zeit bis zum Verteilungstermin, um eine günstige Finanzierung zu finden. Weil Sie dafür nur wenige Wochen Zeit haben, sollten Sie sich sputen. Holen Sie dennoch mehrere Angebote ein. Ein Vergleich lohnt immer!

Finanzierung vorher klären

Bevor Sie den Versteigerungstermin wahrnehmen, sollten Sie in Ihrem eigenen Interesse die Finanzierung des späteren Erwerbspreises geprüft haben. Es ist zwar richtig, dass Sie am Versteigerungstermin in der Regel nur 10 Prozent Ihres Gebotes auf den Tisch des Rechtspflegers legen müssen. Allerdings kommen Sie in größte Bedrängnis, wenn die Finanzierung später platzt und die restlichen 90 Prozent zum Verteilungstermin nicht gezahlt werden können.

Es geht also darum, schon vor dem Versteigerungstermin die voraussichtlichen Anschaffungskosten zu schätzen und einen Finanzierungsplan aufzustellen. Dies kann nach folgendem Schema geschehen:

Tabelle 7: Finanzierungsplan für eine Zwangsversteigerung

Verkehrswert laut Gerichtsgutachten		______	Euro
– Risikoabschluss (z. B. 30 %)	–	______	Euro
= möglicher Erwerbspreis	=	______	Euro
+ Anschaffungsnebenkosten (z. B. etwa 3 %)	+	______	Euro
= voraussichtliche Anschaffungskosten	=	______	Euro
– Eigenkapital (z. B. 10 %)	–	______	Euro
= benötigte Fremdmittel	=	______	Euro
+ Finanzierungskosten (z. B. Disagio, Entgelte)	+	______	Euro
= geplante Darlehenssumme	=	______	Euro

Wenn alles abgewickelt ist, kann es dennoch zu Problemen kommen. Sie müssen damit rechnen, dass die bisherigen Eigentümer vielleicht nicht so ohne weiteres aus dem Haus ausziehen wollen. Der Alteigentümer hat nach der Versteigerung einen Monat Zeit, die Immobilie zu räumen. Tut er das nicht, dann können Sie mit dem Zuschlagsbeschluss, der gleichzeitig Räumungstitel ist, einen Gerichtsvollzieher beauftragen. Der wird allerdings erst tätig, wenn Sie ihm einen Vorschuss zahlen. Das können bei einem Einfamilienhaus leicht 5 000 Euro werden.

WISO rät

Wenn die Immobilie vermietet ist, gilt das Mietrecht. Dann hat der Eigentümer nur bei Eigenbedarf das übliche Sonderkündigungsrecht. Die Kündigung sollte vom Gerichtsvollzieher zugestellt werden, weil sie dann immer wirksam ist.

Übersicht: Bei bestehenden Versicherungen auf Fristen achten!

Grundsätzlich hat der Käufer nach einer Ersteigerung einen Monat lang Zeit, die bestehenden Versicherungen für das Gebäude zu kündigen. Nimmt er sein Kündigungsrecht nicht wahr, gehen zum Beispiel die Brandversicherung und die Wohngebäudeversicherung auf den neuen Besitzer über. In einem Fall, der bis vor den Bundesgerichtshof kam, entschieden die Richter, dass eine Fristverlängerung nur dann möglich sei, wenn der Käufer erst nach dem Ersteigerungstermin von den Versicherungen erfahren habe. Der Käufer einer Zwangsversteigerungsimmobilie kündigte die Versicherungen erst nach Ablauf von fünf Wochen, weil er die Originalverträge erst zwei Wochen nach dem Versteigerungstermin in den Händen hielt. Das Gericht gab dem Versicherer Recht. Schließlich habe der Käufer mit zwei Wochen reichlich Zeit gehabt, eine umfassende Prüfung durchzuführen (AZ: IV ZR 62/03).

Das Einmaleins bei Zwangsversteigerungen

Zwangsversteigerung Rechtlich betrachtet verliert im Zwangsversteigerungsverfahren der Schuldner durch Zuschlag das Eigentum an seiner Immobilie. Der Neueigentümer übernimmt ab diesem Tag alle Rechte und Pflichten, Nutzen und Lasten. Mit dem Erlös werden die Gläubiger befriedigt. Nicht immer reicht die Summe aber aus, um alle Schulden abzulösen. Wer leer ausgeht, entscheidet die Rangfolge im Grundbuch.

Vorkaufsrecht Mit einem Vorkaufsrecht ist der Eigentümer verpflichtet, das Grundstück im Verkaufsfall an den Vorkaufsberechtigten zu übereignen. Das kann die Gemeinde, ein Mieter oder ein Verwandter sein, wenn sie im Grundbuch namentlich eingetragen sind. Zwar kommt der Zuschlag bei einer Zwangsversteigerung einem Verkaufsfall gleich, aber das Vorkaufsrecht kann dennoch nicht in Anspruch genommen werden. Im Fall der Zwangsversteigerung erlischt dieses Recht komplett. Es kann nach Paragraf 1098, 512 BGB nicht ausgeübt werden.

Gebot Gebote werden am Versteigerungstermin mündlich abgegeben. Sie stellen eine Willenserklärung dar, die auch von mehreren Personen abgegeben werden kann, zum Beispiel von einem Ehepaar. Beim Bieten für minderjährige Kinder müssen die Eltern ein Gebot gemeinsam abgeben.

Ausweis vorlegen Jeder, der ein Gebot abgibt, muss sich ausweisen können. Dafür reicht die Vorlage eines gültigen Personalausweises oder des Reisepasses. Es werden Name, Adresse und Geburtsdatum notiert.

Gebot in Vollmacht Wer für jemand anderen bieten möchte, benötigt eine öffentlich beglaubigte Bietvollmacht, zum Beispiel vom Notar. Die Vollmacht muss sofort beim ersten Gebot vorgelegt werden, ein Nachreichen erst bei Zuschlag reicht nicht.

Bietzeit Die Mindestbietzeit ist auf 30 Minuten festgelegt. Sie kann jedoch verlängert werden, denn es werden auch noch Gebote angenommen, die nach Ablauf einer halben Stunde abgegeben werden. Erst wenn niemand mehr bietet, wird der Zuschlag erteilt und die Bietzeit offiziell beendet.

Verkehrswert Der Verkehrswert einer zur Zwangsversteigerung stehenden Immobilie wird durch einen vom Gericht bestellten Sachverständigen festgelegt. Der sich daraus ergebende Preis steht im Wertgutachten, das jeder im Amtsgericht und während der Versteigerung einsehen kann. Der Verkehrswert ist der Preis, den das Objekt erzielen könnte, wenn es am freien Markt verkauft würde. Hatte der Gutachter keine Gelegenheit, die Immobilie von innen zu besichtigen, wirkt sich das durch einen Sicherheitsabschlag wertmindernd aus. Der Verkehrswert kann nach verschiedenen Methoden ermittelt werden:

- *Vergleichswertverfahren:* Der Sachverständige greift auf die aktuellen Verkaufspreise zurück, die in den vergangenen Jahren für vergleichbare Immobilien in vergleichbaren Wohngegenden erzielt worden sind. Abweichungen werden mit Zuschlägen oder Abschlägen berücksichtigt.
- *Sachwertverfahren:* Hier versucht der Gutachter herauszufinden, wie viel die Immobilie tatsächlich wert ist. Dabei wird der umbaute Raum nach Daten des statistischen Bundesamts errechnet. Die Herstellungskosten entsprechen den Ausgaben für die Herstellung der Immobilie, werden aber auf den aktuellen Wert heruntergerechnet. Abgezogen werden Abschreibungen für die Abnutzung und für mögliche Instandsetzungen. Dabei können niedrigere Werte herauskommen, als der Eigentümer angenommen hatte. Individuelle Wertungen wie »besonders schöne Einbauten« fließen nicht ins Gutachten mit ein.
- *Ertragswertverfahren:* Hier liegt der Schwerpunkt der Wertermittlung auf dem Ertrag der Immobilie. Dieses Verfahren wird vor allem bei vermieteten oder verpachteten Immobilien verwendet. Das Ergebnis ist der Bruttojahresertrag, von dem noch Bewirtschaftungs- und Instandhaltungskosten abgezogen werden. Die so berechnete Jahresnettomiete wird über einen Vervielfältiger zum Ertragswert hochgerechnet.

Achtung!
Die zugrunde gelegte Miete muss nicht mit der derzeit tatsächlichen Miete übereinstimmen. Maßgeblich ist die erzielbare Miete, die auf dem Mietspiegel basiert.

Der Gutachter entscheidet, welche Berechnungsmethode für das bewertete Objekt relevant ist.

Mindestgebot Zu Beginn der Versteigerung wird das »geringste Gebot« verkündet. Es spiegelt meist nur die Kosten der Versteigerung wider. Einen Verkauf der Immobilie zu diesem Schleuderpreis lässt der Rechtspfleger in der Regel nicht zu. Nur sehr heruntergekommene Immobilien in sehr schlechten Lagen wechseln zu diesem Preis den Besitzer.

Das letzte Gebot Das letzte Gebot muss dreimal aufgerufen werden. Danach hat das Gericht die Pflicht, nochmals zu weiteren Geboten aufzufordern. Unterlässt der Rechtspfleger diese Möglichkeit, obwohl damit gerechnet werden musste, dass ein weiteres Gebot abgegeben werden könnte, kann im Beschwerdeverfahren der Zuschlag aufgehoben werden.

Bietabsprachen Absprachen vor und während des Zwangsversteigerungstermins sind nicht unüblich, zum Beispiel zwischen der Bank und einem möglichen Interessenten. Sie sind grundsätzlich zulässig, können aber im Einzelfall auch sittenwidrig oder unwirksam sein; zum Beispiel, wenn dem einzigen Bieter sein Bietrecht sozusagen abgekauft wird und dem Gericht dadurch erhebliche Zahlungen, die aus dem Versteigerungserlös hätten gezahlt werden müssen, entgehen.

Zuschlag Wer den Zuschlag erhält, ist sofort Eigentümer der Immobilie und hat damit auch sofort das Recht, die Immobilie zu nutzen. Er trägt aber auch sofort die Lasten, zum Beispiel die Abgaben laut Grundsteuerbescheid. Zuvor muss jedoch derjenige zustimmen, der die Zwangsversteigerung betrieben hat, zum Beispiel die Bank. Diese Zustimmung erteilt der Bankvertreter in der Regel sofort. Sie kann im Einzelfall aber auch ausgesetzt und verweigert werden.

Sofortige Zuschlagserteilung Meist fragt der Rechtspfleger die Gläubigervertreter, ob Anträge zum Zuschlag gestellt werden. Beantragen nun die Gläubiger, den Zuschlag sofort erteilen zu lassen, oder verhalten sie sich stumm, wird der Rechtspfleger schon im Versteigerungstermin den Zuschlag verkünden.

Im Moment der Verkündung des Zuschlags durch den Rechtspfleger sind Sie Eigentümer des Objekts. Es handelt sich bei der Zuschlagserteilung also um einen originären (rechtsbegründenden) Immobilienerwerb; die spätere Eintragung des Erstehers im Grundbuch hat nur deklaratorischen (rechtserklärenden) Charakter. Der Zuschlag selbst ist ein Eigentumsübertragungsakt des öffentlichen Rechts, ähnlich einer Enteignung. Es ist also kein Vertrag, sondern eine prozessuale Entscheidung, vergleichbar mit einem Richterspruch. Dies bringt eine große Rechtssicherheit für den Ersteher mit sich. Zwar kann der Zuschlagsbeschluss im Beschwerdeweg rechtskräftig wieder aufgehoben werden, doch kommt dies in der Praxis so gut wie nie vor.

Versagung des Zuschlags Die Versagung des Zuschlags wegen Nichterreichens der 5/10- oder der 7/10-Grenze ist nur im Ersttermin, also in einem Termin, in dem noch beide Grenzen gelten, möglich. Der Zuschlag muss von Amts wegen versagt werden, wenn das Meistgebot einschließlich bestehen bleibender Rechte unter 50 Prozent des Verkehrswertes liegt. Bei einem Meistgebot von mindestens 50, aber weniger als 70 Prozent des Verkehrswertes im Ersttermin kann der Zuschlag auf Antrag eines Gläubigers, dessen Anspruch im Bereich von 70 Prozent liegt und der daher einen Ausfall erleiden würde, versagt werden.

Aussetzung des Zuschlags Ist der Gläubiger unschlüssig, ob er bei dem abgegebenen Meistgebot den Zuschlag erteilen lassen soll oder nicht, kann er die Aussetzung des Zuschlags für eine bestimmte Zeit (zum Beispiel zwei Wochen) beantragen. Dieser Antrag wird häufig dann gestellt, wenn der Meistbietende noch zu einer zusätzlichen Zahlung außerhalb der Versteigerung bewegt werden soll oder wenn beabsichtigt ist, das Meistgebot an einen Dritten, der dann Ersteher werden soll, abzutreten. Setzt der Rechtspfleger auf Antrag des Gläubigers die Verkündung des Zuschlags aus, wird die Zuschlagserteilung in einem besonderen Verkündungstermin verkündet. In diesem Verkündungstermin wird der Zuschlag dann erteilt oder das Verfahren wird auf Bewilligung des bestrangig betreibenden Gläubigers eingestellt. Eine Versagung des Zuschlags kann nur im Versteigerungstermin selbst erfolgen.

Einstweilige Einstellung Erscheint dem bestrangig betreibenden Gläubiger das abgegebene Meistgebot als zu niedrig, kann er im Versteigerungstermin selbst oder – bei Aussetzung des Zuschlags – spätestens im Verkündungstermin die einstweilige Einstellung des Verfahrens bewilligen. Im Falle der einstweiligen Einstellung wird das Verfahren nur auf Antrag des Gläubigers fortgesetzt. Die Bewilligung der einstweiligen Einstellung durch den bestrangig betreibenden Gläubiger kann einmal wiederholt werden. Diese Möglichkeit erklärt sich aus der vom Gesetzgeber so gewollten überragenden Machtposition des bestrangig betreibenden Gläubigers, der damit jederzeit Herr des Verfahrens bleibt.

Sicherheitsleistungen Sicherheitsleistungen sind keine Pflicht. Bei der Abgabe eines Gebots werden sie jedoch meist von der Gläubigerbank verlangt. Die Sicherheitsleistung beträgt 10 Prozent des Verkehrswerts. Sie kann seit 2007 nicht mehr bar geleistet werden. Möglich sind Barscheck, Bankbürgschaft oder die Überweisung auf das Konto der Gerichtskasse. Die Summe muss nachweislich vor dem Versteigerungstermin eingegangen sein. Schecks müssen von einem in Deutschland zum Betreiben von Bankgeschäften berechtigten Kreditinstitut oder der Bundesbank ausgestellt und in Deutschland zahlbar sein. Die Bürgschaft muss unbefristet, unbedingt und selbstschuldnerisch sein und muss ebenfalls von einem in Deutschland zum Betreiben von Bankgeschäften berechtigten Kreditinstitut oder von der Bundesbank stammen. Ist der Bieter nicht auf eine Sicherheitsleistung vorbereitet, kann die Versteigerung um 30 Minuten verlängert werden. Schafft er es nicht, innerhalb dieser Frist einen Scheck zu besorgen, ist sein Gebot hinfällig.

Kosten Sobald der Zuschlag erteilt wurde, geht es um die Kosten. Die Zuschlagsgebühr ist abhängig vom höchsten Gebot und liegt etwas unter dem Betrag, der bei einem normalen Verkauf an den Notar gezahlt werden muss; es sind also etwas weniger als 1 Prozent. Bis zum Verteilungstermin, der frühestens vier Wochen nach der Ersteigerung anberaumt wird, muss der neue Eigentümer auf sein Gebot 4 Prozent Zinsen zahlen. Auch fallen Notar- und Grundbuchkosten für einzutragende Grundpfandrechte an. Ebenso muss die Grunderwerbsteuer von circa 3,5 Prozent bezahlt werden, wie bei jedem anderen Immobilienkauf auch. Insgesamt müssen Sie etwa mit 5 Prozent Zusatzkosten rechnen.

Verteilungstermin Etwa vier bis acht Wochen nach der Versteigerung findet der Verteilungstermin statt. Der Ersteigerer muss bis dahin die Kaufsumme bezahlt haben. Bevor der Eigentümerwechsel im Grundbuch eingetragen wird, muss neben dem Nachweis, dass die Grunderwerbsteuer bezahlt ist, eine Unbedenklichkeitsbescheinigung vom Finanzamt vorgelegt werden.

Restzahlung Mit der Zuschlagserteilung im Versteigerungs- oder in einem späteren Verkündungstermin sind Sie rechtmäßiger Eigentümer des ersteigerten Objekts. Sie müssen jetzt die Restzahlung leisten. Es ist für Sie natürlich von Vorteil, wenn zwischen dem Zuschlags- und dem Verteilungstermin so viel Zeit wie möglich liegt, denn umso mehr Zeit haben Sie für die finanzielle Abwicklung. Außerdem ist die Verzinsung des restlichen Meistgebots mit 4 Prozent per annum für die Zeit vom Versteigerungs-/Verkündungstermin bis zum Verteilungstermin niedrig.

Der Ersteher kann seine Restzahlung nach folgendem Schema berechnen:

Tabelle 8: Berechnung der Restzahlung

Meistgebot im Versteigerungstermin (Bar-Gebot)
– evtl. Sicherheitsleistung (z. B. 10 % des Bar-Gebots)
= restliches Bar-Gebot
+ 4 % Zinsen vom Zuschlag bis zum Verteilungstermin
= restliches Bar-Gebot einschl. Zinsen
– Zahlung der Bank
= Restzahlung des Erstehers

Wo finde ich Informationen?

Alle Versteigerungsdaten müssen mindestens sechs Wochen vor dem Termin im Amtsgericht ausgehängt und in der Tageszeitung veröffentlicht werden. Manche Gerichte stellen die Termine ins Internet. Erkundigen Sie sich auch in Ihrer Gemeinde. Manchmal sind die Objekte schon vor der Terminveröffentlichung bekannt. Außerdem sollten Sie – am besten persönlich – Auskünfte bei Gericht und beim Grundbuchamt einholen. Dort können Sie auch Einsicht in ein Wertgutachten nehmen.

Übersicht: So lesen Sie Aushänge richtig

Aktenzeichen: (Geschäfts-Nummer des Amtsgerichts) Ohne Nennung des Aktenzeichens (erste Zeile hinter der Angabe des Amtsgerichts) erhalten Sie von der zuständigen Geschäftsstelle des Amtsgerichts keine weiteren Informationen (zum Beispiel Einsicht in das Gerichtsgutachten).

Versteigerungstermin: (Tag, Datum, Uhrzeit) Schauen Sie in Ihrem Terminkalender nach, ob Sie den Termin (Kopfzeile und erste Zeile) überhaupt wahrnehmen können. Wenn nicht, müssen Sie rechtzeitig eine notariell beglaubigte Bietungsvollmacht für Ihre Vertretung besorgen.

Versteigerungsort: (Gerichtsstelle mit Straße, Hausnummer, Stockwerk, Saalnummer) Erkundigen Sie sich, zum Beispiel telefonisch beim angegebenen Amtsgericht (erste Zeile), wo sich die für Zwangsversteigerungen zuständige Geschäftsstelle befindet und wo Sie den Gerichtssaal finden, in dem versteigert wird.

Lage: (Ortsteile, Straße, Hausnummer, Geschoss) Die angegebene grundbuchliche Lagebezeichnung (zweite Zeile) kann in Ausnahmefällen von der tatsächlichen Lagebezeichnung abweichen. Bei Eigentumswohnungen ist die Lage innerhalb des Hauses aus der vierten Zeile ersichtlich, zum Beispiel Nr. 14 im II. OG.

Grundstücksfläche: (Größe in Quadratmeter) Die Grundstücksfläche (Ende der zweiten Zeile) ist wichtig beim Ersteigern eines Hauses oder eines unbebauten Grundstücks, aber wenig aussagekräftig beim Ersteigern einer Eigentumswohnung.

Eigentümer: Name und eventuell Wohnort des Eigentümers (dritte Zeile) sind für eine spätere Kontaktaufnahme wichtig.

Verkehrswert: Der angegebene Wert (Ende der dritten Zeile) wurde vom Gericht festgesetzt. In ganz seltenen Fällen fehlt die Angabe, und zwar wenn der Verkehrswert erst im Versteigerungstermin festgesetzt wird.

Objektart: Eigentumswohnungen sind in der vierten Zeile ausdrücklich angegeben, ansonsten »Haus/Grundstück« oder Ähnliches.

Wohnfläche und Baujahr: Diese Angaben fehlen leider fast immer bei den gerichtlichen Bekanntmachungen. Sind sie bekannt, stehen sie in der vierten Zeile.

Eventuelle Hinweise auf Teilungsversteigerung und Zweittermin: Auf Teilungsversteigerungen (Zwangsversteigerung zum Zwecke der Aufhebung der Gemeinschaft) wird in der vierten Zeile, auf Zweittermine (hier gelten die 5/10- und die 7/10-Grenze nicht mehr) in der fünften Zeile hingewiesen.

Hier finden Sie Versteigerungstermine:

- in der Tageszeitung;
- in Aushängen im Amtsgericht und auf deren Internetseiten;
- in Amtsblättern und Staatsanzeigern, die von den jeweiligen Landesregierungen beziehungsweise Regierungspräsidenten wöchentlich herausgegeben werden. Dort stehen alle Versteigerungstermine mit genauen Angaben zum Objekt. Die Regionalausgabe eines Versteigerungskatalogs kostet im Jahr zwischen 118 und 240 Euro;
- in überregionalen Katalogen. Die Argetra Verlagsagentur, Philippstraße 45, 40878 Ratingen, Tel.: 02102/711 711, Fax: 02102/214 13, veröffentlicht monatlich die Zwangsversteigerungen der deutschen Amtsgerichte mit Anschrift, Telefon- und Faxnummer, geordnet nach Amtsgerichten, Kalendertagen und Regionen. Außerdem enthält der Kalender alle wichtigen Angaben zum Objekt: Aktenzeichen, Grundbuchangaben und amtlich festgelegte Verkehrswerte;
- im Internet: Unter www.zwangsversteigerung.de veröffentlicht die Agentur Unika einen Teil ihrer Termine. Unter www.zvg.com gibt eine ganze Reihe deutscher Amtsgerichte Versteigerungstermine bekannt. Einige Gerichte bieten sogar Fotos der Objekte und liefern auf Anforderung Gutachten per E-Mail.

Unter www.immobilien-auktionen.de können Sie einen Auktionskatalog mit Objekten bestellen, die von der Deutschen Grundstücksauktionen AG (DAG) im Internet versteigert werden.

Nützliche Links im Internet sind außerdem:

www.argetra.de
www.zwangsversteigerung.de (mit Rechner zur Limit-Ermittlung)
www.unika.de
www.zwangsversteigerungen-brd.de
www.immozv.de
www.versteigerungspool.de

Finanzieren – richtig rechnen vor dem Kauf

Ein Kleid, ein Auto, eine Immobilie. Auch da gibt es die Liebe auf den ersten Blick. Doch lassen sich Ihre Wünsche auch finanzieren? Wie viel Haus oder Wohnung können Sie sich leisten? Das ist die zentrale Frage beim Immobilienkauf. An der Finanzierung kann alles scheitern. Deshalb ist der berühmte Kassensturz schon vor Beginn der Suche so wichtig. Lassen Sie nichts weg, seien Sie ehrlich! Weder Banker noch Berater kennen Ihre Lebensgewohnheiten so genau wie Sie. Danach machen Sie sich auf die Suche nach dem richtigen Geldgeber.

Machen Sie Kassensturz!

Achten Sie darauf, dass Sie die monatliche Belastung nicht überfordern. Überlegen Sie sich genau, ob Sie Ihren Lebensstandard verringern können und wollen. Besser ist es natürlich, wenn Sie auch weiterhin in Urlaub fahren und sich auch mal ein paar Extras gönnen können. Gehen Sie nicht bis ans Limit. Einen Puffer für Unvorhersehbares sollten Sie finanziell immer haben.

Der erste Schritt zum persönlichen Preislimit für eine Immobilie ist die Gegenüberstellung von Einnahmen und Ausgaben, berechnet auf monatlicher Basis. Bei den Einnahmen werden neben dem Nettoeinkommen auch andere regelmäßige, sichere Einkünfte summiert wie Kindergeld, Unterhaltszahlungen oder Renten. Bei den Ausgaben sollten auch jährlich anfallende Ausgaben, etwa für Versicherungen, Kfz-Steuer oder Sportverein, durch zwölf geteilt und dadurch auf eine Monatsbasis umgelegt werden.

Beachten Sie, dass die Wohnnebenkosten in einer neuen Immobilie in der Regel höher sind als in der aktuellen Wohnung. Meistens wird nach einem Umzug mehr Wohnfläche bewirtschaftet als vorher. Vor allem wenn Sie von einer Etagenwohnung in ein Einfamilienhaus wechseln, müssen Sie mit zusätzlichen laufenden Kosten rechnen. Die vorher angewendete, meist günstigere Umlagenmethode auf mehrere Haushalte entfällt.

Wer die Summe der Ausgaben von den Einkünften abgezogen hat, erhält den Betrag, den er aus dem laufenden Alltag heraus zusätzlich zu seiner bisherigen Miete (netto kalt) für ein Baudarlehen aufbringen kann.

Beispiel

Sind unterm Strich 200 Euro am Monatsende übrig und beträgt die Kaltmiete aktuell 600 Euro, darf die monatliche Kreditrate maximal 800 Euro betragen. Dafür kann man sich bei 5,5 Prozent Zinssatz derzeit knapp 150 000 Euro Baugeld bei einer Bank leihen.

Der maximal mögliche Darlehensbetrag kann nur noch durch Eigenkapital erhöht werden, zum Beispiel 50 000 Euro. Entweder haben Sie selbst so viel angespart oder Sie können sich von Verwandten, etwa von Eltern und Großeltern, einen Vorschuss aufs Erbe geben lassen.

Bei dieser Summe handelt es sich jedoch um die Gesamtkosten und nicht nur um den reinen Kaufpreis. Denn neben dem Preis für ein Haus mit Grundstück oder eine Eigentumswohnung fallen noch einige Nebenkosten an. Dazu gehören in erster Linie die Grunderwerbsteuer (circa 3,5 Prozent des Kaufpreises, die jeder bezahlen muss), eine eventuell anfallende Maklercourtage (sie liegt meist zwischen 5 und 7 Prozent, kann aber verhandelt werden), Notar-, Grundbuchamts- und Grundschuldgebühren (zusammen rund 1 bis 2 Prozent) oder Anschlusskosten bei einem Neubau (Gas-, Wasser-, Telefon- und Stromleitungen von der Straße bis zum Haus, sofern sie nicht bereits vorhanden oder inklusive sind). Diese Leitungsanschlüsse können einige Tausend Euro verschlingen, vor allem wenn es sich um sogenannte Pfeifenstielgrundstücke mit sehr langen Zufahrten zur Straße handelt.

Alle Nebenkosten zusammen machen etwa rund 10 Prozent des Kaufpreises aus, können im Extremfall aber auch bis zu 20 Prozent betragen.

WISO rät

Bemessen Sie Ihre Baufinanzierung nicht zu knapp, gehen Sie nicht bis ans Limit Ihrer finanziellen Möglichkeiten, auch wenn manche Bankberater damit keine Probleme hätten. Denn haften müssen Sie, wenn Sie sich finanziell überfordern!

Übersicht: Die Grundschuld: Absicherung für Gläubiger

Die Grundschuld ist ein Pfandrecht an einem Grundstück. Sie gewährt dem Gläubiger des Darlehens, in der Regel der Bank, die dingliche Sicherheit an diesem Grundstück. Kein Kreditinstitut, keine Lebensversicherung, keine Bausparkasse und auch kein anderer Geldgeber wird auf eine Eintragung der Grundschuld verzichten. Damit ist abgesichert, dass im Falle der Zahlungsunfähigkeit die Möglichkeit besteht, das Grundstück samt Haus zwangsversteigern zu lassen. Das kann schon dann passieren, wenn Sie dreimal hintereinander die Zins- und Tilgungszahlungen nicht geleistet haben.

Auf ein einzelnes Grundstück können im Grundbuch mehrere Grundschulden eingetragen werden; die Eintragungen geben dann an, in welcher Reihenfolge die Gläubiger bei einer Zwangsversteigerung ihr Geld zurückerhalten. Während die Pfandbriefinstitute in der Regel erstrangig gesicherte Darlehen gewähren, begnügen sich Geschäftsbanken, Sparkassen und Bausparkassen oft mit einer zweitrangigen Eintragung der Grundschuld. Das kostet aber einen Zinsaufschlag. Im Gegensatz zur Hypothek, die zwingend eine Darlehensforderung voraussetzt, ist die mit ihr eng verwandte Grundschuld nicht von einem bestehenden Kredit abhängig. Sie wird daher wegen der größeren Beweglichkeit bei der Absicherung von Bankkrediten bevorzugt.

Die Grundschuld entsteht durch Einigung und Eintragung ins Grundbuch (§§ 1191 ff. BGB).

Bei der Berechnung, wie viel Immobilie Sie sich leisten können, dürfen Sie die Nebenkosten nicht unterschätzen. So rechnen Sie richtig: Kreditrahmen plus Eigenkapital ergeben den Betrag, den die Immobilie einschließlich aller Nebenkosten, beispielsweise für Wertermittlung, Notar, Amtsgericht und Makler, kosten darf. Der Zinsberechnung liegt der Nominalzins zugrunde. Erst wenn am Monatsende zum Beispiel 1 000 Euro übrig bleiben, können Sie bei einem Zinssatz von 5 Prozent und 1 Prozent Tilgung die in unserem Beispiel anvisierte Immobilie zu den Gesamtkosten von 200 000 Euro finanzieren.

Tabelle 9: So viel darf die Immobilie kosten

Monatsrate	Nominalzins 5,0 %	Nominalzins 5,5 %	Nominalzins 6,0 %
500 Euro	100000 Euro	92308 Euro	85714 Euro
600 Euro	120000 Euro	110768 Euro	102857 Euro
700 Euro	140000 Euro	129231 Euro	120000 Euro
800 Euro	160000 Euro	166154 Euro	154286 Euro
900 Euro	180000 Euro	166154 Euro	154286 Euro
1000 Euro	200000 Euro	184615 Euro	171429 Euro
1200 Euro	240000 Euro	221538 Euro	205714 Euro

Um die Baukosten zu senken, wollen viele Bauherren ihre sogenannte Muskelhypothek einsetzen. Dahinter verbirgt sich Eigenleistung, die Sie selbst oder zusammen mit Freunden und Verwandten beim Hausbau erbringen möchten. Nach einer Umfrage will die Hälfte der Befragten selbst Fliesen legen, um die Baukosten zu senken. Jeder Vierte traut sich zu, elektrische Leitungen zu legen, und jeder Fünfte will das Dach selbst decken. Unterm Strich rechnet mehr als jeder dritte Befragte damit, durch Eigenleistung die Kosten um bis zu 50 Prozent zu senken. Viel zu mutig, warnen Experten vor solchen Plänen. Rund 10 Prozent Kostenersparnis seien machbar, mehr als 20 Prozent seien jedoch unrealistisch, sagen die Verbraucherzentralen.

Wirklich gespart haben Bauherren nach eigenen Angaben bei einer Befragung durch Infratest (TND Infratest/LBS Reserch), indem sie auf den Keller verzichteten (48 Prozent), Carport statt Garage wählten (32 Prozent), sich für eine preisgünstige Grundstückslage entschieden (31 Prozent), für einen einfachen Grundriss (30 Prozent), günstiges Baumaterial (23 Prozent), ein kleineres Grundstück (22 Prozent), ein Reihenhaus statt ein freistehendes Einfamilienhaus (7 Prozent).

Übersicht: Hilfe für Bauherren

Viele Verbraucherzentralen bieten Seminare für Bauherren an, zum Beispiel zu den Themen Baufinanzierung und Bauplanung oder zur

Geldanlage in Immobilien: Immer mehr Anleger stellen sich die Frage, ob sich ein Engagement in diesem Bereich überhaupt lohnt. Behandelt werden auch die Auswahl des Objekts, die Finanzierung, Steuerfragen sowie geschlossene und offene Immobilienfonds. Die Teilnahme an einem Dreieinhalb-Stunden-Seminar kostet etwa 30 Euro für Einzelpersonen und 50 Euro für Paare.
Tipps zum Thema geben auch zwei Bücher, die bei der Verbraucherzentrale bestellt werden können: *Immobilien aus zweiter Hand.* Das ist ein Ratgeber für Interessenten, die ein gebrauchtes Haus kaufen möchten, um selbst darin zu wohnen. *Eigentumswohnung: Auswahl und Kauf.*

Finanzierungsquellen – in der Ruhe liegt die Kraft

Für die Finanzierung kommen mehrere Quellen infrage: Die Beste ist das Eigenkapital. Zwischen 20 und 30 Prozent sind optimal, denn nur die wenigsten Banken bieten eine hundertprozentige Beleihung Ihrer Immobilie an. Die Beleihungsgrenzen bewegen sich üblicherweise zwischen 60 und 80 Prozent. Brauchen Sie mehr Fremdkapital, ist das nur gegen Zinsaufschlag möglich.

WISO rät

Wollen Sie die Immobilie vermieten, kann der Einsatz von wenig oder gar keinem Eigenkapital sinnvoll sein. Der Grund dafür liegt im Steuerrecht begründet: Schuldzinsen für vermietete Immobilien lassen sich mit den Mieteinnahmen verrechnen. Bei selbst genutzten Immobilien gibt es keine steuerliche Absetzbarkeit der Darlehensraten.

Neben dem Eigenkapital aus Sparverträgen, Wertpapierdepots oder von Verwandten können Sie auch Ihren bereits vorhandenen Bausparvertrag einsetzen. Wenn Sie schon viel angespart haben und eine Zuteilung nicht mehr in weiter Ferne liegt, kann sich der Einsatz eines Bauspardarlehens auch im Zinstief rechnen. Allerdings müssen Sie ein Bauspardarlehen wesentlich schneller abzahlen als ein Bankdarlehen. Das treibt die monatliche Belastung in die Höhe. Während ein Bankdarlehen mit einer Tilgung von 1 Prozent beginnt, müssen bei Bausparkassen mindestens 4 Prozent gezahlt werden. Die Bausparkasse als alleinige Finanzierungsquelle ist deshalb nicht zu empfehlen. Von der sogenannten Sofortfinanzierung ist ebenfalls abzuraten. In einem solchen Fall erhalten Sie das Darlehen sofort und sparen den Bausparvertrag parallel dazu an. Wird er fällig, tilgen Sie mit diesem Geld einen Teil des Bauspardarlehens.

Immer wieder werden auch Baufinanzierungen über eine Kapitallebensversicherung angeboten. Das rechnet sich nicht für Bauherren, die selbst in ihrer Immobilie wohnen wollen. Die bisherigen Steuervorteile bringen Selbstnutzern meist nicht viel. Außerdem ist die Wahl dieser Finanzierung häufig zu teuer, zu intransparent und mit dem erheblichen Risiko der Nachfinanzierung behaftet. Bei solchen Angeboten der Lebensversicherer handelt es sich um eine Kombination aus einem Spar- und Darlehensvertrag mit eingebauter Lebensversicherung. Der Darlehensnehmer erhält ein tilgungsfreies Darlehen, für das nur Zinsen zu zahlen sind. Zur Absicherung muss er gleichzeitig eine Lebensversicherung abschließen, die über monatliche Beiträge angespart wird. Am Ende der 20- bis 30-jährigen Versicherungslaufzeit wird mit Auszahlung der Versicherungssumme das Darlehen auf einmal getilgt. Das birgt das Risiko, dass alle Berechnungen nur auf einer Schätzung basieren. Das heißt, die Höhe der Auszahlung am Ende der Laufzeit ist nicht garantiert. Tritt die angekündigte Prognose nicht ein, fallen also Gewinne und Überschussanteil bei den Versicherungsgesellschaften niedriger aus, erhält auch der Sparer weniger ausbezahlt als erwartet. Dadurch konnten gerade in den letzten Jahren, als die Branche mit finanziellen Schwierigkeiten zu kämpfen hatte und sogar Unternehmen in Konkurs gerieten, viele Bauherren ihre Kredite nicht wie geplant abzahlen. Die notwendig gewordene Nachfinanzierung kam sie teuer zu stehen.

Übersicht: Zinsen sparen mit Familiendarlehen

Günstige Darlehen gibt es aber nicht nur bei Banken, sondern es lässt sich auch Geld von Verwandten leihen. Auf der Bank gibt es zurzeit nicht viel für die Spargelder. Warum sollten also die Großeltern oder die Eltern nicht Interesse daran haben, Ihnen Geld zu leihen? Dann hat jeder etwas davon. Weiterer Vorteil: Wer ein Darlehen aufnimmt, kann die Zinsen von der Steuer absetzen, wenn die Immobilie vermietet wird. Der Vermieter darf anfallende Verluste steuerlich geltend machen. Das alles gilt auch, wenn Sie ein Darlehen von Ihren Eltern aufnehmen. Voraussetzung ist jedoch, dass die Verträge wie unter fremden Dritten vereinbart worden sind und auch tatsächlich durchgeführt werden. Halten Sie alle Formalitäten ein: Sorgen Sie dafür, dass ein angemessenes Entgelt vereinbart wird und dass dieses auch tatsächlich fließt. Darlehensverträge müssen Abreden über die Dauer, die Zinshöhe, die Tilgung und Sicherheiten enthalten. Nicht anerkannt werden Darlehen, bei denen das Geld vorher unter der Auflage verschenkt wurde, es dem Schenker als Darlehen zur Verfügung zu stellen.

Die richtige Baufinanzierung ist in erster Linie ein Rechenexempel. Je genauer Sie rechnen und je ehrlicher Sie mit Ihren Einnahmen und Ausgaben sind, desto solider wird das Fundament der Finanzierung.

Machen Sie sich auf die Suche nach Fördermitteln! Jedes Jahr legt die Bundesregierung neue Programme auf, stellt Geld zur Verringerung des Kohlendioxidausstoßes zur Verfügung und hilft mit zinsverbilligten Krediten auch privaten Bauherrn bei der Finanzierung ihrer Immobilie. (Lesen Sie mehr dazu im Kapitel »Zuschüsse und günstige Kredite«.)

Aber auch private Initiativen wie die »Aktion pro Eigenheim«, die sich als Anwalt bauwilliger Familien versteht, liefert Interessenten, die ein eigenes Haus oder eine eigene Wohnung erwerben wollen, wertvolle Tipps. Hier gibt es Informationen zu Baugrundstücken, Zuschüssen und Darlehen. Die Details lassen sich über eine Förderdatenbank abrufen. Verantwortlich ist der

Bundesverband Deutscher Baustoff-Fachhandel (BDB) e.V.
Edelsbergstraße 8
80686 München
Tel.: 089/57 83 67 31
Fax: 089/57 83 67 34
E-Mail: email@Aktion-pro-Eigenheim.de
Internet: www.Aktion-pro-Eigenheim.de

Hohes Risiko beim Mietkauf

Viele Wege führen zur eigenen Immobilie. Mietkaufangebote richten sich vor allem an junge Familien ohne Eigenkapital. Verbraucherschützer warnen jedoch vor dieser langfristigen Finanzierung »ohne Bank«, »ohne Eigenkapital« und »ohne Kreditauskünfte«.

Die Möglichkeit zum Mietkauf wird gern von Maklern, Bauträgern und speziellen Genossenschaften angeboten, meist in Ballungsgebieten. Besonders eifrig umworben werden junge Familien mit Kindern, Selbstständige und all die, die von der Bank keinen Kredit bekommen. Auf dem Markt tauchen die unterschiedlichsten Modellvarianten auf. Meist soll der zukünftige Käufer als Mieter in das Haus oder die Eigentumswohnung einziehen. Gleichzeitig muss er sich vertraglich dazu verpflichten, die angemieteten vier Wände innerhalb einer bestimmten Frist, meist nach zehn Jahren, zu kaufen. Auf den künftigen Kaufpreis wird die Miete dann häufig in Teilen angerechnet. Das verlangt Spardisziplin und eine gute Führung der Haushaltskasse. Denn neben der monatlichen Mietzahlung muss der zukünftige Eigentümer noch Geld auf die hohe Kante legen, um später den Kaufpreis zahlen zu können. Da kommen schnell 1 500 bis 2 000 Euro Belastung im Monat zusammen. Oft sind die Mieten bei Mietkaufobjekten deutlich höher als sonst. Deshalb Vorsicht: Immobilienträume könnten im Finanzdesaster enden. Abbezahlt wird manchmal bis ins Rentenalter hinein.

Bei einer anderen Variante schließen Käufer und Verkäufer einen Immobilienkaufvertrag ab und vereinbaren eine ratenweise Begleichung des Kaufpreises. Der Käufer zieht ein, zahlt aber neben der Rate keine Miete. Es handelt sich also um einen Ratenzahlvertrag. Darauf lässt sich der Verkäufer vermutlich nur deshalb ein, weil er das Objekt anderweitig nicht verkaufen kann. Achtung Schrottimmobilien!

Eine dritte Möglichkeit haben die Betreiber von Mietkaufobjekten den Bausparkassen abgeschaut. Die Käufer müssen bei Genossenschaften zunächst Mitglied werden und Einzahlungen zwischen 10 000 und 40 000 Euro leisten. Das kann Jahre dauern. Erst danach wird die Immobilie gebaut und der »Genosse« kann einziehen. Im Mietkaufvertrag wird vereinbart, dass das Objekt innerhalb der nächsten 25 Jahre gekauft werden kann.

WISO rät

Bei Mietkaufverträgen sind viele wichtige Details zu regeln, zum Beispiel die Höhe des Kaufpreises, die Höhe der anzurechnenden Miete, Pleiteschutz, Zahlungsunfähigkeit des Käufers, Kündigungsmöglichkeiten und vieles mehr. Lassen Sie sich beraten, und ziehen Sie einen sachkundigen Notar hinzu, auf den Sie bei einem Immobilienkauf sowieso nicht verzichten können.

Erbbaupacht

Städte und Gemeinden vergeben Grundstücke im Erbbaurecht. Das bedeutet: eigenes Haus auf fremdem Boden. Lohnt es sich, Bauland im Erbbaurecht zu kaufen? In jedem Fall ist es eine Chance auf Eigenheimerwerb, etwa in teueren Ballungszentren, wo die Grundstückspreise kaum noch zu bezahlen sind.

Anbieter solcher Erbbaupachten sind häufig Kommunen oder Kirchen. Gerade Familien mit Kindern haben dadurch die Möglichkeit, zusätzlich auch Vergünstigungen beim Zins oder Abschläge beim Grundstückswert zu erhalten. Die Laufzeiten von Erbbauverträgen sind mit meist 99 Jahren sehr lang. Kinder und Enkel eines frischgebackenen Erbbauberechtigten müssen sich also keine Gedanken über das Vertragsende machen. Steigt ein Immobilieninteressent jedoch in einen schon länger laufenden Kontrakt ein, muss er die Zeit im Blick haben. Vor allem dann, wenn absehbar ist, dass das Haus nicht zeitlebens vom Käufer selbst oder den Erben genutzt wird. Die Veräußerung der Immobilie wird nämlich umso schwieriger, je kürzer die Restlaufzeit des Erbpachtvertrags ist und je schneller ein möglicher Rückfall bevorsteht.

Das System ist sicher: Das Erbbaurecht wird im Grundbuch eingetragen und kann sowohl veräußert als auch vererbt werden. Wie beim Grundstückskauf muss auch der Erbbaurechtsvertrag vom Notar beurkundet werden. Für das Erbbaurecht wird zusätzlich zum Grundbuchblatt für das Grundstück noch ein eigenes Erbbaugrundbuch angelegt.

WISO rät

Lassen Sie sich bei Interesse an einem Erbbauvertrag bestätigen, dass Ihr Vertragspartner auch tatsächlich Eigentümer des Baugrundstücks ist. Den Nachweis liefert Ihnen der Grundbuchauszug oder eine Vollmacht des Eigentümers, damit Sie selbst das Grundbuch einsehen dürfen.

Der Erbbauzins kann von den Vertragspartnern frei verhandelt werden. Er beträgt jährlich zwischen 3 und 5 Prozent des aktuellen Grundstückswertes zum Vertragszeitpunkt. Sie brauchen das Grundstück nicht zu kaufen und ersparen sich so die Zahlung eines beträchtlichen Kaufpreises auf einen Schlag. Stattdessen zahlen Sie eine Art Miete, die als Erbbauzins nach Zeit und Höhe in das Erbbaugrundbuch eingetragen wird.

Die Erbpacht hat auch Nachteile. Sie sind bei einem geplanten Verkauf weniger frei in Ihrer Entscheidung als »echte« Grundstücksbesitzer. Es ist nämlich üblich, sich bei Vertragsabschluss gegenseitig Vorkaufsrechte einzuräumen. Das heißt, dass Sie als Erbbauberechtigter, wenn Sie vorzeitig das Haus verkaufen wollen, die Zustimmung des Grundstückseigentümers brauchen. Außerdem sind Sie an dessen Vorkaufsrecht gebunden. Das sind gewichtige Gründe, warum auf Erbbaugrund errichtete Immobilien weniger begehrt sind und schlechtere Preise erzielen als auf eigenem Grund und Boden errichtete.

Worauf es beim Bankdarlehen ankommt

Verschaffen Sie sich einen genauen Überblick über die Marktlage. Wichtige Parameter zur Vergleichbarkeit sind Zinssatz, Tilgung, Laufzeit und Rückzahlungsmodalitäten. Die am meisten verkaufte Finanzierung in Deutschland besteht aus einem Darlehen mit zehn Jahren Laufzeit und 1 Prozent Tilgung. Das klingt schlicht und einfach, was es auch ist. Aber ist das auch für Sie finanziell am günstigsten? Wahrscheinlich nicht, denn die Finanzierungskonzepte sollten so individuell sein wie Ihre Immobilie. Wollen Sie zum Beispiel eine schnelle Rückzahlung mit Sondertilgungen erreichen oder ein KfW-Darlehen bei der Kreditanstalt für Wiederaufbau aufnehmen? Dann sollten Sie die Konditionen bei den Banken genau auf die Bedingungen hin abklopfen. Viele Institute bieten Ihnen die Möglichkeit, Extrawünsche in Ihr Finanzierungskonzept zu integrieren. Meistens kosten sie jedoch einen – verhandelbaren – Zinsaufschlag.

Auch wenn durch die Umsetzung einer EU-Richtlinie der Effektivzins niedriger ausfallen kann als vorher, bleibt er der wichtigste Maßstab für die Vergleichbarkeit von Darlehensangeboten. Genannt werden von den Banken der Sollzins (auch Nominalzins), nach denen sich die monatliche Zinslast berechnet und der Effektivzins, in dem einige Kreditnebenkosten enthalten sind, zum Beispiel eine Bearbeitungsgebühr, Vermittlungsprovision sowie Kosten für die Zins- und Tilgungsberechnung. Nach der Preisangabenverordnung muss im Effektivzins aber nicht alles enthalten sein. Es können also noch weitere Zusatzkosten auf Sie zukommen, wie zum Beispiel eine jährliche Kontoführungsgebühr, Schätzkosten und Bereitstellungszinsen, wenn Sie das Geld nicht innerhalb von meist drei Monaten nach Vertragsunterzeichnung abrufen. Auch die Schätzkosten können zu einer deutlichen Verteuerung führen, verlangt werden bis zu einem halben Prozent.

WISO rät

Immer mehr Banken sind bereit, auf Schätzkosten und Entgelte für die Kreditbearbeitung zu verzichten. Verhandeln Sie! Gerade bei der Baufinanzierung sind Banken zu Zugeständnissen bereit.

Bauen bleibt eine individuelle Angelegenheit. Jede Immobilie ist anders, jede Finanzierung hat ihre Besonderheiten. Deshalb ist es wichtig, dass Sie bei der Vorbereitung auch Ihre Einkommensentwicklung und die Familienplanung berücksichtigen. Einige Sonder- und Zusatzvereinbarungen können Ihnen helfen, flexibel zu bleiben.

Sondertilgung Vergewissern Sie sich beim Baugeldanbieter, ob Sie einmal im Jahr kostenfrei sondertilgen können. Üblich sind 5 bis 10 Prozent der Darlehenssumme. Wenn Sie nicht tilgen können, weil das Geld am Jahresende doch auf dem Konto fehlt, ist das kein Problem, denn die Sondertilgung erfolgt freiwillig. Allerdings können die nicht getilgten Gelder im kommenden Jahr nicht nachgeholt werden. Vereinbaren Sie Sondertilgungsrechte mit präzisen Formulierungen. Zum Beispiel: Einmal im Jahr kann eine Sondertilgung von 10 Prozent der ursprünglichen Darlehenssumme kostenfrei in Anspruch genommen werden.

Bereitstellungszinsen Klären Sie mit der Bank, ob und ab wann Bereitstellungszinsen für beantragtes, aber nicht ausgezahltes Darlehensgeld anfallen. Die meisten Banken verlangen ab dem dritten Monat 0,25 Prozent oder mehr. Das kann zum Beispiel passieren, wenn Sie den Vertrag unterschrieben haben, sich der Einzugstermin aber verzögert und Sie deshalb noch nicht die letzte Baugeldrate abgerufen haben.

Freiwerdende Geldanlagen Haben Sie Finanzierungsquellen, die zum Zeitpunkt des Kaufs der Immobilie noch nicht zur Verfügung stehen, aber in absehbarer Zeit bereitgestellt werden können, sollten Sie diese Termine genau im Auge behalten. Das können zum Beispiel fällige Sparverträge sein, ein Erbe oder Sonderzahlungen des Arbeitgebers sein. Erkundigen Sie sich, wann die Lebensversicherung ausgezahlt wird und mit welchem Überschussanteil Sie rechnen können. Fragen Sie bei der Bausparkasse nach, wann Ihr Vertrag zuteilungsreif wird und Sie die Sparsumme zum Tilgen oder Umschulden verwenden können. Nutzen Sie dieses Geld für eine schnellere Tilgung.

Darlehenslaufzeiten variieren Haben Sie mehrere Auszahlungstermine vor sich, lässt sich die Darlehenssumme in mehrere Darlehensverträge aufsplitten. Damit können Sie die Laufzeiten exakt auf die Fälligkeiten Ihrer Gelder abstimmen. Zum Beispiel können Sie einen Vertrag mit einer fünfjährigen Laufzeit, den anderen mit einer zehnjährigen vereinbaren. Jeder Euro, den Sie nicht teuer über Kredit finanzieren müssen, bringt Sie schneller ans Ziel mit dem Namen »schuldenfrei«.

Nützliche Links zu Zinskonditionen von Baugeld, Angebotsanalysen und Rechen-Tools finden Sie im Internet unter:

www.fmh.de
www.biallo.de
www.interhyp.de

Tilgung: Mehr ist meist besser

Entscheiden Sie sich im Zinstief für eine höhere Tilgung, denn in Zeiten niedriger Zinsen benötigen Sie für den Schuldenabtrag deutlich länger. Zum Beispiel müssen Sie bei einem Zinssatz von 6 Prozent mit etwa 30 Jahren rechnen, um ein Darlehen mit einer anfänglichen Tilgung von 1 Prozent zurückzuzahlen. Bei einem Zinsniveau von 4 Prozent sind es dagegen etwa 40 Jahre.

Der Grund: Die Kreditrate eines Annuitätendarlehens ist über die gesamte Laufzeit gleich hoch. Sie setzt sich aus Zins und Tilgung zusammen. Während der Laufzeit verringert sich der Zinsanteil in der Rate, da die Restschuld des Darlehens immer kleiner wird. Gleichzeitig steigt der Tilgungsanteil, sodass die Rate weiterhin gleich bleibt. Bei niedrigen Zinsen reduziert sich der Zinsanteil langsamer – und dadurch steigt auch der Tilgungsanteil langsamer als bei höheren Zinsen. Daraus folgt: Obwohl die Tilgungsrate sowohl in der Niedrigzinsphase als auch in der Hochzinsphase anfänglich bei 1 Prozent liegt, brauchen Sie im Zinstief länger, um das Darlehen zurückzuzahlen.

Tabelle 10: Erforderliche anfängliche Tilgung

Laufzeit	4,0 %	5,0 %	6,0 %
10 Jahre	8,2 %	7,8 %	7,4 %
15 Jahre	4,9 %	4,5 %	4,2 %
20 Jahre	3,3 %	2,9 %	2,6 %
25 Jahre	2,3 %	2,0 %	1,8 %
30 Jahre	1,7 %	1,4 %	1,2 %
35 Jahre	1,3 %	1,1 %	0,8 %

Quelle: www.interhyp.de

Beispiel

Wenn Sie heute 35 Jahre alt sind und mit 60 in den Ruhestand gehen möchten, sollten Sie für die Laufzeit von 25 Jahren und bei einem Zinsniveau von 5 Prozent einen Tilgungssatz von etwa 2 Prozent pro Jahr wählen. Dann sind Sie als Rentner schuldenfrei!

WISO rät

Wählen Sie im Zinstief statt 1 Prozent Tilgung 2 Prozent oder mehr. Halten Sie vertraglich fest, dass Sie bei Bedarf die Tilgung flexibel reduzieren können. Eine hohe Tilgung führt zwar zu einer höheren monatlichen Belastung, aber auch zum schnelleren Schuldenabbau. Der Vorteil: Die Restschuld am Ende der Laufzeit sinkt auf ein kalkulierbares Maß. Selbst wenn Sie noch einmal umschulden müssen und die Zinsen deutlich höher liegen sollten als heute, können Sie so Ihre monatliche Rate stabil halten.

Wenn Sie zu denjenigen gehören, die sich eine schnelle Tilgung leisten können, erkundigen Sie sich bei der Bank nach speziellen Finanzierungsmodellen. Für *Schnelltilger* sollte es einen satten Zinsnachlass geben, denn auch die Banken haben dadurch Vorteile. Je höher die Tilgung, desto günstiger ist die Refinanzierung der Bank.

Beispiel

Tilgen Sie Ihr Darlehen innerhalb von 15 Jahren zu einem Zinssatz von 4,5 Prozent, spart die Bank gegenüber der einprozentigen Tilgung derzeit fast 0,4 Prozentpunkte Zinsen pro Jahr. Außerdem muss sie nur mit einem kürzeren Ausfallrisiko kalkulieren, schließlich erhält sie ihr ausgeliehenes Geld schneller zurück als von Kunden mit einer Langzeitfinanzierung. Sie bergen über die vielen Jahre ein größeres Risiko, zahlungsunfähig zu werden. Nicht alle Banken geben bei einer höheren Tilgung einen Zinsvorteil an Sie weiter, deshalb konkret nachhaken.

Niedrige Zinsen lange sichern

Die Frage aller Fragen lautet: Wie entwickeln sich die Zinsen? Seit Jahren sind die Zinsen schon auf einem niedrigen Stand. Baugeld für eine Laufzeit von zehn Jahren bewegt sich seit der Finanzkrise um 3,5 Prozent. Aber: wie lange wird das noch so bleiben? Ein wesentliches Kriterium ist das Wirtschaftswachstum, die Inflationsrate und die Dynamik der Weltwirtschaft. Die Europäische Zentralbank ist die Hüterin der Zinspolitik. Sie dreht je nach Bedarf an der Zinsschraube. Steigt etwa die Inflationsrate an, wird der Zinshahn etwas zugedreht und umgekehrt. Die Inflationsrate ist in Deutschland seit Jahren sehr niedrig. Das spiegelt sich auch in den niedrigen Baugeldzinsen wider.

Die Zinskurve der letzten 50 Jahre zeigt, dass Baugeld noch nie so günstig war wie 2010. Bei einem solchen Niveau ist es empfehlenswert, sich das niedrige Zinsniveau so lange wie möglich zu sichern, zum Beispiel mit 15-jährigen Laufzeiten. Sie kosten bis zu einem viertel Prozentpunkt mehr als zehnjährige Darlehen, bieten dafür aber lange Sicherheit. Oder Sie stecken die Zinsersparnis gleich in eine höhere Tilgungsrate. Dann reduzieren Sie die Restschuld und benötigen am Ende der Laufzeit nur noch eine »kleine« Anschlussfinanzierung. Das rechnet sich noch mehr.

Wenn Sie sich für Laufzeiten über zehn Jahre entscheiden, ändert das jedoch nichts an Ihren Kündigungsmöglichkeiten. Nur die Bank ist an die Zinszusage über eine Laufzeit von mehr als zehn Jahren gebunden. Sie als Kreditnehmer haben dagegen das Recht nach § 489 Absatz 1 BGH (früher § 609a BGB Absatz 3), nach zehn Jahren das Darlehen mit einer Frist von sechs Monaten zu kündigen. Sie können Ihre Schulden dann teilweise oder vollständig und ohne Zahlung einer Vorfälligkeitsentschädigung zurückzahlen!

Zinsschnäppchen genau unter die Lupe nehmen

Die billigsten Baugeldanbieter finden Sie im Internet. Mehr als 100 Unternehmen werben um die Gunst des Kunden mit Top-Niedrigzinsen. Sie vermitteln Darlehen von Banken, Hypothekenbanken, Landesbanken und Versicherungen. Würden Sie jedoch die Bank als einzelner Kunde selbst aufsuchen, würden Sie die günstigen Konditionen gar nicht bekommen. Nur weil der Vermittler im Jahr viele Kunden akquiriert, erhält er quasi Mengenrabatt und gibt einen Teil davon an Sie weiter.

Doch darauf sollten Sie achten: Die Angebote im Internet sind keinesfalls verbindlich, und die Zinsschnäppchen sind an zahlreiche Bedingungen geknüpft. Oft wird nur ein Beleihungswert von maximal 60 Prozent akzeptiert, was im Umkehrschluss heißt, dass Sie viel Eigenkapital, nämlich 40 Prozent, benötigen. Außerdem müssen Einkommen und Sicherheiten tadellos sein. Ist das Haus nicht mehr das Neueste oder verdienen Sie in den Augen der Internetfinanzierer nicht genug, müssen Sie bis zu 0,5 Prozent Zinsen mehr zahlen, was dann gegenüber einer Filialbank kein Vorteil mehr ist. Außerdem muss man wissen, dass einige Baugeld-Discounter nur Darlehen über 100 000 Euro vergeben. Auch für Sonderbedingungen und Extras sind sie nicht gerne zu haben.

Die Online-Vermittler bieten in der Regel keine individuelle Beratung an. Auch persönliche Gespräche gibt es nicht. Nur einige wenige sind in der Lage, sowohl kompetente Informationen im Internet als auch eine unabhängige Beratung am Telefon zu leisten. Kennen Sie sich schon gut aus und haben Sie bereits ein Finanzierungsmodell im Kopf, lohnt sich die Mühe, auch Angebote von Internetvermittlern einzuholen. Erkundigen Sie sich auch danach, ob Förderdarlehen in die Finanzierung mit einfließen können und ob Sonderwünsche möglich sind.

WISO rät
Wer auf individuelle Beratung verzichten kann, höheren Zeitaufwand und mehr Papierkrieg nicht scheut, sollte sich ein verbindliches Angebot machen lassen. Fordern Sie einen Zins- und Tilgungsplan an. Nur so können Sie das beste Angebot auswählen.

Darlehensangebote richtig vergleichen

Bauen ist wohl die größte Investition im Leben. Doch wer es wagt, kann im Alter mietfrei wohnen und hat durch die Wertsteigerung seiner eigenen vier Wände unter Umständen noch eine Rücklage. Im Notfall können Sie Ihr Eigentum sogar verkaufen. Doch bis die Immobilie nicht mehr der Bank, sondern Ihnen gehört, müssen viele Jahre der Finanzierung überbrückt werden. Kalkulieren Sie mit 30 Jahren. So lange braucht es im Schnitt, bis Sie schuldenfrei sind. Deshalb ist es umso wichtiger, die richtige Bank an Ihrer Seite zu wissen. Es sollte die sein, die Ihnen das günstigste Angebot macht, und das ist nicht immer das Institut mit dem niedrigsten Zinssatz.

Beispiel
Sie wollen neu bauen und benötigen deshalb einen Kredit von 200 000 Euro. Der Betrag soll nach Baufortschritt abgerufen werden können. Sie rechnen mit vier Teilbeträgen à 50 000 Euro, jeweils im Abstand von zwei Monaten. Die Zinsbindung soll auf zehn Jahre und die monatliche Belastung auf 1 200 Euro festgelegt werden.

Bank 1 bietet ein Darlehen mit einem Nominalzins von 4,70 Prozent/4,80 Prozent Effektivzins. Sie verlangt zusätzlich 0,5 Prozent Schätzkosten und außerdem ab dem zweiten Monat 0,25 Prozent Bereitstellungszinsen pro Monat für den noch nicht abgerufenen Darlehensbetrag.

Bank 2 bietet einen Nominalzins von 4,80 Prozent/4,91 Prozent Effektivzins. In den ersten sechs Monaten fallen keine Bereitstellungszinsen an.

Und so wird gerechnet:

Die Nebenkosten werden in das Darlehen eingerechnet: Der Effektivzins betrüge dann bei Bank 1 = 5,04 Prozent, bei Bank 2 = 4,93 Prozent. Selbst wenn Sie die Kosten, die Sie bei Bank 2 sparen bei Bank 1 als Sondertilgung einsetzen würden, bliebe Bank 2 günstiger. Die Restschuld beträgt nach zehn Jahren bei Bank 1 = 142 169 Euro, bei Bank 2 = 139 971 Euro. Der Vorteil bei Bank 2 = 2 198 Euro.

Checkliste Finanzierung

- ☐ Holen Sie immer Angebote – mit Zins- und Tilgungsplänen – von mehreren Banken ein.
- ☐ Geben Sie nie der ersten Bank den Zuschlag. Es gibt große Unterschiede!
- ☐ Achten Sie beim Vergleich auf den effektiven Jahreszins. Nur in ihm sind auch die zusätzlichen Kreditkosten enthalten, die Ihnen die Bank nicht einzeln benennen muss. Einen großen Anteil daran haben zum Beispiel die Kundenakquisition und die Darlehensbearbeitung.
- ☐ Ein weiterer wichtiger Baustein ist der Beleihungswert. Dabei gilt: Je höher Ihre Immobilie mit Schulden belastet wird, desto teurer auch der Zins. Üblich ist ein Beleihungswert von 60 bis 80 Prozent, wer mehr will, zahlt Aufschläge. Auch die Eintragung ins Grundbuch kann in diesem Zusammenhang eine Rolle spielen. Beleiht die erste Bank 60 Prozent, steht Sie auf Platz eins im Grundbuch und wird im Falle einer Zwangsversteigerung zuerst bedient. Die zweite Bank, die die restlichen 40 Prozent beleiht, muss sich mit Platz zwei zufriedengeben. Auch dafür zahlen Sie einen Zinsaufschlag.
- ☐ Individuelle Sonderbedingungen vor Vertragsabschluss klären! Zum Beispiel Sondertilgungsmöglichkeiten, Regelungen zur Vorfälligkeitsentschädigung, falls Sie vorzeitig kündigen müssen, oder die Kombination der Baufinanzierung mit einem Bausparvertrag oder öffentlichen Fördergeldern.

WISO rät

Lassen Sie sich von den Banken einen Zins- und Tilgungsplan aushändigen. Nur so können Sie richtig vergleichen. Jene Bank, die am Ende der Laufzeit die niedrigste Restschuld ausweist und Ihre Zusatzvereinbarungen akzeptiert, sollte den Zuschlag erhalten.

Anschlussfinanzierung

Eine Anschlussfinanzierung gehört zu den alltäglichen Geschäften eines Kreditinstituts, denn Zinsgarantien werden für Hypothekendarlehen meistens nur für 10 oder 15 Jahre, manchmal auch bis zu 20 Jahre vergeben. Bis Sie schuldenfrei sind, braucht es aber häufig viel länger. Deshalb müssen Sie bei Ihrer Baufinanzierung schon bei Vertragsabschluss davon ausgehen, mehrmals im Leben mit einer Anschlussfinanzierung konfrontiert zu werden. Sie werden erstaunt sein, wie wenig der Schuldenberg nach zehn Jahren und einer einprozentigen Tilgung abgenommen hat.

Zur Verdeutlichung ein vereinfachtes Beispiel: Vor zehn Jahren haben Sie ein Darlehen in Höhe von 162 000 Euro für 5 Prozent aufgenommen und eine 1-prozentige Tilgung vereinbart. Das kostet Sie jeden Monat 800 Euro. Wenn die Zinsbindung in wenigen Wochen ausläuft, liegt die Restschuld immer noch bei rund 142 000 Euro. Sie haben also nur 20 000 Euro getilgt.

Wahrscheinlich werden Sie die Restschuld nicht auf einen Schlag zurückzahlen können. Deshalb ist es ratsam, bei möglichst vielen Kreditinstituten Angebote einzuholen, so wie bei der Erstfinanzierung. Fragen Sie aber zuerst bei Ihrer eigenen Bank nach. Das sollte frühzeitig geschehen, damit Sie noch genügend Handlungsspielraum haben. Nach der Rechtslage (§ 493 BGH) muss Ihnen die Bank spätestens drei Monate vor Ablauf der Zinsbindungsfrist mitteilen, ob sie an einer Vertragsfortsetzung interessiert ist oder nicht. Wenn ja, muss Sie Ihnen auch ein neues Angebot vorlegen.

Fordern Sie Ihre Bank bereits viele Wochen vor dem Ende der Zinsbindungsfrist schriftlich auf, Ihnen ein neues Angebot zu schicken. Das Angebot sollte möglichst bis zum Laufzeitende verbindlich sein. So schließen Sie weitere Zinssteigerungen bis zum Tag X aus. Außerdem sollten Sie vereinbaren, dass sich eventuelle Zinssenkungen, die bis zur Anschlussfinanzierung durchgeführt werden, auf Ihr Darlehen senkend auswirken. Setzen Sie zur Beantwortung Ihrer Fragen freundlich, aber bestimmt eine Frist von zwei Wochen.

Gehen Sie chronologisch vor:

- Fragen Sie zunächst Ihre finanzierende Bank nach den aktuellen Konditionen: Notieren Sie den Sollzins und effektiven Jahreszins für die gewünschte Tilgungshöhe und eine Laufzeit von zehn Jahren.
- Holen Sie Angebote von Konkurrenzinstituten ein. Achten Sie dabei auf vergleichbare Bedingungen: Laufzeit, Tilgung und Tilgungsverrechnung müssen identisch sein.

- Erkundigen Sie sich in Niedrigzinsphasen auch nach 15-jährigen Laufzeiten. Dafür zahlen Sie zwar bis zu einem halben Prozentpunkt mehr, können sich dadurch aber ein niedriges Zinsniveau langfristig sichern.
- Fordern Sie für alle Angebote immer einen Zins- und Tilgungsplan an. So können Sie schwarz auf weiß sehen, welche Bank am Ende der Laufzeit die niedrigste Restschuld ausweist.

Einige Fragen sollten Sie bei einer Anschlussfinanzierung neu überdenken: Wie hoch soll die Tilgung sein? Wie lange wollen Sie sich an einen Festzins binden? Soll variabel finanziert werden?

Die Tilgung sollte mindestens der Tilgungshöhe entsprechen, die Ihr Darlehen am Ende der Laufzeit aufweist. Haben Sie zum Beispiel eine Tilgung von 3 Prozent erreicht, sollte Ihre Anschlussfinanzierung auch mit 3 Prozent starten, immer vorausgesetzt, Sie können sich das finanziell leisten. Doch normalerweise wird Ihr Einkommen angestiegen sein und Sie werden die gleiche Ratenhöhe auch weiterhin zahlen können. Noch besser wäre es natürlich, Sie könnten jeden Monat noch etwas mehr abbezahlen.

Sinken die Zinsen und haben Sie nur noch einen kleinen Restbetrag zu finanzieren, kann sich auch eine Tilgung mit variablem Zins lohnen. Damit sind Sie absolut flexibel. Nachteil: Steigen die Zinsen, steigen auch die Darlehenskosten.

WISO rät

Vergleichen Sie immer den effektiven Jahreszins. Dabei ist wichtig, dass Sie erfragen, welche Kreditkosten darin bereits enthalten sind und welche zusätzlich noch dazukommen. Die Regelungen dazu sind bei den Banken nicht einheitlich!

Bankwechsel muss sich lohnen

Wenn Sie sich bei den Kreditinstituten zunächst telefonisch erkundigen, sollten Sie ausdrücklich nach den Konditionen für Neukunden fragen. Häufig erhält neue Kundschaft ein besseres Angebot als der Kundenstamm.

Achtung!
Verfallen Sie nicht dem Glauben, dass eine langjährige Geschäftsbeziehung Grund genug für eine bessere Behandlung sei. Natürlich ist der Zinssatz sehr wichtig, doch sollte er nicht alles entscheidend sein, wie wir im vorangegangenen Kapitel bereits hervorgehoben haben.

Fragen Sie bei einem Bankwechsel auf jeden Fall nach den Kosten der Umfinanzierung. Dabei fallen immer Kosten und Entgelte an. So müssen zur Darlehenssumme beispielsweise Gebühren für Notar, Grundbuchamt und Abtretungserklärungen dazugerechnet werden. Da können ein paar Hundert Euro zusammenkommen. Wenn Ihre Immobilie zur aktuellen Wertermittlung von der neuen Bank noch einmal geschätzt werden soll, wird es noch teurer. Versuchen Sie, diesen Posten zu meiden. Heute ist es üblich, mit Fotos und der Flurkarte den bereits einmal festgestellten Wert zu verifizieren.

Achtung!
Manchmal wird der Posten Wertermittlungskosten aufgeführt, ohne dass sich jemand die Immobilie überhaupt angesehen hat. Haken Sie an dieser Stelle nach!

WISO rät
Damit sich der Wechsel unter Kostenaspekten lohnt, gilt als Richtwert eine Zinsdifferenz zwischen dem alten und dem neuen Kreditinstitut von mindestens einem halben Prozentpunkt.

Kleine Zahl, große Wirkung: Auch schon weniger als ein halber Prozentpunkt kann bei langen Laufzeiten einige Tausend Euro plus oder minus bedeuten. Nachrechnen lohnt sich. Dabei sind Ihnen auch die neuen Banken behilflich. Denn die meisten Darlehensnehmer bleiben trotz der vielen günstigen Angebote ihrer alten Bank treu. Die Konkurrenz muss sich deshalb einen guten Service einfallen lassen, um den lukrativen Baukunden vom Wechseln zu überzeugen. Nutzen Sie die Gunst der Stunde. Wer weiß, wie lange der Kunde bei der Baufinanzierung noch König ist!

Manche Banken sind sogar bereit, die Kosten der Umfinanzierung ganz oder teilweise zu übernehmen. Das sollten Sie jedoch nicht überbewerten. Schließlich erhält die Bank bei einem 150 000-Euro-Kredit mit einer 15-jährigen Laufzeit mehr als 90 000 Euro Zinsen. Da sind 300 Euro für Grundbuch- und Notarkosten wahrlich zu verkraften. Dennoch ist es unterm Strich ein Pluspunkt. Für die endgültige Entscheidung sollten Sie von jeder Bank einen Restschuldvergleich verlangen. Denn nur diejenige, die am Ende der Laufzeit effektiv die niedrigste Darlehensschuld ausweisen kann, sollte Ihre Anschlussfinanzierung übernehmen dürfen.

Zusammenfassend heißt das:

- Pluspunkt für die Bank mit dem niedrigsten Zinssatz und der geringsten Restschuld nach Zins- und Tilgungsplan.
- Pluspunkt, wenn Sie einmal im Jahr eine kostenfreie Sondertilgung leisten dürfen. Üblicherweise werden 5 bis 10 Prozent der Darlehenssumme oder die Eigenheimzulage akzeptiert.
- Pluspunkt, wenn die Bank eine lückenlose Anschlussfinanzierung gewährleisten kann. Akzeptieren Sie keine Wartezeiten zwischen dem Auslaufen des Altdarlehens und dem Beginn des neuen Darlehens.
- Pluspunkt, wenn die Bank die Tilgung flexibel handhabt. So können zum Beispiel Doppelverdiener am Anfang einen höheren Tilgungssatz wählen und später als junge Familien auf einen niedrigen umsteigen.
- Pluspunkt, wenn die vielen Extras ohne Zinsaufschlag zu haben sind.

Vorratsdarlehen: Heute schon an morgen denken

Wer erst in ein paar Monaten ein Anschlussdarlehen braucht, weil der alte Vertrag noch so lange läuft, müsste eigentlich bis zum Ende der Zinsbindungsfrist warten, um an neue Konditionen heranzukommen. Ein glücklicher Zufall, wenn dann die Zinsen niedrig stehen; und Pech gehabt, wenn der neue Zinssatz den alten übersteigt. Dann klettert die monatliche Belastung für Zins und Tilgung in die Höhe. So mancher Bauherr, der am Ende der Laufzeit in eine Hochzinsphase geriet, musste zur Rettung der Finanzlage seine Immobilie verkaufen. Hilfe bieten seit Jahren die sogenannten Vorratsdarlehen, auch Forwarddarlehen genannt. Damit können Sie sich die niedrigen Zinsen von heute bis weit in die Zukunft sichern.

Beispiel

Ihr Darlehen läuft in den nächsten 12 bis 60 Monaten aus. Sie benötigen ein Anschlussdarlehen von 150 000 Euro. Der Beleihungswert soll 80 Prozent betragen. Benötigen Sie das Geld in 24 Monaten, für eine Laufzeit von zehn Jahren, dann ist Ihnen der Zinssatz von 4,90 Prozent effektiv garantiert. Faktisch schließen Sie heute ein Annuitätendarlehen mit einem festen Zinssatz ab. Dieses Darlehen wird nicht sofort ausgezahlt, sondern erst zu einem fest vereinbarten Termin in der Zukunft, wenn Ihr bestehendes Darlehen abgelöst werden muss. Sinnvoll sind Vorratsdarlehen dann, wenn Sie damit rechnen, dass die Zinsen bis zur Fälligkeit steigen werden und dann über denen des noch laufenden Darlehens liegen. Da niemand so genau weiß, wie sich die Zinsen entwickeln, gehen Sie ein gewisses Kostenrisiko ein. Denn Vorratsdarlehen gibt es nicht umsonst. Die Banken verlangen bis zum Anschlusstermin des neuen Vertrags einen Zinsaufschlag. Dieser liegt – je nach Kreditinstitut – zwischen 0,01 bis 0,03 Prozent pro Monat.

Das bedeutet für unser Beispiel: Sie müssen mit einem Zinszuschlag für 24 Monate von maximal 0,36 Prozent kalkulieren: noch nicht einmal ein halbes Prozent. Achtung: Sind die Zinsen – entgegen Ihren Erwartungen – gefallen, müssen Sie das Darlehen dennoch abnehmen oder bei Kündigung eine Vorfälligkeitsentschädigung zahlen.

WISO rät

Die Kosten für ein Vorratsdarlehen rechnen sich umso mehr, je kürzer die Zeit bis zur Anschlussfinanzierung dauert und je länger Sie sich die niedrigen Zinsen über Jahre hinweg sichern können. Denken Sie daran: auch die Zinsen für ein Vorratsdarlehen sind verhandelbar.

Ein Vorratsdarlehen rechnet sich am ehesten bis zu einem Zeitraum von drei Jahren. Haben Sie dagegen extrem kurze Zeiten bis zu sechs Monaten zu überbrücken, gibt es eine Alternative. Wird Ihr laufender Kredit schon in ein paar Monaten fällig, sollten Sie bei Ihrer Hausbank prüfen, ob sich die Darlehensgelder durch Bereitstellungszinsen reservieren lassen. Damit können Sie sich ebenfalls den niedrigen Zins von heute für eine Kreditabnahme in vielleicht einem halben Jahr sichern. Bereitstellungszinsen werden oft nicht sofort, sondern erst ab dem dritten oder sechsten Monat fällig. Üblicherweise zahlen Sie pro Monat 0,25 Prozent der Darlehenssumme. Je nach Angebot ist die Zahlung von Bereitstellungszinsen für kurze Überbrückungszeiten günstiger als ein Vorratsdarlehen. Natürlich können Sie auch bei Ihrer Hausbank versuchen, sofort aus dem teuren, laufenden Kredit auszusteigen. Viele Banken bieten eine Umschuldung gegen Zahlung einer Vorfälligkeitsentschädigung an. Dazu erfahren Sie auf den nächsten Seiten mehr. Meistens ist das jedoch so teuer, dass es sich nicht lohnt. Verlassen Sie sich dabei nicht auf Ihr Gefühl, sondern rechnen Sie genau nach!

WISO rät

Ob sich das Vorratsdarlehen gegen Zinsaufschlag oder die sofortige Umschuldung gegen Zahlung einer Vorfälligkeitsentschädigung lohnt, sollten Sie in jedem Fall prüfen und genau nachrechnen. Rechnen Sie dabei sämtliche Kosten hinzu, auch die für einen Bankwechsel, falls Sie nicht bei Ihrer Hausbank bleiben wollen.

Vorfälligkeitsentschädigung – wer früher kündigt, zahlt viel

Wer sein Darlehen mit fester Zinsvereinbarung vorzeitig ablösen will, muss dem Kreditinstitut dafür eine Entschädigung bezahlen. Die Bank darf den ihr entgangenen Zinsverlust dem Kunden in Rechnung stellen. Doch bei der Berechnung der sogenannten Vorfälligkeitsentschädigung gibt es immer wieder Streit mit den Kunden. In mehreren Urteilen hat der Bundesgerichtshof festgelegt, wer vorzeitig kündigen darf und wer nicht und wie gerechnet werden muss.

Bevor sich das höchste Zivilgericht, der Bundesgerichtshof (BGH) in Karlsruhe, in die Rechenpraxis der Banken eingeschaltet hat, ging es zu wie im Wilden Westen. Jede Bank rechnete, wie sie gerade wollte, zog irgendwelche Vergleichszinsen heran, und der Kunde blickte nicht durch. Es hat Jahre gedauert, bis nach langem Streit das erste weitreichende Urteil vom BGH gesprochen wurde. Erstmals mussten sich die Banken auf eine einheitliche Berechnung festlegen. Doch die Regelung der Details führte zu einer Kette von Rechtsprechungen.

Die Rechtslage

Banken müssen dem Kundenwunsch auf vorzeitige Darlehensablösung nur unter bestimmten Voraussetzungen nachkommen (BGH XI ZR 267/96 und XI ZR 197/96 vom 1.7.1997), zum Beispiel beim Verkauf der Immobilie oder aus persönlichen Gründen wie Arbeitslosigkeit oder Krankheit. Allerdings dürfen sie im Gegenzug den ihnen entstandenen Schaden geltend machen. Die Summe daraus entspricht der Vorfälligkeitsentschädigung. Der rechnerisch gleiche Schaden fällt auch an, wenn der Kreditnehmer das Darlehen vereinbarungswidrig nicht abnimmt. Also auch dann, wenn noch kein Geld geflossen ist, können Ansprüche der Bank entstehen. Sie darf eine Nichtabnahmeentschädigung verlangen, wenn der Vertrag unterschrieben ist, die Gelder bereitliegen, der Kunde aber das Darlehen nicht mehr haben will. Das BGH-Urteil vom 7.11.2000 (XI ZR 27/00) präzisierte den in der Praxis bisher umstrittenen Rechenvorgang.

Wer muss zahlen?

Die meisten Darlehensnehmer in Deutschland schließen ein Baudarlehen über eine Laufzeit von zehn Jahren ab. Dabei wird aus Gründen der Zinssicherheit in der Regel ein Festzins vereinbart. Eine Vorfälligkeitsentschädigung darf von Banken also dann verlangt werden, wenn ein Hypothekendarlehen mit fester Zinsvereinbarung vor Vertragsende zurückgezahlt wird. Mit einem Urteil (AZ: XI ZR 27/00) des Bundesgerichtshofs wurde entschieden, dass die Kunden bei der Berechnung der Vorfälligkeitsentschädigung besser gestellt werden müssen. Die Kreditinstitute sind nun verpflichtet, bei der Festlegung der Entschädigungshöhe die Erträge aus Hypothekenpfandbriefen als Rechenbasis zu verwenden. Mit diesen werden nämlich höhere Renditen erzielt als mit öffentlichen Anleihen. Dieser Vorteil muss in Form einer geringeren Vorfälligkeitsentschädigung an die Kunden weitergegeben werden.

Dazu ein vereinfachtes Beispiel: Sie zahlen fünf Jahre vor Vertragsende 100 000 Euro an Ihre Bank zurück. Bisher durften die Banken den Zinsschaden anhand der Renditen von öffentlichen Anleihen errechnen. Diese liegen, bezogen auf die Restlaufzeit, zum Beispiel bei 4 Prozent. Nach dem Willen des Bundesgerichtshofs müssen jetzt die Renditen von Hypothekenpfandbriefen angesetzt werden. Das sind zum Beispiel 4,5 Prozent. Die Differenz von 0,5 Prozent, also 2500 Euro, geht zu Ihren Gunsten und macht sich in einer niedrigeren Vorfälligkeitsentschädigung bemerkbar.

So setzt sich die Vorfälligkeitsentschädigung zusammen

Die Vorfälligkeitsentschädigung besteht aus dem sogenannten Zinsschaden (Zinsmargenschaden und Zinsverschlechterungsschaden) und einer Bearbeitungsgebühr. Die Entschädigung vermindert sich um die Einsparungen der Bank an Verwaltungsgeldern (üblich sind bis zu 5 Euro monatlich) und Risikokosten (üblich sind 0,05 bis 0,06 Prozent der Darlehenssumme), die bis zum Ende der Laufzeit angefallen wären. Doch vor allem um die Höhe der Risikoabschläge gibt es nach wie vor Streit.

Die Risikokosten sind als Prozentsatz des Darlehens anzugeben. In Urteilen werden Spannen von 0,014 bis 0,06 Prozent genannt. Abweichungen von diesen Werten sind zulässig, da es auf die im konkreten Fall kalkulierten Risikoprämien ankommt. Verwaltungskosten verhalten sich nicht proportional zum Darlehensvolumen. Sie sind deshalb unabhängig von der Darlehenssumme in Euro zu beziffern: 25 bis 50 Euro pro Jahr gelten als angemessen.

Vor allem bei der vorzeitigen Rückzahlung von Hypothekendarlehen nach Zahlung einer Vorfälligkeitsentschädigung langen die Banken kräftig zu. Das Bearbeitungsentgelt liegt im Durchschnitt bei 150 Euro. Doch nachdem der Bundesgerichtshof die Höhe der Vorfälligkeitsentschädigung begrenzt hat, werden Preiserhöhungen auf anderen Wegen durchgesetzt. Ein höchstrichterliches Urteil zu den Bearbeitungsgebühren gibt es bisher nicht. 500 Euro gelten aber nach Meinung der Verbraucherzentralen als sittenwidrig.

Berechnungen dürfen fiktiv bleiben

Meistens ist die Vorfälligkeitsentschädigung viel höher als erwartet, was viele Darlehensnehmer von einer vorzeitigen Tilgung ihres Kredits abhält. Wenn man nämlich einfach davon ausgeht, dass die Bank das vorzeitig zurückerhaltene Geld wieder als Hypothekendarlehen ausleiht, könnte man meinen, dass ihr dadurch gar kein Schaden entstünde. Doch die Richter sehen das anders. Bei der Berechnung der Vorfälligkeitsentschädigung geht es nämlich nicht darum, was die Bank tatsächlich mit ihrem Geld macht, sondern vielmehr darum, welchen Wiederanlagezins der Gesetzgeber für zulässig erklärt.

Auf die tatsächliche Refinanzierung des Darlehens kommt es also nicht an. Die konkrete Zuordnung einer einzelnen Refinanzierungsmaßnahme zu einem einzelnen Kreditgeschäft ist nicht nachweisbar. Es reicht daher aus, eine fiktive Wiederanlage zu unterstellen, die allerdings am Kapitalmarkt prinzipiell getätigt werden könnte.

Grundsätzlich gilt: Die Bank muss dem Kunden eine Überprüfungsmöglichkeit gewähren. Sie muss insbesondere die verwendeten Wiederanlagesätze offenlegen. Diese müssen allgemein zugänglichen Quellen, zum Beispiel der Kapitalmarktstatistik der Bundesbank, entnommen werden können.

Wenn Sie den Verdacht haben, dass Ihre Vorfälligkeitsentschädigung falsch berechnet wurde, fordern Sie eine detaillierte und nachvollziehbare Berechnung an. Lassen Sie diese von einer Verbraucherzentrale (federführend sind Hamburg, Bremen und Nordrhein-Westfalen) überprüfen. Das kostet pro Vertrag circa 60 Euro. Ergeben sich danach unterschiedliche Ergebnisse, sollten Sie Ihre Bank zur Neuberechnung auffordern. Mitunter können Sie mit hohen Rückzahlungen rechnen.

Lassen Sie sich bei Ihrem Wunsch nach Neuberechnung nicht von Ihrer Bank abwimmeln, selbst dann nicht, wenn Sie damals eine Einverständniserklärung unterschrieben und die Höhe der Vorfälligkeitsentschädigung akzeptiert haben. Sie können dennoch eine BGH-gemäße Neuberechnung fordern. Auch das wurde bereits höchstrichterlich entschieden.

Bank darf Umschuldungsbegehren verweigern

Die bisherigen BGH-Urteile finden keine Anwendung auf die meisten Umschulder, also auf Darlehensnehmer, die nur aufgrund der günstigen Zinslage die Bank gewechselt haben oder wechseln wollen. Stimmt die Bank dennoch zu, obwohl sie dazu nicht verpflichtet ist, kann sie eine Entschädigung verlangen, die weit über der Vorfälligkeitsentschädigung liegt (BGH vom Mai 2003, AZ: XI ZR 226/02). Die Karlsruher Richter geben den Geldhäusern damit nahezu freie Hand. Will der Darlehensnehmer das Festzinsdarlehen ohne zwingenden Grund kündigen, kann die Bank entweder ablehnen oder die Höhe der Vorfälligkeitsentschädigung fast völlig nach freiem Belieben festlegen. Die Höhe wird aber nicht daraufhin geprüft, ob sie angemessen ist. Nur sittenwidriger Wucher bleibt verboten. Die Wuchergrenze beginnt bei den Gerichten »beim Doppelten des Üblichen«.

Als wichtigster zwingender Grund gilt der Verkauf der Immobilie. Der Eigentümer soll über sein Haus oder seine Eigentumswohnung uneingeschränkt verfügen dürfen. Ihm muss zugestanden werden, sein Eigentum schuldenfrei verkaufen zu dürfen. Auch persönliche Gründe, wie Arbeitslosigkeit, Tod oder schwere Krankheit, können zwingende Gründe sein, die es jedoch im Zweifelsfall vor Gericht zu klären gilt.

Selbst wenn Ihre Bank Ihre Umschuldungsbemühungen mit einem Angebot beantwortet, das nicht bis zur Wuchergrenze reicht, sollten Sie nicht ungeprüft zustimmen. Ob sich eine Umschuldung lohnt oder nicht, bleibt letztlich ein Rechenexempel.

Ein Schlupfloch: Objekttausch

Immobilienbesitzern steht eine Alternative zur teuren Vorfälligkeitsentschädigung offen: der Objekttausch. Wer sein Haus mit Grundstück verkaufen will und deshalb aus seinem Kredit vorzeitig aussteigen muss, kann seiner Bank nun die Fortführung des laufenden Kredits mithilfe einer gleichwertigen Sicherheit, also einer anderen Immobilie inklusive Grund und Boden, anbieten.

Kreditnehmer können sich so vier- bis fünfstellige Eurobeträge sparen, die das Kreditinstitut als Entschädigung für einen frühzeitigen Ausstieg verlangen darf. Die rechtliche Grundlage für den Kniff liefert ein höchstrichterliches Urteil des Bundesgerichtshofs vom Februar 2004 (AZ: XI ZR 398/02).

In diesem Fall hatte ein Darlehensnehmer sein altes, 197 Quadratmeter großes Grundstück mit Immobilie nach der Geburt seines zweiten Kindes veräußert. Er bot der Bank an, den Kredit auf das neu erworbene, 506 Quadratmeter große Grundstück mit einem größeren Haus zu übertragen, um ihn fortführen zu können und nur die Gebühren für den Tausch der Sicherheiten zahlen zu müssen. Das Kreditinstitut lehnte ab und verlangte eine Vorfälligkeitsentschädigung. Sie verlor jedoch den Prozess vor dem obersten Gericht. Danach sei ein Objekttausch der Bank zuzumuten, so die Richter.

Drei Grundsätze müssen jedoch beachtet werden:

- Das Ersatzgrundstück muss das Bankrisiko genauso abdecken wie vorher.
- Der Kreditnehmer muss alle Kosten des Objekttauschs tragen.

- Die Bank darf keine Nachteile bei der Verwaltung oder Verwertung der neuen Sicherheit haben.

Weitere Informationen zur Finanzierung Ihrer Immobilie finden Sie in *WISO Immobilienfinanzierung*, bei den Verbraucherzentralen oder im Internet, zum Beispiel unter www.baufoerderer.de.

Immobilienbesitz und Steuern

Wer eine Immobilie kauft, hat auch regelmäßig mit dem Finanzamt zu tun. Entweder weil Abgaben zu leisten sind oder weil man in den Genuss von Steuerermäßigungen kommen will. Erste Bekanntschaft machen Sie beim Kauf. Wie viel Grunderwerbsteuer kassiert der Staat? Müssen Vermieter Mieteinnahmen versteuern? Welche Kosten lassen sich absetzen?

Die Grunderwerbsteuer

An jedem Immobilienkauf verdient der Fiskus mit. Egal, ob privat genutzt oder als Kapitalanlage angeschafft, es fällt immer Grunderwerbsteuer in Höhe von mindestens 3,5 Prozent des Kaufpreises an. Allerdings haben die Bundesländer nunmehr die Freiheit die Grunderwerbsteuer selbstständig festzulegen. Nachdem schon Hamburg, Berlin und Sachsen-Anhalt die Grunderwerbsteuer auf 4,5 Prozent erhöht haben, wollen vier weitere Bundesländer nachziehen. Bremen und Niedersachsen planen eine Erhöhung auf 4,5 Prozent. Im Saarland soll der Steuersatz auf 4,0 Prozent steigen. Brandenburg plant sogar eine Anhebung auf 5 Prozent. Schleswig-Holstein ebenfalls, aber erst ab 2013.

Finanzierungsexperten empfehlen Käufern von Eigentumswohnungen und Häusern darauf zu achten, ob sie mit der Immobilie auch mobile Komponenten erwerben, wie beispielsweise einen Einbauschrank oder die Küche. Auf diese muss keine Grunderwerbsteuer gezahlt werden, auch nicht auf anteilige Instandhaltungsrücklagen. Die Berechnungsgrundlage für die Steuer wird um diese Kosten minimiert. Wer ein Haus mit Ölheizung kauft, kann den Inhalt des Öltanks herausrechnen. Bei einem 5 000-Liter-Tank lässt sich die Bemessungsgrundlage für die Grunderwerbsteuer auch dadurch senken.

Üblicherweise setzt sich der Kaufpreis für das Finanzamt aus dem Wert für den Grund und Boden und aus dem Wert des Gebäudes zusammen. Klingt einfach, doch der Teufel steckt bekanntlich im Detail.

Nach einem Urteil der Oberfinanzdirektion Hannover (AZ: S 4500–106 StH 563) kommt es bei der Ermittlung der Grunderwerbsteuer auf die konkrete Vereinbarung an. Steuerzahler, die zum Beispiel ein Grundstück kaufen wollen, um später vielleicht ein Fertighaus darauf zu errichten, erwerben zunächst nur ein Grundstück. Darauf wird die Grunderwerbsteuer fällig. Wird auf dem Grundstück später ein Haus errichtet, muss der Käufer dafür keine Steuern zahlen. Wer jedoch mit einem Bauträger baut, der Grundstück und fertiggestelltes Haus gemeinsam verkauft, muss auf die Gesamtsumme die Grunderwerbsteuer entrichtet werden. Der Unterschied macht häufig fünfstellige Summen aus.

Auch in einem anderen Fall entschied der Bundesfinanzhof (AZ: II R 31/02) gegen das Finanzamt. Die Behörde wollte von einem Käufer auch auf die künftig zu zahlenden Erschließungskosten Grunderwerbsteuer kassieren. Das darf sie aber nicht, wenn tatsächlich ein unerschlossenes Grundstück verkauft wurde.

WISO rät

Grunderwerbsteuer müssen Sie nicht zahlen, wenn Sie an Verwandte in gerader Linie verkaufen: Eltern, Großeltern, Kinder, Stiefkinder, Enkel oder Ehepartner. Steuerfrei sind auch Immobilien, die für weniger als 2500 Euro den Besitzer wechseln. Außerdem zählt miterstandenes Mobiliar nicht zum Kaufpreis. Sind Kosten für Einrichtungsgegenstände in den Kaufpreis eingeflossen, sollten Sie diese wieder herausrechnen. Das spart bares Geld.

Spekulationsfrist

Nicht nur beim Kauf, sondern auch beim Verkauf können für Sie Steuern anfallen. Seit 1999 besteht für die Versteuerung von Gewinnen aus Immobiliengeschäften eine Spekulationsfrist von zehn Jahren, gerechnet ab dem Tag des Kaufvertrags. Das heißt, Sie müssen den Betrag, der über dem ursprünglichen Kaufpreis liegt, versteuern. Sie gelten als Spekulant, wenn die Gewinne innerhalb der Zehnjahresfrist angefallen sind. Das gilt nicht für ausschließlich selbst genutzte Immobilien.

Bei der Spekulationsfrist wird zwischen Selbstnutzung und Vermietung unterschieden. Wird eine vermietete Immobilie aus dem Privatvermögen nach Ablauf von zehn Jahren verkauft, müssen entstandene Gewinne nicht versteuert werden. Der Verkauf von ausschließlich privat bewohnten Häusern dagegen ist laut Steuerzahlerbund stets steuerfrei. Wird eine Immobilie erst vermietet und dann selbst bewohnt, müssen die Eigner mindestens zwei Jahre lang selbst drin gewohnt haben, um die Gewinne beim Verkauf steuerfrei einzustreichen.

Beispiel vermietete Immobilie: Erst wenn die Spekulationsfrist verstrichen ist, bleibt der Verkaufsgewinn steuerfrei. Entstehen vor Ablauf der Frist Veräußerungsgewinne, können diese mit anderen Spekulationseinkünften verrechnet werden, wenn sie innerhalb der Spekulationsfrist angefallen sind. Sollte sich kurz vor Ende der Spekulationsfrist abzeichnen, dass kein Gewinn aus dem Immobilienverkauf hervorgeht, sollten vermietende Eigentümer besser früher als später verkaufen. Dadurch lässt sich ein Teil des Verlustes zumindest über die Steuerersparnis ausgeglichen.

Vermietete Eigentumswohnungen können wieder lohnen

Reine Kapitalanleger, die bei einem Kauf nicht in Erwägung ziehen, selbst einmal in der Immobilie zu wohnen, werden sich bei der Auswahl des Objekts häufig für Neubauten entscheiden. Dafür gibt es die besten Abschreibungssätze und die günstigsten Möglichkeiten, Kosten von der Steuer abzusetzen. Auch bei den Mieten erzielen Neubauten meist höhere Preise als Altbauten. Wenn Sie sich selbst um alles kümmern wollen, sollten Sie wissen, wie viel Zeit es Sie kosten kann. Auch darf der Ärger mit den Mietern nicht unterschätzt werden. Schnell ist man Hausmeister, Installateur und Abflussreiniger in einer Person. Natürlich gibt es auch Hausverwaltungen, die ordentlich arbeiten und nicht allzu viel Geld verlangen. Die meisten Nebenkosten können Sie auf den Mieter abwälzen, aber nicht alle. Um die Nebenkostenabrechnung gibt es immer wieder Streit, auch vor Gericht. (Mehr dazu finden Sie im Kapitel »Eigentumswohnung«.)

WISO rät

Wenn Sie Immobilienbesitz für die Vermietung erwerben wollen oder Ihre bisher selbst genutzte Wohnung vermieten müssen, erkundigen Sie sich vorab nach Ihren Rechten und Pflichten. Sie sollten aber nicht nur Ihre Rechte kennen, sondern auch die des Mieters. Die Rechtsprechung gilt als mieterfreundlich. Lassen Sie sich auch bei der Auswahl des Mietvertrags beraten. Werden Sie eventuell Mitglied in einem Verein für Haus- und Grundbesitz.

Die Investition in eine einzelne Immobilie zur Kapitalanlage birgt jedoch auch Risiken. Die Preisschere ist zwischen Stadt- und Landimmobilien in Deutschland durch die Finanz- und Wirtschaftskrise weiter auseinander gegangen. Auch im Osten gaben die Preise überdurchschnittlich nach.

Wenn Sie jetzt in das Immobiliengeschäft einsteigen wollen, haben Sie einen großen Vorteil: niedriges Zinsniveau und eine gute Auswahl. Im Idealfall reichen bereits geringe Mieteinnahmen aus, um die laufenden Zinszahlungen abzudecken. Bei einer soliden Finanzierung werden Nachsteuerrenditen von 5 bis 6 Prozent angestrebt. Damit werden vor allem Anleger angelockt, die eine Alternative zu den mickrigen Renditen bei den Zinsanlagen suchen.

Wer nicht spekulieren will, sollte eine Immobilieninvestition als eine langfristige Investition betrachten. 10 bis 20 Jahre sind das Minimum. So lange sollten Sie auf Ihr Geld verzichten können. Außerdem steht einem schnellen Wiederverkauf der Renditeverlust entgegen. 5 bis 10 Prozent betragen allein die Kaufnebenkosten; die müssen Sie erst einmal wieder hereinholen, bevor sich ein Verkauf lohnen könnte.

Die Deutschen sind ein Volk von Mietern – über 55 Prozent der Bundesbürger wohnen zur Miete und zahlen damit monatlich erhebliche Summen an ihren Vermieter. Von dieser Tatsache können Sie als Privatperson profitieren, wenn Sie langfristig investieren möchten. Darauf sollten Sie achten:

- Entscheiden Sie sich niemals für die erste Immobilie. Gerade bei Eigentumswohnungen sind die Preise sehr unterschiedlich und stark in Bewegung.
- Für die optimale Finanzierung sollten Sie immer mehrere Angebote vergleichen.
- Oft werden Steuervorteile als Verkaufsargument angepriesen. Dieses Argument sollte aber nicht kaufentscheidend sein.
- Schuldzinsen können von den Einkünften abgezogen werden. Lassen Sie sich Ihren individuellen Vorteil von Ihrem Steuerberater errechnen.

- Vorsicht bei Komplettpaketen: Wenn Immobilie, Finanzierung und Versicherungen zusammen angeboten werden, sollten Sie besonders wachsam sein. Diese Kombinationen sind oftmals undurchsichtig, schlecht kalkulierbar und meist wesentlich teurer.
- Der zentrale Punkt bei der Auswahl ist auch bei der vermieteten Immobilie die Lage. Gute Infrastruktur und starke Wirtschaftskraft in der Umgebung gewährleisten langfristige Wertstabilität.
- Erkundigen Sie sich als Kapitalanleger beim Vorbesitzer nach bisher erzielten Renditen. Dazu gehört auch die Frage nach Leerständen und Investitionsaufwand.

Rendite richtig rechnen

Die vermietete Eigentumswohnung gehört zur klassischen Altersvorsorge oder zum Vermögensaufbau. Wie gut die Anlage ist, entscheidet das Verhältnis zwischen Mieteinnahmen und Kaufpreis, also die Mietrendite.

Die *Bruttomietrendite* ist das Verhältnis von Jahresmiete zum Kaufpreis. Sie liegt bei Eigentumswohnungen je nach Objekt etwa zwischen 4 und 5 Prozent. Bei der Berechnung der *Nettomietrendite* werden die Nebenkosten berücksichtigt, indem sie auf den Kaufpreis aufgeschlagen werden. Zum Beispiel 3,5 Prozent Grunderwerbsteuer, 1,5 Prozent Notar- und Grundbuchgebühren und 6 Prozent Makler-Courtage.

Danach müssen die einmaligen und laufenden Nebenkosten, die der Eigentümer nicht auf die Mieter umlegen kann, zum Beispiel Verwaltungs- und Instandhaltungskosten, von der Nettokaltmiete abgezogen werden. Das sind etwa 200 bis 280 Euro für die Hausverwaltung und 7 bis 12 Euro pro Quadratmeter Wohnfläche im Jahr für die Instandhaltung.

Für eine erste Vergleichbarkeit von Mietobjekten unter Renditegesichtspunkten sind das Preis-Mietverhältniss (Kaufpreis ohne Nebenkosten geteilt durch die Jahresnettomiete) und die *Bruttomietrendite* (Jahresnettokaltmiete in Prozent des Kaufpreises ohne Nebenkosten) von Interesse. Hier zeigen sich schnell die überteuerten Objekte und vielleicht auch ein Schnäppchen.

Ein Beispiel: Gesucht wird eine 60 bis 80 m² große Eigentumswohnung (KDB, mind. 2 Zimmer, Balkon) in zentraler städtischer Lage. 2009 wurden in einem großen Immobilienportal unter »Anlage- und Renditeobjekte« hierzu folgende Objekte angeboten:

Nr.	Kaufpreis (Euro)	m²	Kaufpreis pro m² (Euro)	Mieteinnahmen per anno (Euro)	Preis-Miet-Verhältnis	Bruttomietrendite
1.	105 000,00	66	1 590,91	9 360,00	11,22	8,91 %
2.	99 000,00	61	1 622,95	8 592,00	11,52	8,68 %
3.	127 500,00	80	1 593,75	9 600,00	13,28	7,53 %
4.	143 000,00	62	2 306,45	7 764,00	18,42	5,43 %
5.	127 500,00	62	2 056,45	6 000,00	21,25	4,71 %

Als Vermieter möchten Sie natürlich wissen, was nach Abzug aller Kosten übrig bleibt. Hierzu müssen Sie von der Netto-Kaltmiete alle nicht umlagefähigen Kosten abziehen.

Jahresnettokaltmiete
– Verwaltungskosten
– Instandhaltungskosten
= Jahres-Reinertrag

Die Angebote vier und fünf zeigen überzogene Renditeerwartungen der Verkäufer. Rechnet man Kaufnebenkosten und nicht umlagefähige Bewirtschaftungskosten hinzu, wird keine Rendite mehr übrig bleiben.

WISO rät

Um die Mietrendite berechnen zu können, lassen Sie sich von der Eigentümergemeinschaft die Kostenabrechnungen der letzten Jahre zeigen. So können Sie mit genauen Zahlen kalkulieren.

Eine weitere Größe zur Beurteilungshilfe für die Rendite ist die *Objektrendite*. Sie soll die Vergleichbarkeit unterschiedlicher Angebote erleichtern. Dabei geht man davon aus, dass die Immobilie komplett mit Eigenkapital finanziert wurde. Außerdem schätzt man über einen langen Zeitraum von etwa 20 Jahren zukünftige Einnahmen und Ausgaben, Miet- und Kostensteigerungen ebenso wie spätere Verkaufserlöse.

Bei der *Eigenkapitalrendite* vergleicht man die Immobilieninvestition mit anderen Anlageformen. Doch Vorsicht: Je geringer das Eigenkapital im Verhältnis zum Kaufpreis ist, desto weniger aussagekräftig ist diese Berechnung.

Für alle Immobiliengeschäfte dieser Art gilt: Vorsicht bei Angeboten, die ohne Eigenkapital kalkulieren! Auch wenn Makler und Banker mit lukrativen Steueraspekten werben, sollten Sie nicht ohne eigenes Geld eine Immobilie kaufen. Bei vermieteten Immobilien müssen Sie mit Durststrecken rechnen: Die alten Mieter ziehen aus, auf neue müssen Sie lange warten, aber die Zinsbelastung läuft weiter. Da kann aus dem Steuersparmodell schnell eine Kostenfalle werden. Seien Sie also vorsichtig! Gehen Sie nur von moderaten Mietsteigerungen in den kommenden Jahren aus. 1 bis 2 Prozent, etwa so hoch, wie die Inflationsrate steigen könnte, lautet die Prognose. Der Wiederverkaufswert wird ebenfalls niedrig angesetzt: Das 15- bis 20fache der jährlichen Nettokaltmiete ist realistisch, obwohl viele Wohnungen teurer verkauft werden. Letztlich darf das Risiko der Zinssteigerung nicht unterschätzt werden. Läuft die Zinsbindung in zehn Jahren aus, können die Zinsen deutlich gestiegen sein, was dann die Restfinanzierung deutlich verteuert.

Steuern sparen als Vermieter: Schuldzinsen, Afa und Co.

Für die selbst genutzte Immobilie sind schon seit 1999 keine Schuldzinsen mehr absetzbar, auch gibt es keinerlei Möglichkeit mehr, Aufwendungen, die vor dem Einzug getätigt wurden, steuermindernd geltend zu machen.

Allerdings können Handwerkerrechnungen von der Steuer abgesetzt werden. Der Zuschuss vom Fiskus beträgt seit 2010 bis zu 1 200 Euro jährlich. Absetzbar sind auch größere Reparaturen oder beispielsweise das Fliesenlegen im Bad. Es muss sich jedoch um die Lohnkosten handeln. Die Materialkosten sind nicht absetzbar.

WISO rät

Lassen Sie Ihre eigene, selbst genutzte Immobilie renovieren oder modernisieren, muss die Rechnung für das Finanzamt eindeutig sein. Verlangen Sie vom Handwerker eine detaillierte Aufschlüsselung. Dazu müssen Material- und Lohnkosten getrennt aufgeführt sein.

Wer seine Immobilie vermietet, wird dagegen vom Staat durchaus noch belohnt. Er darf eine Reihe von Kosten bei seiner Steuererklärung geltend machen. Dazu gehören vor allem die Finanzierungskosten, die Abschreibung (kurz Afa genannt), der Instandsetzungsaufwand und die Betriebskosten.

Viele Eigenheimbesitzer nutzen ihr eigenes Haus als Steuersparmodell. Sie vermieten ganz oder teilweise, zum Beispiel die Einliegerwohnung oder das Dachgeschoss, und können deshalb anteilig Bau- oder Sanierungskosten von der Steuer absetzen. In der Steuererklärung werden Einnahmen und Ausgaben gegenübergestellt. Übersteigen die Einnahmen die Ausgaben, muss der Gewinn aus Vermietung oder Verpachtung versteuert werden. Verluste wirken sich hingegen steuersenkend aus. Das Ziel ist also, die Einnahmen so gering wie möglich zu halten. Der Gesetzgeber ist dabei sogar behilflich.

Bei der Vermietung an Verwandte akzeptiert das Finanzamt eine geringere Miete als ortsüblich. Achten Sie darauf, dass die Miete nachvollziehbar fließt: von Konto zu Konto, jeden Monat. Sobald nämlich die Eltern oder andere nahe Verwandte in der Wohnung leben und weniger als 75 Prozent der ortsüblichen Miete zahlen, werden die Beamten misstrauisch. Der Verdacht: Das Mietverhältnis werde nur vorgetäuscht. Ziel des Hauseigentümers sei gar nicht die Mieteinnahme, sondern allein die Steuerersparnis.

Die Konsequenz: Der Vermieter muss bereits gewährte Steuervergünstigungen zurückzahlen. Falls er die Immobilie per Kredit finanziert hat, kann er die Schuldzinsen nicht mehr steuerlich absetzen. Zudem droht eine Geldstrafe wegen Steuerhinterziehung.

WISO rät

Bieten Sie den Beamten keine Angriffsfläche. Prüfen Sie, ob persönliche Beziehungen zu den Mietern oder die Miethöhe das Misstrauen der Finanzverwaltung wecken könnten. Im Zweifelsfall müssen Sie belegen, dass sich die Miete, die Sie nahen Verwandten berechnen, im ortsüblichen Rahmen bewegt.

Wer seine Immobilie gemischt nutzt, also einen Teil selbst bewohnt und einen Teil vermietet, sollte schon bei der Planung des Bauvorhabens auf das richtige Finanzierungsverhältnis achten. Die Anschaffungs- und Herstellungskosten werden nach dem Verhältnis der selbst genutzten und der vermieteten Wohnfläche vom Finanzamt aufgeteilt. Aber nur die Schuldzinsen für die fremd genutzte Wohneinheit können als Werbungskosten abgesetzt werden. Hier kommt dann die geschickte Aufteilung zwischen Eigen- und Fremdkapital zum Tragen.

Übersicht: Höchstrichterlich

Mit einem Urteil des Bundesfinanzhofs (AZ: IX R 65/00 vom 9. Juli 2002) wurde der Schuldzinsenabzug bei Hauskauf erweitert. Das Gericht entschied zugunsten eines hartnäckigen Steuerzahlers, der ein Mehrfamilienhaus erwarb, und kritisierte damit die umstrittene Aufteilungspraxis des Finanzamts. Bislang werden die Schuldzinsen strikt nach dem Verhältnis der Wohnflächen den einzelnen Gebäudeteilen zugerechnet. Viele Immobilienerwerber wollen jedoch für die eigene Wohnung komplett ihr Eigenkapital verwenden und die vermietete Wohnung zu 100 Prozent mit Fremdmitteln finanzieren. Das ist nun zulässig, wenn der Eigentümer zwei Voraussetzungen erfüllt: Im Kaufvertrag muss der Kaufpreis bereits anteilig den einzelnen Gebäudeteilen zugerechnet und der zur Vermietung vorgesehene Flächenanteil nachweisbar mit Kredit bezahlt worden sein.

Für die Ausgabenseite sind vor allem die Werbungskosten von Bedeutung. Darunter versteht man die Ausgaben, die nötig sind, um Einnahmen zu erzielen. Dazu gehören zwar in erster Linie die Finanzierungskosten, also die laufenden Zinsen, die Sie an die Bank zahlen. Aber auch die gezahlten Bereitstellungszinsen, Kreditnebenkosten und Schätzentgelte können Sie steuermindernd geltend machen. Die Tilgungsraten sind dagegen nicht absetzbar.

Ein wichtiger Posten sind auch die Abschreibungen. Sie werden nur auf den Gebäudewert angewendet. Der restliche Grundstückswert wird nicht berücksichtigt. Vor allem bei gebrauchten Immobilien ist darauf zu achten, dass der Wert des Gebäudes nicht zu niedrig angesetzt wird. Eine Aufsplittung des Kaufpreises im notariellen Kaufvertrag oder ein Wertgutachten können das Finanzamt überzeugen.

Üblicherweise werden Immobilien 40 bis 50 Jahre lang abgeschrieben. So lange können Sie jedes Jahr für Alt- und Neubauten unterschiedlich hohe Abschreibungen geltend machen. Bei Neubauten können Sie nicht mehr wie früher zwischen der degressiven und der linearen Abschreibung wählen. Für

Gebäude mit Mietwohnungen entfällt die degressive Afa, wenn der Bauantrag nach dem 1. Januar 2006 gestellt oder der Kaufvertrag nach diesem Stichtag notariell abgeschlossen wurde. Die ist nur noch linear mit 2 Prozent der Anschaffungs- oder Herstellungskosten pro Jahr abschreibbar.

Wer eine gebrauchte Immobilie kauft, kann die Instandsetzungskosten absetzen. Dazu gehören der Einbau neuer Fenster oder einer Heizungsanlage, ein Fassadenanstrich, ein neues Dach, Elektro- und Malerarbeiten und andere Reparaturen. Im Vergleich zur Abschreibung haben die Aufwendungen für Instandsetzung den Vorteil, dass Sie die Kosten im Jahr der Zahlung sofort voll absetzen können. Achten Sie auf Unterschiede: Kosten, die dem Ausbau der Immobilie dienen, zählen nicht zu den Instandsetzungskosten. Solche Baumaßnahmen, die den Anschaffungs- oder Herstellungswert erhöhen, müssen in Form der Abschreibung auf mehrere Jahre verteilt werden. Bei Altbauten werden jedoch Ausnahmen gemacht. Sind Maßnahmen zur Erhaltung der Bausubstanz erforderlich, um die Immobilie auf den heutigen Stand zu bringen, sind die Finanzämter großzügiger.

Auch die laufenden Ausgaben für die Immobilie können Sie absetzen. Zu den sogenannten Betriebskosten zählen die Müllabfuhr, die Straßenreinigung, Heizung oder auch Strom. Wohnen Sie in einer gemischt genutzten Immobilie, können Sie die Kosten anteilig auf Ihre Mieter umlegen. Erkundigen Sie sich beim Mieterbund beziehungsweise bei dem Vermieterverein Haus und Grund nach dem, was erlaubt ist, denn gerade um die Nebenkostenabrechnung gibt es immer wieder Ärger.

Steuern sparen bei der Renovierung

Ein häufiger Streitpunkt zwischen Finanzamt und Hausbesitzern ist die Absetzbarkeit von Renovierungskosten. Handelt es sich um direkt absetzbare Kosten, können diese sofort im Jahr der Ausgaben abgesetzt werden. Handelt es sich dagegen um wertsteigernde Renovierungskosten, müssen lange Abschreibungszeiten in Kauf genommen werden.

Den Besitzern von Einliegerwohnungen im eigenen Haus oder einem Gebäude mit Mietparteien winkt Erleichterung. Das Bundesfinanzministerium hat seinen Widerstand gegen Urteile aufgegeben, mit denen der Bundesfinanzhof (AZ: IX R 98/00, 52/00, 37/00) vermieterfreundlicher geurteilt hatte, als es dem Fiskus lieb war. Dabei geht es immer wieder darum, ob zum Beispiel 20000 oder 50000 Euro auf einen Schlag steuerlich geltend gemacht werden können. Zu klären ist, ob es sich um einen sogenannten anschaffungsnahen Aufwand handelt oder nicht.

Von anschaffungsnahem Aufwand gehen die Finanzämter aus, wenn ein Steuerzahler innerhalb von drei Jahren nach dem Kauf einer vermieteten Immobilie Reparaturen oder Renovierungen vornimmt, die im Verhältnis zum Kaufpreis hoch sind.

Die Messlatte ist überschritten, wenn die Maßnahmen 15 Prozent des Kaufpreises oder der Herstellungskosten übersteigen. Ist das der Fall, rechnet das Finanzamt die Ausgaben dem Kaufpreis oder den Herstellungskosten zu und berücksichtigt sie nur im Wege der Abschreibung. Der Grund für diese Sichtweise: Die Finanzbehörden unterstellen, dass der Käufer einer vermieteten Immobilie schon beim Kauf die Beträge einkalkuliert, die er für Reparaturen oder Renovierungen im Anschluss an den Erwerb ausgeben wird. Deshalb handelte es sich bei den Ausgaben um abzuschreibende Anschaffungskosten.

WISO rät

Halten Sie die 15-Prozent-Grenze des Gebäudepreises bei Renovierungsarbeiten in Haus oder Wohnung ein. Dann wird das Finanzamt dies als Erhaltungsaufwand anerkennen, und Sie können die Kosten auf einen Schlag absetzen.

Hier einige Beispiele dazu:
Baufälliges Gebäude Wer eine Ruine, bewohnbar macht, hat wenige Chancen auf direkte Absetzbarkeit, denn Kauf und Renovierung sind eine Einheit. Maßstab ist die sogenannte Betriebsbereitschaft. Muss sie erst hergestellt werden, handelt es sich um Anschaffungskosten, so der Bundesfinanzhof (AZ: IX R 70/00). Auch wenn der Immobilienkäufer Mietern kündigt, weil er die Wohnung renovieren will, um sie danach teurer zu vermieten, kommt er damit nicht durch. Dieser Fall ist ein eindeutiges Beispiel für Anschaffungskosten.

Verbesserung des Wohnungsstandards Hier kommt es auf den Einzelfall an. Faustregel: Wird in mindestens drei von vier Bereichen der Standard erhöht, gelten die Aufwendungen als Herstellungskosten. Die Bereiche sind: Heizung, Elektro, Sanitär, Fenster. Zwei Verbesserungen gehen als steuerlich günstiger Erhaltungsaufwand durch. Werden die Öfen durch eine Zentralheizung ersetzt, wird das akzeptiert. Auch ein moderneres Bad zusätzlich schadet nichts. Werden aber dazu noch alte Fenster gegen neue aus Isolierglas getauscht, ist die Schwelle überschritten – also steuerliche Abschreibung über Jahrzehnte. Eine Sanierung in Raten ist übrigens kein Ausweg. Innerhalb von fünf Jahren fasst das Finanzamt die Maßnahmen zusammen.

Generalüberholung Eine wesentliche Verbesserung liegt nicht automatisch dadurch vor, dass ein Gebäude generalüberholt wird. Es gibt einen Auslegungsspielraum. Dabei muss es sich beim Finanzamt um einen Erhaltungsaufwand und nicht um eine wesentliche Verbesserung handeln. Wenn die Maßnahmen zu einer wesentlichen Verbesserung des Gebäudes oder zur Erweiterung der Wohnfläche führen, liegen immer Herstellungskosten vor, die nur über die Abschreibung Berücksichtigung finden.

Achtung!
Keine Chance auf sofortige Absetzbarkeit der Renovierungskosten besteht, wenn Wohnraum erweitert wird: Ein Dachgeschossausbau oder ein Anbau können nicht sofort abgesetzt werden. Auch wer Wände versetzt oder Fenster vergrößert, wird vom Finanzamt auf die Folterbank einer 40- oder 50-jährigen Abschreibungsdauer gespannt.

Geerbt oder geschenkt Wer eine geerbte oder geschenkte Mietimmobilie innerhalb von drei Jahren nach dem Erwerb aufwändig renoviert, kann die Kosten sofort als Werbungskosten in der Steuererklärung geltend machen. Das hat der Bundesfinanzhof entschieden (AZ: IX R 40/98). Bei solchen Immobilien liegt keine Kaufsituation vor, deshalb handelt es sich bei den Umbaukosten um Werbungskosten.

Zusätzlich zur jährlichen Abschreibung dürfen Eigentümer »Verluste aus Vermietung und Verpachtung« steuerlich geltend machen, die ihnen aus den laufenden Nebenkosten entstehen. Dabei werden die Mieteinnahmen mit den Ausgaben für Haus oder Wohnung verrechnet, etwa die Kosten für die Baufinanzierung (nur Darlehenszinsen ohne Tilgungsanteil), für einen Makler (Mietersuche), Instandhaltungsarbeiten (in bestimmten Grenzen), für Gebäudeversicherungen oder Wasser, Strom, Gas und Müllabfuhr. Bleibt bei dieser Rechnung ein Minus unter dem Strich stehen, wirkt auch dieser Verlust steuersenkend.

Wichtig zu wissen: Wer eine vermietete Immobilie innerhalb von zehn Jahren wieder verkauft, muss nicht nur einen anfallenden Veräußerungsgewinn versteuern, sondern auch bereits gewährte Steuervorteile zum Großteil an den Fiskus zurückzahlen. Wer dagegen selbst einzieht, muss nichts ans Finanzamt zurückzahlen.

Steuern sparen mit dem Denkmalschutz

Schön und repräsentativ sind sie fast immer, auch die Lage ist häufig bestens: alter Ortskern, historisches Stadtbild, Fachwerk – für Liebhaber genau das Richtige. Doch Vorsicht: Wer sich für eine denkmalgeschützte Immobilie interessiert, sollte keinesfalls nur auf die Steuervorteile schielen. Die Sanierung solcher Objekte kann teurer sein als der Kaufpreis und ist wegen des höheren Aufwands oft auch kostspieliger als bei neueren Gebäuden. Ein Schnäppchen sind die alten schützenswerten Gemäuer deshalb meist nicht. Vor der Entscheidung für oder gegen eine denkmalgeschützte Immobilie müssen sämtliche Kosten erfasst werden, um nicht später finanziell ein böses Erwachen zu erleben. Eine solche Kostenkalkulation kann nur ein Fachmann leisten. Er ist an dieser Stelle unentbehrlich. Aber auch Bauträger, die sich auf Altbauten und die Sanierung solcher Objekte spezialisiert haben, können helfen. Sie kennen sich mitunter gut aus, wenn es um behördliche Auflagen und Genehmigungen geht und können Ihnen auch Sanierungen zum Festpreis anbieten. Dabei ist selbstverständlich besonders darauf zu achten, was im Preis inbegriffen ist und was nicht.

Denkmalgeschützte Gebäude können aber steuerlich hochinteressant werden.

Steuerersparnis für Kapitalanleger

Die Modernisierungskosten können acht Jahre lang mit jeweils 9 Prozent und vier weitere Jahren lang mit jeweils 7 Prozent steuerlich geltend gemacht werden.

Neben den Modernisierungskosten können auch die Anschaffungskosten von der Steuer abgesetzt werden: 40 Jahre lang 2,5 Prozent (bis Baujahr 1924); 50 Jahre lang 2 Prozent (ab Baujahr 1925). Es können nur die anteiligen Anschaffungskosten des Gebäudes, nicht jedoch die anteiligen Kosten für das Grundstück abgesetzt werden.

Objekte mit geringen Anschaffungs-, aber hohen Modernisierungskosten sind für Anleger wegen der üppigen Modernisierungsabschreibung besonders interessant.

Selbstnutzer können die Sanierungskosten zehn Jahre lang mit jeweils 9 Prozent vom zu versteuernden Einkommen absetzen. Betragen diese Kosten beispielsweise 100 000 Euro, verringert sich das zu versteuernde Einkommen jedes Jahr um 9 000 Euro. Je nach individuellem Steuersatz sinken die Förderungen entsprechend.

Neben den Abschreibungen gibt es in einigen Gemeinden auch Zuschüsse für Denkmalschutz-Sanierungen, etwa in städtebaulichen Entwicklungs- und Modernisierungsgebieten. Diese Gelder werden bei der steuerlichen Berücksichtigung von den Modernisierungskosten abgezogen, eine Doppelförderung soll damit ausgeschlossen werden. Unter bestimmten Voraussetzungen kann es Vergünstigungen bei der Grundsteuer, Gewerbesteuer, Erbschafts- und Schenkungssteuer oder auch bei der Umsatzsteuer, also für Unternehmer, geben.

Nicht alles kann bei einer denkmalgeschützten Immobilie von der Steuer abgesetzt werden. Außerdem ist oft nicht das gesamte Gebäude als Einzeldenkmal unter Denkmalschutz. Er trifft etwa nur auf die Fassade als Teil einer Gebäudegruppe zu. Ist das der Fall können nur die Kosten von der Steuer abgesetzt werden, die das äußere Erscheinungsbild des Hauses betreffen. Nicht abzugsfähig sind zum Beispiel auch Außenanlagen.

Absetzbar sind Sanierungen, die für eine sinnvolle Nutzung und den Gebäudeerhalt notwendig sind. Dazu gehört beispielsweise der Einbau von Heizung, Bad und Toilette. Was gefördert wird, entscheidet die örtliche Denkmalschutzbehörde. Ihre Bescheinigung ist rechtsverbindlich. Das heißt, das Finanzamt kann sich nicht querstellen. Wichtig: Klären Sie vorab, ob die Förderung für Ihr denkmalgeschütztes Gebäude infrage kommt, bevor Sie mit den Maßnahmen beginnen. Erst wenn die Bescheinigung vorliegt, kann man sicher sein, dass auch die Steuervergünstigungen gewährt werden.

Im Gegensatz zu gewöhnlichen Gebäuden sind bei unter Denkmalschutz stehenden Häusern auch solche Renovierungen und Sanierungen genehmigungspflichtig, die sonst keiner Baugenehmigung bedürfen, zum Beispiel die Erneuerung von Anstrichen und Putzen. Der Grund: Die Behörden wollen sichergehen, dass das Denkmalschutzgebäude nicht durch ungeeignete Renovierungsmaßnahmen Schaden nimmt.

Vererben und verschenken

Die neuen Vorschriften zur Erbschaftsteuer (Schenkungsteuer) auf Wohnungen und andere Immobilien sind nach der Reform des Erbschaftsteuerrechts seit 2009 mit Änderungen in 2010 sehr komplex geraten. Der § 13 ErbSTG listet einen umfassenden Katalog von Steuerbefreiungen auf. Unter anderem auch die Voraussetzungen und den Umfang der Steuerfreiheit von Grundbesitz. Dabei ist zunächst zwischen selbst genutztem Wohneigentum und vermietetem Wohneigentum zu unterscheiden.

Die Vererbung von selbst genutztem Wohneigentum bleibt auf jeden Fall steuerfrei, wenn der überlebende Ehepartner (bzw. eingetragene Lebenspartner) oder die Kinder in dem Haus mindestens zehn Jahre wohnen bleiben. Eine Nutzung als zweiter Wohnsitz ist als Verstoß gegen diese Bestimmung zu werten. Eine Vermietung darf ebenfalls nicht erfolgen. Für Kinder gilt zusätzlich noch die Einschränkung, dass eine Wohnfläche von 200 Quadratmetern nicht überschritten werden darf. Der darüber liegende Teil der Wohnfläche unterliegt der Erbschaftsteuer, soweit die persönlichen Freibeträge überschritten werden. Für andere Erben gibt es keine Steuerbefreiung für selbstgenutztes Wohneigentum.

Die Steuerbefreiung für selbstgenutztes Wohneigentum greift neben den Freibeträgen, ein überlebender Ehepartner erbt also etwa die Immobilie seines Ehepartners und kann den Freibetrag zusätzlich beim übrigen Vermögen geltend machen.

Für Erbfälle gilt seit dem 1. Januar 2010:

Jeder Nachlassgegenstand wird für die Besteuerung mit dem Verkehrswert bewertet. Nach früherem Recht (bis zum 31.12.2008) wurden hingegen insbesondere Immobilien mit einem Wert von lediglich circa 50 bis 60 Prozent des Verkehrswerts angesetzt.

Die Einteilung in die verschiedenen Steuerklassen ist geblieben:

Steuerklasse I	Steuerklasse II	Steuerklasse III
- Ehegatte - Kinder und Stiefkinder - Abkömmlinge der Kinder und Stiefkinder (also Enkel, Urenkel etc.)	- Geschwister - Nichten und Neffen - Eltern und Voreltern im Fall der Schenkung	- eingetragener Lebenspartner - alle übrigen Erwerber (auch der nichteheliche Lebensgefährte)

Steuerklasse I	Steuerklasse II	Steuerklasse III
- Eltern und Voreltern (Großeltern, Urgroßeltern etc.), jedoch nur im Erbfall	- Stiefeltern - Schwiegersöhne und Schwiegertöchter - Schwiegereltern - geschiedene Ehegatten	- eingetragener Lebenspartner - alle übrigen Erwerber (auch der nichteheliche Lebensgefährte)

Quelle: Bundesministerium der Justiz

Die persönlichen Freibeträge wurden angehoben:

nach früherem Recht	Seit 1.01.2009	
307.000 EUR	500.000 EUR	für den Ehepartner/ gleichgeschlechtlichen eingetragenen Lebenspartner
205.000 EUR	400.000 EUR	für Kinder und Stiefkinder
205.000 EUR	400.000 EUR	für Enkelkinder/Stiefenkelkinder, wenn der die Verwandtschaft vermittelnde Elternteil (also das Kind des Erblassers) bereits verstorben ist
51.200 EUR	200.000 EUR	für alle anderen Enkel und Stiefenkel
51.200 EUR	100.000 EUR	Urenkel
51.200 EUR	100.000 EUR	für Eltern und Großeltern im Erbfall
10.300 EUR	20.000 EUR	für Eltern und Großeltern im Schenkungsfall, für Geschwister, Neffen und Nichten, Stiefeltern, Schwiegerkinder, Schwiegereltern und geschiedene Ehepartner
5.200 EUR	20.000 EUR	für alle übrigen Erwerber

Quelle: Bundesministerium der Justiz

Auch die Steuersätze wurden zum Teil erhöht, 2010 jedoch teilweise in der Steuerklasse II wieder reduziert: (Diese Steuersätze greifen, sobald der persönliche Freibetrag des jeweiligen Erwerbers überschritten wird.) Angaben in Prozent:

Wert des steuerpflichtigen Erwerbs bis einschließlich	Steuerklasse I	Steuerklasse II	Steuerklasse III
75.000 EUR	7	15	30
300.000 EUR	11	20	30
600.000 EUR	15	25	30
6.000.000 EUR	19	30	30
13.000.000 EUR	23	35	50
26.000.000 EUR	27	40	50
über 26.000.000 EUR	30	43	50

Quelle: Bundesministerium der Justiz

Die Veränderung der Bewertungsgrundsätze und die teilweise Erhöhung der Steuersätze führen in vielen Fällen zu einer Erhöhung der Erbschaftsteuerlast im Vergleich zum bis 31.12.2008 geltenden Recht. Durch geschicktes Ausnutzen der persönlichen Freibeträge kann aber immer noch sehr viel erreicht werden.

WISO rät

Lassen Sie sich in Erbschafts- und Schenkungsangelegenheiten unbedingt von einem Anwalt oder Notar beraten. Bei Grundstücksübertragungen ist der Notarbesuch sowieso unumgänglich.

Register